LEA BAPTISTA

MEHR ALS NUR EIN SCHALTER!

36 Grundsätze der Selbstreflexion

Gallip
Verlag & Media

Impressum

Bibliografische Information der Deutschen Nationalbibliothek
Die Deutsche Nationalbibliothek verzeichnet diese Publikation in der Deutschen Nationalbibliografie; detaillierte bibliografische Daten sind im Internet über http://dnb.dnb.de abrufbar.

Satz und Layout: Josephine Schwandt, www.meisterseiten.com
Umschlaggestaltung: Denise Hachinger, www.hachinger.design
Lektorat & Korrektorat: HB, Hamburg
Druck: Bookpress.eu, Polen

ISBN: 978-3-9825650-7-1

ÜBER DIE AUTORIN

Lea Baptista, geboren am 18.09.1997, ist eine leidenschaftliche Autorin und erfahrener Coach. Mit Hingabe widmet sie sich der Unterstützung von Menschen, die Herausforderungen beim Wiedereinstieg in den Arbeitsmarkt meistern möchten. Mit einem einfühlsamen Ansatz und einem tiefen Verständnis für die individuellen Lebenssituationen ihrer Klienten, hat sie es sich zur Aufgabe gemacht, ihnen nicht nur neue Perspektiven zu eröffnen, sondern auch das nötige Selbstvertrauen zu vermitteln, um ihre beruflichen Ziele zu erreichen.

Sie bringt eine Fülle an Fachwissen und praktischer Erfahrung in ihre Weiterbildungen und Coachings ein. Sie hat zahlreiche Programme entwickelt, die speziell auf die Bedürfnisse von Menschen zugeschnitten sind, die nach einer beruflichen Neuorientierung suchen. Ihre Workshops sind geprägt von interaktiven Elementen und praxisnahen Übungen, die es den Teilnehmern ermöglichen, ihre Fähigkeiten zu entdecken und weiterzuentwickeln. Dabei legt sie großen Wert auf eine positive und unterstützende Atmosphäre, in der jeder ermutigt wird, seine Stärken zu erkennen und auszubauen.

Darüber hinaus ist Lea Baptista auch als Expertin für Prozessoptimierungen in Unternehmen tätig. Sie schult Mitarbeiter in essenziellen Bereichen wie Kommunikation, Recruiting und Persönlichkeitsentwicklung. Ihr Ansatz ist dabei stets ganzheitlich, sie betrachtet nicht nur die fachlichen Kompetenzen der Mitarbeiter, sondern fördert auch deren persönliche Entwicklung.

DANK

Auch wenn ich sehr strikt war, wenn es darum geht, meinen persönlichen Glauben aus dem Inhalt dieses Buches fernzuhalten, komme ich nicht umher zuzugeben, dass kein bisheriger oder kommender Verdienst in meinem Leben mir zuzuschreiben wäre.

Mein erster *Dank* gilt daher an Gott.
Meinen Weg zum Glauben und zu Gott kam leider erst sehr spät, um genau zu sein war es der Ursprung dieser Reise, aus der dieses Buch resultiert. Das Schöne dabei ist, dass auch Gott einem niemals *Glück* verspricht, sondern immer *Bestimmung.* Und auch, wenn ich absolut nicht weiß, wo meine liegt, weiß ich immer, dass egal, was passiert, es mich dieser näher bringt.

Was mich zum zweiten Aspekt meiner Danksagung bringt, und zwar an die Menschen, die Gott in mein Leben geschickt hat, um mich zu dem Menschen zu machen, der ich heute bin.
Zugegeben, der Großteil hat nicht unbedingt in meinem Interesse gehandelt, aber das spielt keine Rolle, denn es war genau dieser Schmerz, ausgelöst durch Menschen, die mir alles bedeutet haben, der notwendig war, um mich zu einem Menschen zu formen, der jeden Morgen mit dem Gedanken aufsteht, einen Mehrwert schaffen zu wollen.

Kontra K schrieb einmal: >> Ich liebe dich, weil Du der Grund für meine schwersten Jahre warst. Du hast mich stark gemacht. <<

Daher geht das als ein ehrliches und aufrichtiges „*Danke*" an all diese Menschen.

Kontra K ist im Übrigen der Lieblings-Künstler von mir und meiner Oma. Nicht, dass es für dieses Buch eine Rolle spielt, aber meine Oma wird sich freuen, wenn sie das liest. Sie war mein Zufluchtsort als Kind und irgendwo ist sie das heute noch.
Also *danke* Oma und ruf mal öfter an, wenn du das liest.

Danke auch an meine Großeltern im Norden dafür, dass ihr mich als Enkeltochter „adoptiert" habt und, dass ihr bis heute noch jedes Telefonat beendet mit den Worten, dass ich mich immer melden kann, wenn ich Hilfe brauche.

Danke an meine komischen Geschwister, ich hätte schon längst aufgegeben, wenn ihr mir nicht die Möglichkeit gegeben hättet, ein Vorbild zu sein.

Ein großes *Danke* geht an meinen Geschäftspartner, dafür dass er mir ein Umfeld gibt, was mir auf unternehmerischer Ebene und dem zu folge auch auf Ebene der Persönlichkeitsentwicklung eine große Entwicklung ermöglicht hat, weil ich aus meinen eigenen Fehlern lernen kann, ohne jemals komplett damit alleine zu sein.
Ich glaube nicht, dass viele Unternehmer dieses Privileg hatten. Also *danke* dafür.

Und ein fettes *Danke* an meine Verlegerin, die sofort Feuer und Flamme für dieses Projekt war und mir diese Chance ermöglicht hat.

•

INHALTSVERZEICHNIS

VORWORT

PERSÖNLICHKEITSWACHSTUM IST, WIE DER NAME SCHON SAGT, ETWAS SEHR PERSÖNLICHES.

Dieses Buch ist keine Anleitung dafür, wie man schnell reich wird oder maximal erfolgreich, sondern vielmehr eine Vielzahl an persönlichen Erfahrungen, die ich gemacht habe in Hinblick darauf, seine eigene Persönlichkeit nachhaltig positiv zu beeinflussen.

Zur Entstehung kann ich Folgendes sagen:

Großartige Charaktere werden geformt durch grauenvolle Umstände.

Es waren selten schöne Momente, Gewinn bringende Ereignisse oder Erfolge, die meine Persönlichkeit positiv geprägt haben. Das Fundament eines jeden Kapitels war immer mit Schmerz behaftet. Tatsächlich war es mir nur möglich, meine Persönlichkeit überhaupt in diesem Ausmaß ändern zu können, weil ich durch mehrere schnell aufeinander folgende Ereignisse an einem Punkt in meinem Leben war, wo alles, was damals eine Bedeutung für mich hatte, weggebrochen ist. Das war in der Retrospektive die bisher dunkelste Zeit in meinem Leben und auf der anderen Seite das Beste, was mir hätte passieren können.
Für jeden neuen Glaubenssatz, der in uns erschaffen wird, muss der bisherige sterben. Für jeden neuen Teil unserer Persönlichkeit, den wir erschaffen, müssen wir uns von einem bisherigen trennen.

Die Evolution und vor allem die Weiterentwicklung des eigenen Charakters ist ein Prozess, der sich bei uns allen zum überwiegenden Teil unterbewusst abspielt. Ab und zu schauen wir uns nochmal unsere Lieblingsserie an mit dem Protagonisten, den wir so sehr lieben und versuchen dann die nächsten 2 Tage mehr so zu sein wie unser Held, ehe so wie vorher weiter leben. Unser Charakter wird geprägt durch unsere Umstände ohne, dass wir es merken. In diesem Buch soll es darum gehen, seine Umstände danach zu verändern, zu einer besseren Version seiner selbst zu werden. Ich hatte das Privileg an einem Punkt zu sein, dass ich große Teile meines Selbst bewusst neu aufbauen konnte. Mit Sicherheit wird auch hier wieder ein nicht unwesentlicher Teil im Unterbewusstsein stattgefunden haben, aber die Aspekte, die ich aktiv beeinflusst, erlebt und für meine Person integriert habe, die mein Leben erfüllen und mir Selbstsicherheit und Frieden schenken, die habe ich schriftlich festgehalten.Die großartige Möglichkeit Schmerz in etwas Positives und Bereicherndes umzuwandeln, gehört mit zu dem, was ich gelernt habe.

Ich denke auch, dass Schmerz uns viel über unsere eigenen Werte offenbart, dennoch sind die folgenden Kapitel aus der Intention heraus entstanden, anderen bei ihrem Wunsch nach einer besseren Version von sich selbst helfen zu können, ohne den Großteil des Schmerzes selbst erlebt haben zu müssen. Und genau das macht es auch so persönlich, denn meine Vorstellung von der besten Version meiner selbst unterscheidet sich von jeder anderen Person, die das Buch liest und umgekehrt.

Das ist der Grund dafür, dass ich jedem nur ans Herz legen kann, sich bewusst zu entscheiden, ob man dies für sein Leben umsetzen möchte oder nicht. Und wenn es am Ende nur einer der Grundsätze ist, der übernommen wird und ein Leben bereichert, ist mein Wunsch für dieses Buch in Erfüllung gegangen.

Trotz alledem befassen sich die Kapitel mit Wahrheiten über uns selbst, Wahrheiten, denen wir gerne aus dem Weg gehen. Ich bin ein Anhänger der Nächstenliebe, aber ein Protestant gegenüber der Weichspülerei. **Ich werde dich nicht angendern, anlügen, auf Eierschalen laufen oder Tatsachen verherrlichen, nur weil es die Gesellschaft gerade vorsieht.**

Denn eines steht ganz klar fest: Sich Dinge schön zu reden, von denen man weiß, dass man sie ändern könnte und auch ändern müsste, um weiter voranzukommen, ist der Käfig, der uns dort hält, wo wir nicht mehr sein wollen.

Also wenn Du dich beim Lesen irgendwann mal angegriffen fühlen solltest, dann ist es eben diese Stelle, wo der Käfig seine Anfänge hat. In dem Sinne ist es mir eine Ehre mit meinen Gedanken Teil deines Lebens werden zu dürfen.

•

EINLEITUNG

WAS BRAUCHST DU, UM DICH DAHIN ZU ENTWICKELN, WO DU HINWILLST?

Eine sehr breit gefächerte Frage, über die Menschen weltweit seit Jahrhunderten diskutieren. Eine Frage, die sich in sehr vielen Bereichen wiederfindet und schon von den klügsten Köpfen unserer Zeit ausgiebig besprochen wurde.
Philosophen, Psychologen und sogar Religionen beschäftigen sich damit, was uns dazu beflügelt, eine bestimmte Richtung in unserem Leben einzuschlagen, die Segel neu zu setzen und unsere „Bestimmung" zu finden. Zahlreiche Weisheiten beschreiben das Phänomen, dass wir als Mensch, immer in der Lage sind, unser Leben zu verändern beziehungsweise eine neue Realität zu erschaffen. Menschen, die sich diese Frage zum Weg ihrer besten Version zu beantworten erhoffen, streben nach mehr vom Leben. Was würde es auch für einen Sinn machen, mich selbst positiv verändern zu wollen, wenn ich mir nicht eine andere Realität erhoffe als die, in der ich bereits lebe? Der größte Antrieb dieser Fragestellung liegt wohl im Streben nach Erfolg.

In gewisser Weise ist die Idee, dass unsere Gedanken und die innere Position Realität erschaffen, charmant. Nur dann gesellt sich der Ehrgeiz dazu: Wenn es um Erfolg geht, hat jede wichtige Person vor allem in der Anonymität online eine eigene Meinung, was der entscheidende Faktor ist, um sich von der Masse abzuheben und ein Leben zu führen, von denen die meisten nur träumen können. Einige sprechen vom „Universum", andere vom „richtigen Mindset", wieder andere von einem ausgeprägt langen Durchhaltevermögen.

Worin sich allerdings viele einig sind, ist, dass Selbstreflexion und die Entwicklung der eigenen Persönlichkeit maßgeblich sind, um einen Wandel im eigenen Dasein voranzutreiben.

In der Theorie klingt das alles prima. Wir müssen auf uns und unsere Motivation schauen, unsere Gedanken im Griff haben. Dennoch sind die Formulierungen meist schwammig und nicht greifbar. Denken ermöglicht uns unumstritten, uns zu entwickeln. Ohne Tiefe keine Entwicklung und dieser Prozess kann manchmal auch schmerzhaft sein. Auch wenn das gerne geleugnet wird.

Denken ermöglicht uns unumstritten, uns zu entwickeln.

Hast du dich schon einmal bei jemandem über ein Problem beklagt und als Antwort bekommen, dass du das falsche Mindset hast?

Ein Paradebeispiel für die Erinnerung, endlich positiver zu denken, ist die uralte Leier der Kinder in Afrika. Ihnen geht es schlecht und demnach sollen sich Kinder anhand des Schicksals anderer dazu angeregt fühlen, endlich dankbarer zu sein und besser zu denken. Wäre es nicht sinnvoller, zu erklären, was das Beispiel soll und wie die Gedanken dazu unser Handeln prägen? Irgendwie werden schon Kinder mit diesen Gedanken an das Leid anderer alleinegelassen – was sich im Erwachsenenalter in vielen Formen auswirkt.
Unglücklichsein, Erfolglosigkeit, innere Leere – im „Burnoutzeitalter“ fragen sich immer noch viel zu wenige, wann die Grundlagen für all das gesät wurden.

Tief in uns wissen wir, dass wir Umstände positiver betrachten sollten und dass es sehr viele Menschen gibt, denen es schlechter geht und die größere Probleme haben. Warum also fällt es uns trotzdem schwer, glücklicher zu sein mit dem, was wir haben? Wenn man die zahlreichen Motivations-Coaches in Social-Media-Kanälen fragt, ist die Antwort ganz klar:

**Du hast das falsche Mindset.
Und jetzt?**

Die hundertste Phrase bringt uns nicht weiter, wenn wir uns nicht selbst mal an den Kragen gehen. Sich in diesem Gefühl zu verlieren, dass nichts klappt, ist ein erlerntes Muster. Wenn diese dann auf hohle Aufforderungen zum Glück trifft, kann das nichts bringen.
Uns wird das Glück im Leben seit Kindheitstagen eingetrichtert, ohne zu zeigen, wie es denn wirklich geht. Und ohne vor allem mitzugeben, dass Glück am Ende in der Kraft in uns verwurzelt ist. Diese Version unserer selbst, die fokussiert ist, voll von Selbstwert und Inspiration, sollte das Ziel sein.
Hinzu kommt, dass Bezeichnungen wie Glück, Erfüllung, Selbstbewusstsein, usw. uns von klein auf nähergebracht wurden, als wären es Eigenschaften oder Zustände, die entweder vorhanden sind oder nicht.

Alle diese Formulierungen rund um das Mindset-Bingo erinnern im Kontrast dazu stark an einen Schalter im Kopf, den man nur finden muss und dann geht man als neu geborener Mahatma Gandhi durchs Leben. Es ist, als würde man gesagt bekommen, dass man sich gesünder ernähren soll, aber in dem Moment, wo man fragen möchte, was man essen muss, verschwindet das Gegenüber oder bietet einem eine teure Seminarkarte an. Man wird genau dann sich selbst überlassen, wenn konstruktive Unterstützung angebracht wäre. Da man aber mit alten und vertrauten Mustern lebt, wird sich wenig ändern.

Aus eigener Erfahrung kann ich allerdings zwei Dinge ganz deutlich definieren:

1. Es gibt keinen Schalter.

2. Es sind keine fixen Eigenschaften.

Es gibt einen Prozess der Reflexion und einen der kontinuierlichen Wiederholung. Das sind die wesentlichen Weichenstellungen für Wachstum und Veränderung.
Wenn man sich die Hinweise zum Thema Mindset anschaut, sind die Handlungsanweisungen zwar klar formuliert, nicht aber detailreich genug für die Umsetzung. Stelle dir vor, du hättest ein Problem damit, soziale Kontakte zu knüpfen und würdest deinen besten Kumpel, der schon immer beliebter war als du, danach fragen, wie er es anstellt, von so vielen Leuten gemocht zu werden und was du tun könntest, um dein Verhalten zu verbessern.

Und er würde dir sagen:

>> Sei einfach sympathischer. <<

Keine Frage, dass dieser Tipp sinnvoll ist, aber was genau sind die Handlungsanweisungen dahinter? Was erwartet dein Freund, wie du diesen Ratschlag umsetzen sollst?
Es ist eine Phrase, nichts weiter, sie ist sicherlich gut gemeint, jedoch wenig hilfreich.
Wüsstest du, was du an dir verändern solltest?

Was wäre, wenn er folgendes gesagt hätte:

>> Versuch Interesse an deinem Gegenüber zu zeigen, stelle viele Fragen und wenn du eine Antwort erhältst, stelle eine weitere Frage. Lächle, während die andere Person dir was erzählt. Wenn sie dir etwas erzählt, worauf sie stolz ist, mache ihr ein Kompliment dazu, wenn es aufrichtig gemeint ist. Das macht dich insgesamt sympathischer. <<

Wüsstest du jetzt, was du zu tun hast?

In Bezug auf Mindset und Persönlichkeitsentwicklung finden wir die Art, wie der erste Ratschlag in diesem Beispiel gegeben wurde, hundertfach wieder.

Wir alle sehen diese Menschen, zu denen wir aufschauen, jeden Tag, wenn nicht im realen Leben, dann mindestens auf Social Media: Sie sind selbstbewusst, charismatisch, haben eine tolle Ausstrahlung, sind erfolgreich, usw.
Und wenn sie danach gefragt werden, was dazu geführt hat, dass sie dort angekommen sind, sagen sie alle, dass man nur ein gutes Mindset braucht oder zu einer Version von sich selbst werden muss, die eine neue, gewinnbringende Realität erschaffen kann. Herzlichen Dank, jetzt weiß ich Bescheid. Wie ich haben sich sicherlich schon andere gefragt, wie unser Leben verlaufen würde, wenn wir auch diese Eigenschaften hätten. Den Mut, uns wieder jene Kanten zuzutrauen, die uns systematisch seit dem Kindergarten abgeschliffen werden.

Die gute Nachricht: Es ist für jeden möglich. Und sobald der erste Impuls dazu aufkeimt, gibt es meiner Wahrnehmung nach ohnehin keinen Weg zurück, denn wenn man sich verändern will, wird man diesen Drang niemals mehr abstellen können.

Die gute Nachricht: Es ist für jeden möglich.

Die unbequeme Nachricht: Es kostet Einsatz und ein Leben fernab der Konditionierung, was eine Umgewöhnung für das Gehirn sein wird.

Dieses Buch widme ich jenen Menschen, die der fehlerhaften Annahme nachgehen, die Grundlage zur Veränderung seien fest verankerte Eigenschaften, die manche eben haben, während andere bei der Verteilung leer ausgegangen sind. Wir alle haben die Fähigkeit, Angst zu überwinden und unser Selbst auf die nächste Stufe zu bringen. Wir müssen nur lernen, wie!

Das Schöne an Fähigkeiten ist, dass sie einen nicht ausgrenzen, wenn man ohne sie auf die Welt kommt. Sie sind trainierbar, ausbaufähig und anwendbar. Und damit du damit nicht alleingelassen wirst, findest du im Folgenden konkrete Impulse, wie du Schritt für Schritt Selbstreflexion üben, dein Mindset verbessern und diese Fähigkeiten erlernen kannst.

Auch wenn der Aufbau dieser Kapitel natürlich einer Methodik folgt, sind sie nicht aufeinander aufgebaut. Jedes Thema kann einzeln angewendet und behandelt werden. Darüber hinaus bleibt es vollkommen dir überlassen, ob und was du davon anwenden möchtest. Keine Persönlichkeit ist wie die andere. Erfolg ist nicht jedermanns Antrieb und manche Veränderungen rufen Ergebnisse hervor, die du vielleicht gar nicht haben möchtest.

Widmest du dich diesem Buch mit Aufmerksamkeit und Hingabe, beziehst du damit auch Stellung zu dir selbst. Die positive Entwicklung deiner Persönlichkeit kannst du dann nicht mehr verhindern.

Wichtig hierbei ist, das Gelernte auch anzuwenden. Sich Wissen anzueignen, das du nicht in dein Leben integrieren möchtest, ist absolut verschwendete Zeit. Und zudem noch Selbstbetrug. Vorgegaukelt haben wirst du dir lange genug, dass alles prima ist. Dieses Buch soll dazu beitragen, das Muster der Lüge dir selbst gegenüber endlich abzuschalten und alte Muster durch eine konstruktive Art zu leben abzulösen.

Einem Kind kann man es verzeihen, dass es irgendeinen Studiengang anfängt, um sich Wissen anzueignen, mit dem es eigentlich noch gar nicht weiß, was es damit anfangen soll. Aber du bist erwachsen und schlauer. Überlege dir erst, was dein Ziel ist und dann, was du an Wissen dafür brauchst.

Genau dafür habe ich dieses Buch geschrieben.

Ein Traum wird zu einem Ziel, wenn es einen Plan dazu gibt.

Ein Plan erfordert Schritte, die ausgeführt werden.

Wissen ist dazu gemacht, dir diese Schritte aufzuzeigen.

Dieses Buch umfasst 36 Schritte, die dir zu einer besseren Version verhelfen. Du warst deiner besten Version noch nie so nah wie gerade in diesem Augenblick.

•

1. DER BEGRIFF „MINDSET“ • AUSDRUCK DEINER GEISTESHALTUNG

ALLES, WAS WIR ERLEBEN, UMSETZEN ODER BEGINNEN, HAT SEINEN URSPRUNG IN UNSEREN GEDANKEN.

Es existiert nichts, was nicht zuvor seinen Anfang als Idee in uns hatte. Denken ist der wohl intimste Prozess, denn niemand wird jemals in unsere Gedanken steigen können. Erahnen, okay. Vielleicht noch mit Geschick kombinieren, was in uns vorgeht. Aber konkret wissen, kann es niemand außerhalb von uns.

Warum ich mit dem Kapitel Mindset in mein Buch starte, ist logisch: es ist der Ursprung.

Was klar und einleuchtend erscheint, ist zu einem Faszinosum geworden. Oftmals verstehen wir selbst nicht, dass unser Mindset Dreh- und Angelpunkt für Erfolg und Misserfolg ist. Wenn man unsere nette Social-Media-Kultur zu Rate zieht, ist Mindset das Bild eines Schwarz-Weiß-Löwen mit einem motivierenden Spruch im Vordergrund. Plakatives Getue, Kalenderblattweisheiten und Durchhalteparolen. Annahmen an der Oberfläche wie diese führten leider schon zu häufig dazu, dass das Wort in seiner Begrifflichkeit ins Lächerliche gezogen wird. Also was ist es wirklich?

Dieser sehr oberflächlich gehaltene Ausdruck beschreibt im Grunde nichts anderes, als die Fähigkeit, deine Umwelt zu bewerten.

Stell dir „Mindset“ als einen Filter vor, der in dir eine Reaktion auslöst, auf das, was dir im Leben widerfährt.

Dieser Prozess beinhaltet 4 Schritte:

1. Es passiert etwas.

2. Du bewertest das, was passiert ist. (Das ist dein Mindset)

3. Du hast durch die Art und Weise, wie du das, was passiert ist, bewertest, eine emotionale Reaktion.

4. Du reagierst auf das, was passiert ist, abhängig von deinen Emotionen.

Entscheidend ist hierbei die Reihenfolge.

In dem Moment, in dem ich eine emotionale Reaktion auf etwas oder jemanden habe, habe ich die Situation bereits bewertet. Ein innerer Prozess ist in Gang, der ad hoc weder zu ändern noch zu verstehen ist. Während Mindset also als Ausdruck einer pseudo-tiefgründigen Kultur verkauft wird, scheint es also um viel grundlegendere Dinge zu gehen.

Jemandem im Härtefall zu raten, etwas positiver zu betrachten, verändert nur schwer die Emotion, die bereits ausgelöst wurde. Einem Mitmenschen, der traurig oder wütend ist, also zu sagen, dass er das falsche Mindset hat, ist genauso, als würde man einem Betrunkenen sagen, er wäre nüchterner, wenn er nicht so viel getrunken hätte. Mindset ist also auch Timing. Geschieht der Ratschlag vor einem Ereignis und gelöst davon, sind wir zu einer ganz anderen Beschäftigung mit dem Inhalt der Anregung imstande. Erfolgt ein Hinweis während einer emotional aufgeladenen Situation, wird er unweigerlich als Belehrung aufgenommen und sorgt für inneren Widerstand.

Die Frage: „Was kannst du denn aus der Situation lernen?", ist zwar ein sehr wichtiger Punkt, aber ab einer bestimmten Intensität der Emotionen wird auch diese Frage schnell beiseitegeschoben. Fragen wie diese sind kleine Faktoren, die das Mindset beziehungsweise unseren Filter im Kopf bilden. Selbstverständlich ist es wichtig, dass wir mit unseren Emotionen umgehen können, positiv oder negativ. Aber es wird keinen Einfluss auf unser Mindset haben. Wenn ich Skateboard fahren lerne, wäre es sinnvoller das Fahren zu trainieren, anstatt das Hinfallen. Konzentrieren wir uns daher auf das Fahren.

Wollen wir also unser Mindset verstehen und möglicherweise bewusst neu ausrichten ist der Blick auf die erlernten Muster sinnvoll. Was haben wir eventuell bereits ein Leben lang als Annahme trainiert? Vermutlich wird dir dies am Anfang nicht direkt klar sein. Was du heute als Perspektive deines Mindsets ansiehst, hat sich eingeschliffen und bildet deshalb heute die Grundlage für Emotionen.

Es braucht zur Ausrichtung der Persönlichkeit mehr als nur einen Schalter:

- Mindset ist eine dauerhafte Angelegenheit, die wie ein Muskel trainiert werden kann.
- Mindset ist Ausdruck einer Geisteshaltung, die ausstrahlt, wie wir uns positionieren.

Mindset ist eine dauerhafte Angelegenheit, die wie ein Muskel trainiert werden kann.

Stell dir nur einmal kurz vor, du hättest die Fähigkeit, alles, was in deinem Leben passiert, so zu empfinden, als wäre es etwas Gutes. Es gibt nichts, was dich nervt, keinen, der dich ärgern kann. Du kommst an einen Punkt, wo du zu 100 Prozent davon überzeugt bist, dass alles, was dir in deinem Leben passiert, zu deinen Gunsten passiert. Was ist, wenn ich dir sage, dass das jetzt schon der Fall ist?

Hast du schon mal von der „Burnt-Toast-Theory" gehört? Ein weiteres Internet Phänomen und die ersten Stellschraube an deinem Filter. Die Theorie besagt, dass wenn sich etwas verzögert oder etwas Schlechtes passiert, es dich vor einer möglichen Katastrophe bewahrt.

Einige Monate nach der Katastrophe 9/11 hat man angefangen Interviews mit Überlebenden durchzuführen. Interessant hierbei ist, dass es sich nicht um Überlebende handelte, die zu den Zeitpunkt des Anschlags vor Ort waren, sondern um genau diejenigen, die eigentlich vor Ort hätten sein müssen, es aber nicht waren.

Alle diese Menschen hätten zu genau dem Zeitpunkt des Anschlags im Büro sein müssen, waren es aber nicht. Als man diese Menschen dazu befragte, warum sie nicht wie sonst im Büro gewesen sind, antworteten sie mit unterschiedlichen Vorkommnissen, wie irgendetwas an dem besagten Morgen „schiefgegangen" ist, was sie davon abgehalten hat, zur Arbeit zu fahren.

Dem einen ist ein Reifen am Auto geplatzt.

Bei der anderen hat der Wecker nicht geklingelt.

Bei einer anderen Person ist das Kind krank geworden.

Eine andere wurde am Vortag entlassen.

Jeder von ihnen hat eine Geschichte dazu, dass irgendetwas „Schlechtes" passiert ist, was sie davon abgehalten hat, am nächsten Tag zur Arbeit zu fahren. Was denkst du, wie hat die Person, dessen Reifen geplatzt ist, diese Situation bewertet vor der Katastrophe und wie danach?

Wenn du das Fundament zu deinem Mindset auf dem Glaubenssatz beruht, dass alles zu deinen Gunsten passiert, ist alles „Schlechte", was dir widerfährt ein Schutzmechanismus vor einer potenziellen Katastrophe.

Ein anderes Beispiel aus persönlicher Erfahrung:

Ein früherer Freund von mir hatte einen Zweitwohnsitz in Barcelona. Er flog regelmäßig von Deutschland nach Spanien und war wieder einmal kurz vor dem Rückflug. Am Tag des Rückflugs hatte man bei ihm im Ort die Hauptstraße gesperrt und er kam nicht raus. Er musste seinen Flug stornieren und war außer sich, dass er jetzt seine gesamten Termine am nächsten Tag hatte verschieben müssen. Der Flug, in dem er eigentlich gesessen hätte, war der Flieger A320 der Fluglinie Eurowings, der von dem Co-Piloten Andreas Lubitz vor den französischen Alpen zum Absturz gebracht wurde. Alle Passagiere dieses Fluges starben dabei. Diese nervige Straßensperrung hat ihm damals das Leben gerettet.

Jetzt waren dies beides mehr als öffentliche Vorfälle. Aber Katastrophen oder lebensgefährliche Situationen sind nicht immer öffentlich. Ein verbrannter Toast am Morgen, kann genau die eine Minute länger sein, die verhindert, dass du in einem Autounfall verunglückst. Das schöne Blitzerfoto, dass gerade dafür gesorgt hat, dass du vom Gas gehst und langsamer wirst, kann verhindert haben, dass etwas noch Schlimmeres passiert.

Dieses Denkmuster kann man auf jedes Ereignis übertragen. Oprah hat ihre erste Firma nur deshalb gegründet, weil ihr vorheriger Chef ein Rassist war und ihr wesentlich weniger als ihren Kollegen gezahlt hat, woraufhin sie gekündigt hat. Wäre ihr Chef ein fairer Mensch gewesen und ihre Leistung wäre gewertschätzt worden, wäre sie niemals so erfolgreich wie heute.

Also nicht nur, dass uns Schlechtes widerfährt um uns vor katastrophalem zu schützen, Schlechtes widerfährt uns sogar, damit uns die richtig guten Sachen im Leben widerfahren können. Die größten Erfolgsgeschichten kommen von den Menschen, denen am meisten „Schlechtes“ passiert ist. Und genau das ist, was sie so interessant macht. Und wenn du weißt, dass sowieso alles nur deshalb passiert, um dir nach vorne zu verhelfen, gibt es dann überhaupt noch etwas „Schlechtes“?

Schlechtes widerfährt uns sogar, damit uns die richtig guten Sachen im Leben widerfahren können.

Die Antwort zu dieser Frage liegt nicht im Ereignis an sich, sondern im Fokus, den man setzt. Der Grund, warum Oprah so eine einzigartige Geschichte ist, ist der, dass die meisten Menschen viel zu sehr damit beschäftigt wären, sich darüber zu beschweren, wie unfair ihr Chef ist, als selbst die Initiative zu ergreifen, etwas zu ändern.

•

2. VERANTWORTUNG ÜBERNEHMEN

WAS WÄRE, WENN DU DIR TATSÄCHLICH EINE NEUE REALITÄT BAUEN KÖNNTEST?

Sicherlich spielen in dieser Realität nicht nur eine Karriere, Wertsachen oder schnelle Autos eine Rolle, sondern auch deine Mitmenschen. Wie wir unser Leben bewerten, erstreckt sich nicht nur auf Umstände oder Ereignisse, sondern auch auf Menschen. Demnach erschaffen wir einen großen Teil unserer Realität mit der Auswahl der Menschen, die wir in unserem Leben haben möchten. Für die meisten ist dies ein unbewusster Prozess.
Von der Familie, die sich keiner von uns aussuchen kann, mal abgesehen, schleichen sich die Menschen eher in unser Leben ein, als dass wir sie bewusst aussuchen. Einige sind noch aus Schulzeiten übriggeblieben, dann kamen ein paar in der Uni oder Ausbildung dazu und schließlich ein oder zwei Arbeitskollegen und vielleicht noch die Freunde des Partners oder Partnerin.

Wir filtern jeden neuen Menschen, den wir kennenlernen mittels unseres Unterbewusstseins und bleiben an den Menschen hängen, die in uns ein gutes Gefühl hervorrufen, mit denen wir uns gerne umgeben. Wirklich erklären, warum wir mit einer Person befreundet sind, können wir nicht.Vielleicht bringt sie uns zum Lachen, vielleicht haben wir gemeinsame Interessen, vielleicht vertrauen wir dieser Person, trotzdem bleibt es schwer zu definieren, warum gerade dieser Mensch von allen, die wir kennengelernt haben, noch da ist.

Ein altes Sprichwort sagt:

„Zeig mir deine Freunde und ich sag dir, wer du bist.“

Mal angenommen, du hast einen Traum für deine berufliche Zukunft. Ein Job, eine Position, egal was. Und jemand kommt zu dir und sagt, dass es für die Bewerbung notwendig ist, sämtliche deiner Freunde zu interviewen, um zu bewerten, welche Art Mensch du bist. Glaubst du, du würdest den Job bekommen? Was steckt hinter der Aussage, dass unsere Freunde eine Repräsentation unseres Selbst darstellen? Kaum einer trifft die bewusste Entscheidung ab jetzt mit einer Person befreundet sein zu wollen. Aber auch wenn dies in der Entstehung von Freundschaften zutrifft, heißt es nicht, dass es nicht zu einer aktiven Entscheidung werden kann.
Denn eine Realität zu erschaffen, heißt auch aktiv zu entscheiden, welche Menschen ein Teil dieser Realität sein sollen. Dafür ist es wichtig, diesen Prozess vom Unterbewusstsein ins Bewusstsein zu ziehen und einmal darüber nachzudenken, wonach wir andere überhaupt bewerten. Bewusst oder unbewusst.

Was ist das Erste, das dir beim Kennenlernen eines neuen Menschen auffällt? Worauf achtest du? Liegt dein Fokus auf der Sprache, dem Aussehen, dem Klang der Stimme, der Ausstrahlung? Fallen dir zuerst die positiven Merkmale auf oder bist du sofort in der Lage die ersten drei Dinge zu identifizieren, die dich an der anderen Person stören? Wenn du durch die Stadt läufst, fallen dir eher die sehr schönen Menschen auf oder eher die, die du als weniger schön erachtest?

Das Interessante hierbei ist, dass die Brille, durch die wir andere Menschen betrachten, dieselbe ist, mit der wir uns selbst betrachten. Und die Aspekte, mit denen du dich eher unsicher fühlst, spiegeln das, was dir als aller erstes bei einem anderen auffällt. Fühlst du dich unsicher mit deinem Gewicht, achtest du als erstes darauf. Machen dir deine Haare zu schaffen, liegt dein Fokus auf den Haaren aller anderen. Mit einigen Menschen gehst du dann ins Gespräch. Wenn du dich selbst für nicht schlau hältst, achtest du gezielt darauf, ob die andere Person einen schlauen Eindruck macht. Je mehr Fehler und Unsicherheiten du in dir selbst siehst, desto mehr siehst du bei allen anderen. Daher bin ich kein

Freund davon zu sagen, dass du dich zuerst von der Hälfte deiner jetzigen Freunde trennen musst, weil sie deine Träume nicht repräsentieren können. Viel wichtiger ist es, zu lernen, sich selbst besser zu betrachten. Das bringt in den meisten Fällen ohnehin die Trennung von denen mit, die dir und dem höheren Ziel der persönlichen Entwicklung nicht dienen. Alles, was dich bremst, wird sich wie von selbst irgendwann entsorgen, wenn dein Prozess weit genug vorangeschritten ist und du vor allem ehrlich zu dir selbst bist.

Viel wichtiger ist es, zu lernen, sich selbst besser zu betrachten.

Die Bewertung anderer Menschen ist ein direkter Spiegel zu dem, wie du dich selbst beurteilst. Lehnst du einen Wesenszug ab, ist es an der Zeit, dich mit genau diesem sogenannten Trigger zu beschäftigen und deine eigenen Reaktionen zu hinterfragen. Nur ein Mensch, der unzufrieden mit sich selbst ist und nicht daran arbeitet, diesen Zustand zu ändern, fängt an, Fehler bei anderen zu suchen. Es ist einfacher, sich darauf zu konzentrieren, was andere alles falsch machen, als an sich selbst zu arbeiten. Für die Entwicklung deiner Position und Persönlichkeit ist es ein Rückschritt.
Das Spannende am Umgang mit Bewertungen ist, dass die Impulse dazu tief in uns entstehen – auch als Folge des Mindsets. Gleichzeitig bedarf die Änderung der Bewertung aber genau dieses Mindsets, um Fortschritte zu machen.

Etwas zu bemerken, muss nicht bedeuten, es anderen laut mitzuteilen; es sind die Gedanken im Kopf, wenn wir jemanden sehen und uns ein Urteil bilden oder erleichtert sind, dass wir nicht so sind, wie die andere Person.

Das Gedankenkarussell dreht sich oft darum, wie wir im Vergleich zu ihr sind:

Im direkten Vergleich sind wir gar nicht so erfolglos, ungebildet oder chaotisch. Das mag erleichternd klingen, lenkt den Blick aber weg vom

Wesentlichen in uns. Sehen wir aktiv auf uns, entwickeln wir uns. Bewerten wir den anderen, wählen wir den einfachen Weg – die mentale Sackgasse.

Aber selbst wenn wir diese Gedanken nicht laut aussprechen, hat es Einfluss darauf, wie wir auf andere Menschen reagieren, denn unser Filter löst Emotionen aus und Emotionen beeinflussen unser Verhalten. Wie wir andere bewerten, hat demnach einen direkten Einfluss darauf, wie wir uns gegenüber anderen Menschen verhalten, wie wir auf ihre „Fehler" reagieren, wie schnell wir verzeihen, ob wir viel oder wenig Mitgefühl haben usw.
Dieser Prozess spielt sich zum größten Teil unterbewusst ab, um ihn zu beeinflussen, müssen wir ihn daher immer wieder ins Bewusstsein holen, um gezielt daran zu arbeiten. Womit wir beim ersten entscheidenden Faktor wären:

Die meisten Menschen leiden unter dem in der Psychologie genannten „Fundamentalen Attributionsfehler". Das bedeutet: Wir bewerten unsere eigenen Fehler anders als die Fehler anderer Menschen.

Macht jemand anders einen Fehler, liegt es an seinem Charakter.
→ *Mache ich einen Fehler, liegt es an äußeren Umständen.*

Beispiele aus dem Leben:

Mein Arbeitskollege konnte die Deadline der Aufgabe nicht einhalten, weil er faul ist. → *Ich konnte die Deadline der Aufgabe nicht einhalten, weil mein Kind krank ist und mich nachts wachgehalten hat.*

Mein Freund kommt nicht rechtzeitig zum Treffen, weil er unpünktlich ist. → *Ich komme nicht rechtzeitig zum Treffen, weil die Bahn wieder mal ausgefallen ist.*

Andere Menschen haben Gewichtsprobleme, weil sie ungesund leben. → *Ich habe Gewichtsprobleme, weil mir mit meinem Job einfach die Zeit für Sport fehlt.*

Die Liste der Bewertungen, die wir tagtäglich treffen und bisher getroffen haben, ist beinahe endlos. Es ist ein Gedankengefängnis im Herzstück der Doppelmoral, wo wir alle unsere Runden laufen.

Der Schlüssel zur Freiheit aus diesem Gedankengefängnis heißt Verantwortung.

Freiheit geht immer einher mit Verantwortung. Je mehr Verantwortung du übernimmst, desto mehr Freiheiten und Kontrolle hast du. Das, was viele dem alten Leben und Denken nach als Kontrolle und Herrschaft über ihr eigenes Leben empfinden, ist in Wahrheit ein Gefängnis. Ein inneres Korsett aus konstruierten Annahmen, das unser Gehirn sich in gewohnten Gefilden bewegen lässt und nichts Neues zulässt.

Du wirst als Erwachsener (hoffentlich) mehr Freiheiten und Kontrolle haben, als zu dem Zeitpunkt, als du noch zu Hause bei den Eltern gelebt hast, der Preis, den du dafür gezahlt hast, ist die Verantwortung, für dich selbst zu sorgen.

Als Selbstständiger hast du mehr Freiheiten in Bezug auf Arbeitszeiten und Räumlichkeiten als ein Angestellter, aber trägst auch die Verantwortung für deinen Erfolg, Verdienst usw. Und genauso verhält es sich mit dem Bewerten von Fehlern.

Je mehr Verantwortung du für Umstände übernimmst, die „schiefgelaufen“ sind, desto mehr Freiheit hast du und je mehr Kontrolle erhältst du für das Erschaffen zukünftiger Umstände.

Wenn also zukünftig ein Fehler eintreten sollte, gehe grundsätzlich davon aus, dass er deine Verantwortung ist.

Paradox ist, wie sehr die meisten von uns ausgerechnet mit dieser ein großes Thema haben. Sie geraten in Panik, wenn sie Verantwortung für ihr Handeln, Leben und Denken übernehmen sollen, stülpen sich selbst aber im Gegenzug gerne das Häubchen der Schuld über. Ein kleiner, aber feiner Unterschied, der Großes bewirken kann. Schuld ist in diesem Zusammenhang ein erlerntes Muster, bei dem wir uns dominieren lassen und unterordnen. Während bei der (Eigen-) Verantwortung die Wahrheit ungeschönt an der Oberfläche ist, kann man sich bei Schuld ganz klein zusammenrollen.

Denn „Schuld" als solche existiert als vollendeter Zustand nicht. Sich die Schuld für etwas zu geben, bedeutet anzuerkennen, dass man selbst Verursacher einer Situation ist, die anders hätte aussehen können und sich jetzt damit abzufinden, dass man es nicht mehr ändern kann.
Für etwas die Verantwortung zu übernehmen impliziert jedoch, dass ich noch weiter an der Situation arbeite. Ja, es ist „meine Schuld", dass es so ist, wie es ist, aber ich übernehme die Verantwortung, das Beste aus dem zu machen, was nun vor mir liegt. Und das kann auch bedeuten, einfach aus der Situation zu lernen und es beim nächsten Mal anders anzugehen.
Das gibt einem zudem die Möglichkeit, das Verhalten anderer Menschen zur Gänze aus der eigenen Verantwortung auszuklammern, um die volle Kontrolle über sämtliche Umstände gewinnen zu können.

Eine mögliche Art damit umzugehen:

Wenn jemand anders etwas Schlechtes herbeiführt, gehe grundsätzlich davon aus, dass die Verantwortung bei dir liegt.

Wichtig hierbei ist: Keine Ausreden.

Wenn du eine Aufgabe an jemand anderen weitergibst und er sie nicht erfüllt, ist es **deine Verantwortung**, die Kompetenzen der anderen zukünftig besser einzuschätzen.

Wenn ein anderer dich auch nach dem 3. Mal Erklären nicht verstanden hat, ist er nicht dumm, es ist **deine Verantwortung**, so zu kommunizieren, dass dein Gegenüber dich versteht.

Wenn du immer wieder Menschen um dich hast, die dich ausnutzen, ist es **deine Verantwortung** an deinen Grenzen zu arbeiten.

Wenn du häufig mit Partnern zu tun hast, die eifersüchtig sind, liegt es nicht an deren Charakter, es ist **deine Verantwortung**, mit deinem Verhalten genügend Stabilität zu schaffen, damit keine Unsicherheit in deinem Gegenüber geweckt wird.

Auch hier entsteht eine lange Liste und du hast dich vielleicht schon in ein, zwei Punkten wiedererkannt. Spätestens jetzt weißt du, warum sich so wenig Menschen für den Weg der Selbstoptimierung entscheiden.

Für den ein oder anderen mag das sehr drastisch klingen. Und das erzeugt eine Abwehrhaltung. Verstehe ich absolut. Taste dich gerne allmählich an diese neue Art (eigen-) verantwortlich zu denken und zu handeln heran. Wichtig ist aber: Mache es überhaupt! Wohin uns dieses Weichgespüle bringt, sehen wir ja. Zu Personen ohne Rückgrat, die heulen, wenn das Leben „unfair“ ist. Es geht nicht darum, dass wir zu hart zu uns selbst werden oder eine Retraumatisierung provozieren. Es geht um einen Wandel, der nicht mit Samthandschuhen klappt. Mein Appell: beginne augenblicklich, in allen Situationen deine eigene Position zu reflektieren. Gehe von dir aus! Nehme dich vielleicht sogar zum ersten Mal im Leben wichtig und ändere etwas. Das bezieht nun auch mal das ein, was unbequem ist.

Es geht um einen Wandel, der nicht mit Samthandschuhen klappt.

Auf lange Sicht wirst du in Bezug auf deine Mitmenschen feststellen, dass du automatisch das Gegenteil machst. Das ist deine Bestätigung, dass du für alles die Verantwortung übernimmst. Denn, wenn du für alles, was in deinem Leben passiert, die Verantwortung übernimmst, haben deine Mitmenschen gar nicht mehr die Möglichkeit, Fehler zu machen, die dich beeinflussen, weil die Verantwortung bei dir liegt. Und über „Fehler", die andere machen und die dich nicht betreffen, wirst du kaum noch nachdenken, weil du anfängst, dich auf dein Leben zu konzentrieren.

Und woran merkst du, ob du Fortschritte machst? Ein Faktor, der dir bestätigt, dass du auf dem richtigen Weg bist, ist das sogenannte „Lästern" oder „Tratschen". Denn du wirst kein Interesse mehr daran haben.

Warum lästern Menschen? Wieso bereitet es Menschen Freude die Fehler oder Makel von anderen Menschen auszudiskutieren?
Warum weiß jeder, warum die Ehe eines Bekannten nicht funktioniert?
Warum ist allen klar, warum der Kollege niemals befördert werden wird?
Warum kennt die gesamte Nachbarschaft den Grund für das Scheitern des neuen Handwerkbetriebs?
Weil es angenehmer ist, sich mit den Fehlern anderer Menschen zu beschäftigen als mit den eigenen.

Man hat eine Beschäftigung.
Man findet ein gemeinsames, unterhaltendes Gesprächsthema.
Man relativiert die eigenen Fehler im Vergleich zu anderen.
Man fühlt sich bestätigt, weil es andere Personen gibt, die es genauso sehen. Jackpot.

In dem Moment, in dem du auch nur einen Fuß auf den Weg der Selbstreflexion setzt, wirst du dich unwohl fühlen in Gegenwart dieser Menschen. Das ist deine Bestätigung, dass du in die richtige Richtung gehst. Darüber hinaus entwickelst du sehr viel Verständnis dafür, wie viel eigentlich innerhalb deiner Kontrolle liegt. Allerdings wirst du auf ein paar sehr unangenehme Wahrheiten über dich selbst stoßen und bist dann auch noch gezwungen, dich damit auseinanderzusetzen. Für diesen Prozess ist nicht nur Geduld gefragt, sondern auch eine hohe Schmerztoleranz. Auch wenn der Weg dorthin unangenehm ist, wird es sich um ein Vielfaches bezahlt machen, wenn du die Verbesserung in deinem Leben beobachtest.

Wichtig ist hierbei allerdings auch Verständnis.
Verständnis für dich selbst und deine eigenen Fortschritte.
Denk immer daran, es gibt keinen Schalter.

Es ist hartes Training, sich selbst für alles die Schuld zu geben.
Es ist frustrierend, weil wir voller Fehler zu sein scheinen.
Es ist Kräfte zehrend, weil einige Lösungen auf sich warten lassen.
Aber es ist befreiend.
Und für Freiheit zahlen wir immer mit Verantwortung.

•

DIE SCHLIMMSTEN ENTSCHEIDUNGEN IM LEBEN SIND JENE, DIE WIR VERMEIDEN.

Das sitzt, wenn die Bedeutung erst einmal im Gemüt angekommen ist. Nicht die Schmerzen, Abschiede oder Enttäuschungen begleiten uns, es sind die Momente der Unentschiedenheit. Alles andere prägt und formt uns. Quälend aber wird es, wenn wir diesem natürlichen Drang, uns zwischen A und B zu entscheiden vor lauter Lethargie entsagen und nichts tun. Und bitte verstehe mich nicht falsch. Gar nichts zu tun, kann ein sehr produktiver Moment der Ausgestaltung sein. Wenn wir ganz bei uns sind und bewusst einmal alles andere ausblenden. Diese Momente meine ich nicht. Wir alle haben schon diese Momente erlebt, in denen wir etwas tun oder sagen wollten, und stumm geblieben sind. Tief im Inneren wissen wir, dass es uns zu nichts gebracht hat – außer Grübelei.
Wir alle hatten schon mal das Gefühl, dass etwas fehlt. Und meistens war es unsere Positionierung. Klare Kante beziehen und sich entscheiden – die Möglichkeit, eine Wahl zu haben, aktiv nutzen.

Unabhängig davon, wie viel Verantwortung wir für unser eigenes Handeln übernehmen, gewisse Situationen oder Schmerzfaktoren können wir nicht ändern, vor allem in Bezug auf unsere zwischenmenschlichen Beziehungen. Wir können immer entscheiden, wie wir darauf reagieren. Es ist sinnvoller mit dem Skateboard das Fahren zu üben, aber es ist unvermeidbar, dass wir auch mal hinfallen. Wir können andere nicht zwingen, uns gut zu behandeln, aber wir können entscheiden, wie oft sie uns schlecht behandeln dürfen. Wir können jemanden nicht zwingen, uns wertzuschätzen, aber wir können entscheiden, ob wir Energie investieren wollen. Wir können nicht verhindern, Wut oder Trauer zu empfinden, aber wir können entscheiden, ob wir sie als Rechtfertigung benutzen, um anderen Schmerz zu bereiten.

Jeder kennt das klassische Bild vom Superhelden und vom Schurken aus den Comics. Nehmen wir beispielsweise Batman und den Joker. Was unterscheidet die beiden? Wenn man es genau betrachtet, haben beide eine Kindheit voller Schmerz erlebt. Batman musste zusehen, wie seine Eltern einem Gewaltverbrechen zum Opfer gefallen sind und der Joker ist in einem verwahrlosten Kinderheim groß geworden.

Was hat also dazu geführt, dass einer Menschen rettet, während der andere Pläne schmiedet, die Stadt zu zerstören? Es ist die Entscheidung, die beide getroffen haben, wie sie mit ihrem Schmerz umgehen.

1 Joker nimmt seinen Schmerz und projiziert ihn auf andere:

„Die Welt hat mir wehgetan, jetzt tue ich allen anderen weh."

2 Batman hingegen möchte andere vor gleichem bewahren:

„Die Welt hat mir wehgetan, jetzt tue ich alles dafür, dass kein anderer das durchmachen muss, was ich erlebt habe."

Im Grunde ist Joker aber ein Paradebeispiel dafür, warum es überhaupt Menschen gibt, die anderen „etwas Schlechtes tun". Denn ein Mensch, der mit sich im Reinen ist, fügt keinem anderen Schmerz zu. Die Menschen, die sich am meisten Liebe und Akzeptanz wünschen, schreien danach auf die am meisten unliebsame Art und Weise und oft sind es die nettesten und fürsorglichsten Menschen, denen wir begegnen, die den größten Schmerz erlebt haben.
Ist es einfach, immer wieder nach jedem schmerzhaften Erlebnis Batman zu sein? Absolut nicht. Aber wir haben trotzdem die Wahl, zu entscheiden, ob wir einer sein möchten.

Es ist nicht unser Schmerz, der definiert, wer wir sind, sondern die Entscheidung, wie wir mit diesem Schmerz umgehen. Jetzt wirst du vielleicht denken, dass du selbst niemals zu einem Bösewicht mutierst und deine Stadt zu terrorisieren anfängst. Das war ein sehr extremes Beispiel, aber führe dir dieses Prinzip einmal auf Mikroebene in deinem Alltag vor Augen. Unser Charakter wird nicht dadurch definiert, wie wir mit Menschen umgehen, wenn wir einen guten Tag haben, sondern wie wir andere behandeln, wenn es uns schlecht geht.

Es ist nicht unser Schmerz, der definiert wer wir sind, sondern die Entscheidung, wie wir mit diesem Schmerz umgehen.

Wie begrüßt du deinen Nachbarn, wenn du schlecht geschlafen hast?

Wie redest du mit deinen Kindern, wenn dein Chef dich angebrüllt hat?

Wie verhältst du dich in einem Streit mit deinem Partner?

Wie reagierst du, wenn dich jemand verletzt hat? Planst du deine Rache oder trainierst du deine Vergebung?

Es gibt Menschen, die darauf schwören, ihren Partner oder Partnerin aufrichtig zu lieben und dann Kraftausdrücke benutzen und den Menschen, mit dem man sein Leben verbringt, beleidigt, nur weil man sich gerade uneinig ist oder gekränkt fühlt. **Die sogenannten „guten Zeiten" sind zwar bequem, sagen aber kaum etwas über unseren Charakter aus.** Die Wahl, die du triffst, wenn du Schmerz erleidest, offenbart deinen Charakter. Und es ist diese Wahl, die einen sehr großen Einfluss darauf hat, welche Menschen Teil deines Lebens sind.

•

4. PROJEKTIONEN VON SCHMERZ

KANNST DU DIR VORSTELLEN, DASS DU SCHON EINMAL DER BÖSEWICHT IN DER GESCHICHTE EINES ANDEREN WARST?

Dass du einen anderen Menschen verletzt hast und es überhaupt nicht deine Absicht war?

Die wenigsten sind von Grund auf böse, auch wenn wir schon oft der Annahme waren. Thomas Hobbes beschrieb vor langer Zeit mit den Worten *homo homini lupus* – der Mensch ist dem Menschen ein Wolf. Jeder von uns hat das erlebt, was man als schlechte Erfahrungen bezeichnet. Dabei kreisen unsere Gedankenspiele um unsere Empfindungen in diesen Momenten, in denen uns Schmerz zugefügt wurde. Aber warum ist das so? Schmerz entsteht durch Schmerz. Und wir – als Menschen – projizieren sehr oft unseren Schmerz auf andere. Manchmal tun wir das bewusst und manchmal unbewusst. Im Grunde genommen lösen wir denselben Schmerz in unserem Gegenüber aus, den wir selbst empfinden.

Stell dir folgendes Szenario vor:

Ein Kind wird zu Hause in aller Regelmäßigkeit von seinen älteren Geschwistern gehänselt und verprügelt. Jeden Tag, wenn es von der Schule kommt, fühlt es sich machtlos und ist den Quälereien hilflos ausgeliefert. Irgendwann fängt es dann an, selbst zu mobben. Nicht seine älteren Geschwister – das kann er leider nicht. Er sucht sich die Schwächeren aus, die eine Klasse unter ihm sind und auf dieselbe Schule gehen und fängt an, sie genauso zu verprügeln, wie es zu Hause verprügelt wird. Von außen betrachtet, ist offensichtlich, dass in diesem Beispiel der eigene Schmerz projiziert wird.

Kein Kind, das nicht in einem Bereich seines Lebens körperliche Gewalt erfährt, würde einfach anfangen, andere Kinder zu verprügeln.
Von außen betrachtet lässt sich alles relativ einfach beurteilen. Das liegt zum einen daran, dass die eigenen Emotionen nicht involviert sind, vielmehr aber an der Tatsache, dass wir einen direkten Blick auf beide Seiten des Geschehens haben beziehungsweise auf die Geschehnisse aller beteiligten Parteien.
Dem „Gemobbten“ fehlen hierbei allerdings ganz entscheidende Informationen, das Geschehene zu bewerten, während dem „Mobber“ eine klare Distanz zu seinem eigenen Schmerz fehlt, von dem er geleitet wird.

Das ist auch die Strategie, mit der uns Hollywood in Filmen dazu bringt, mit dem Schurken zu sympathisieren. Uns wird eine dramatische und schmerzerfüllte Hintergrundgeschichte aufgezeigt, die nicht nur Mitleid auslöst, sondern das Verhalten des Schurken für den Zuschauer nachvollziehbar und erklärbar macht.
Wir sind eher dazu geneigt, ihm sein Verhalten zu verzeihen, weil wir den Schmerz dahinter nachvollziehen können.

Im Film „Die Fremde in mir“ entwickelt der Zuschauer sogar eine tiefe Sympathie für die nun mordende Protagonistin, da sie zuvor tiefes Leid erfahren hat – spürbar im heimischen Wohnzimmer des Zuschauers.

Leider haben wir nur selten bis gar nicht die Möglichkeit, das Verhalten anderer Menschen in unserem Leben mit „Distanz“ zu betrachten. Weil wir kaum einen Menschen auf einer Ebene kennenlernen, auf der er uns all die intimen Details seines Schmerzes anvertraut, können wir unsere eigene Befangenheit ohne den Nebel der eigenen Emotionen nicht wahrnehmen. Daher projizieren wir.

Projiziert werden die eigenen, erlernten Muster. Statt das, was uns selbst einst gequält hat, abzulegen und zu ändern, mobben wir selbst und übertünchen die tiefen Wunden in uns.

Dieses Verhalten legen wir aber nicht ab, nur weil wir erwachsen sind. Es wird auch nicht weniger offensichtlich, wir können es nur schlechter deuten, weil wir unseren Schmerz gerne für uns behalten.
Wer möchte schon, dass alle anderen die eigenen wunden Punkte kennen? Mein Plädoyer, hinzusehen und zu erkennen, ist das Ende eines Mythos. Dieser kleine Irrglaube, dass es nur ein Ausrutscher war oder doch gar nicht so schlimm ist. Doch, war es. Für den Mobber und den Gemobbten.

Wie sollen wir die wunden Punkte anderer erkennen und respektieren, wenn wir unsere eigenen zu gerne verdrängen? Was brauchst du, damit du tun kannst, was du willst? Etwas Mut hinzusehen, reicht schon aus. Die geistige Ideenschmiede für Heilung ist wie eine Bastelstube für Erwachsene. Am Ende entsteht aus einem Flickenteppich an Visionen und Emotionen die Erkenntnis, wer wir wirklich sind.

Wer möchte schon, dass alle anderen die eigenen wunden Punkte kennen?

Man könnte, müsste, sollte. Solange das nicht geschieht, kennen wir kaum offene Stellen im Innern von anderen. Was passiert also, wenn wir von einem anderen Menschen verletzt werden?
Wir beziehen es auf uns. Weil wir nicht die Möglichkeit haben, genau hinzusehen.

Nehmen wir doch mal den typischen Choleriker-Chef auf der Arbeit, der dich anschreit, weil du eine Aufgabe nicht richtig erledigt hast, und jetzt wirft er dir all diese Dinge vor, dass du unfähig bist, keine Ahnung von deiner Arbeit hast, und im schlechtesten Fall geht es dann noch unter die Gürtellinie.
Es ist absolut nachvollziehbar diese Situation persönlich zu nehmen.

Ich bin nicht gut genug.
Ich kann nie irgendwas richtig machen.
Sie machen sich bestimmt hinter meinem Rücken über mich lustig…

Diese Gedanken kennen wir alle nur zu gut. Was ist, wenn ich dir sage, dass dein Chef genau diese Gedanken auch hat? Kaum zu glauben oder? Bei jemanden in seiner Position. Umgekehrt, denkst du, ein Mensch, der glücklich ist oder gefestigt oder mit sich im Reinen, würde auf diese Art und Weise mit anderen Menschen reden?

Wenn du jetzt weißt, dass seine Worte eigentlich nur ein Spiegel seines Inneren sind, weil er diese Gefühle hat und nicht mit seinem Schmerz umgehen kann, kannst du es dann wirklich noch persönlich nehmen? Stelle dir vor, es wäre ein Film und du siehst eine Szene, wie dein Chef abends nach Hause fährt und zwei Stunden von seiner Frau angeschrien wird, dass er zu viel arbeitet, nicht genug Zeit mit den Kindern verbringt, sich für nichts interessiert und alles, was er tut, nicht gut genug ist. Wie viel von dem, was er vorher zu dir gesagt hat, würdest du jetzt noch persönlich nehmen?

Würdest du nicht sogar trotz dessen, dass er dich angebrüllt hat, Mitgefühl haben, dafür, dass er sich jeden Tag dieser Tortur stellen muss? Leider gibt es diesen Knopf nicht im echten Leben. Wenn uns jemand anderes verletzt, haben wir nicht die Möglichkeit, uns einen Videoausschnitt aus seiner Vergangenheit anzusehen, der uns zeigt, wie dieses Verhalten entstanden ist. Aber wenn du einmal weißt, dass der Schmerz, den dir andere zufügen, nichts mit dir zu tun hat, benötigst du den Einblick auch nicht.

Das ist die eine Seite der Projektion. Die andere Seite, wie jemand anderes seinen Schmerz auf uns überträgt, wird ausgelöst durch unser eigenes Verhalten. Im Wesentlichen geht es hier um das Gefühl, das wir in anderen auslösen, was sie dann auf uns zurück übertragen.

In Bezug auf den Arbeitsplatz, könnte das wie folgt aussehen:

Der Chef hat das Gefühl, dass den Angestellten eigentlich alles egal ist, sie ihre Arbeit nicht vernünftig machen und jeder Aufgabe mit Gleichgültigkeit begegnen. Jetzt könnte der Chef darauf schließen, dass er einfach ein Händchen dafür hat, gleichgültige Angestellte einzustellen. Wenn man nun das vorherige Prinzip anwendet, würde man darauf schließen, dass alle Angestellten, wenn sie nach Hause fahren, mit Gleichgültigkeit behandelt würden. Aber wie hoch ist die Wahrscheinlichkeit, dass dies der Fall ist? Ziemlich gering.

Bringt der Chef aber innerhalb seines Unternehmens den Mitarbeitern keine Wertschätzung oder Aufmerksamkeit entgegen und sie haben das Gefühl, dass es im Grunde vollkommen egal ist, ob sie morgens zur Arbeit kommen oder nicht, würden sie anfangen, die Gleichgültigkeit, mit der ihnen begegnet wird, auf den Chef zurück zu übertragen.
Das heißt, in diesem Beispiel ist die Gleichgültigkeit, die der Arbeit entgegengebracht wird, eine Projektion der Gleichgültigkeit, die der Chef seinen Mitarbeitern entgegenbringt, nicht aber in einem alten Trauma verortet.

Wie unterscheidet man jetzt zwischen den beiden? Wann weiß ich, ob die Ursache des Schmerz von mir ausgeht oder von etwas verursacht wird, was ich nicht beeinflussen kann?

Dafür gibt es zwei Indikatoren:

Der erste Indikator ist die Anzahl der Menschen, durch die mir dieses Verhalten entgegengebracht wird. Wenn ich ein bestimmtes Verhalten durch sehr viele verschiedene Menschen erfahre, ist die Wahrscheinlichkeit sehr hoch, dass ich es selbst hervorrufe. Der andere Indikator ist, wie sich dieser Mensch gegenüber anderen verhält. Wenn ich einen Chef habe, der bei jedem Mitarbeiter bei jeder Kleinigkeit ausrastet, trifft mit hoher Wahrscheinlichkeit die erste Form der Projektion zu und mein Chef erlebt in einem anderen Bereich seines Lebens sehr viel Schmerz und es hat nichts mit mir zu tun. Wenn er allerdings bei jedem anderen ein Sonnenschein ist, konstruktiv Feedback gibt und sich nur mir gegenüber respektlos verhält, ist die Wahrscheinlichkeit sehr hoch, dass er mein Verhalten ihm gegenüber als respektlos empfindet, unabhängig davon, ob es so gemeint ist oder nicht und es durch mich hervorgerufen wird.

Diese beiden Prinzipien lassen sich nicht nur auf der Arbeit anwenden, sondern auf sämtliche Bereiche unseres Lebens. Nicht nur, dass wir selbst durch unser Verhalten Schmerz in anderen hervorrufen, ohne es wirklich zu wollen, wir projizieren alle tagtäglich den eigenen Schmerz, die eigenen Ängste und Sorgen auf unsere Mitmenschen, ohne uns dessen bewusst zu sein.

Wir sind in einer Beziehung und fühlen uns unsicher, aber anstatt unsere Unsicherheit in Worte zu fassen, lösen wir dieselben Gefühle in unserem Partner aus:

>> Ich glaube, ich will das nicht mehr. <<

Ein Zustand emotionaler Erpressung. Erzwingen willst du eine Geste der Liebe.

Tief in dir weißt du ganz genau, dass du noch willst. Du bist nur unsicher, ob dein Partner auch noch möchte, und würdest gerne eine Bestätigung hören, um weniger unsicher zu sein, oder möchtest, dass dein Partner weiß, wie du dich fühlst. Wie oft gehen Menschen, weil sie nur möchten, dass man ihnen hinterherläuft, aber es kommt keiner, weil der andere zu verletzt ist, da er verlassen wurde…
In unserem Inneren sind wir immer noch sehr häufig das kleine Kind aus der Schule, das nie gelernt hat, mit seinen Unsicherheiten und seinem Schmerz umzugehen. Diese Situationen finden sich in sämtlichen Personengruppen wieder, ob jung oder alt.

In unserem Inneren sind wir immer noch sehr häufig das kleine Kind aus der Schule, das nie gelernt hat, mit seinen Unsicherheiten und seinem Schmerz umzugehen.

In persönlichen Beziehungen könnte man mal anfangen, Unsicherheiten und Schmerz zu kommunizieren, aber oftmals gestaltet sich das sehr schwierig.

Keiner kann erwarten, dass der Angestellte zu seinem Chef geht und ihm ausbreitet, er fühle sich, als hätte er keine Bedeutung für das Unternehmen. Wenn wir uns dessen allerdings bewusst werden und gezielt darauf achten, haben wir die Möglichkeit, ganz anders zu reagieren, weil wir es anders einordnen können.

Denn entweder sind wir selbst der Auslöser für das Verhalten des anderen und können an unserem eigenen arbeiten oder der Schmerz, der durch einen anderen verursacht wurde, wird gerade auf uns projiziert. An Letzterem wirst du wahrscheinlich nicht viel ändern können, aber du nimmst es nicht mehr persönlich, es löst vom Moment der Erkenntnis an weniger Schmerz in dir aus.

Denn du solltest deinem cholerischen Chef nach seinem Wutanfall nicht unbedingt sagen, dass du ihn liebst und schätzt. Die Wahrscheinlichkeit, dass dies fehlinterpretiert wird, ist relativ hoch, aber es wird keinen Einfluss mehr auf dein Selbstbewusstsein haben, auf die Art und Weise, wie du dich fühlst, oder wie dein Tag danach verläuft.
Du wirst irgendwann in der Lage sein, aus solchen Gesprächen rauszugehen und zu denken: *Der arme Kerl, der macht bestimmt viel durch gerade.* Die Reise findet innerlich statt. Der innere Frieden ist das Ergebnis, das im Idealfall keinen Dialog mit einem cholerischen Chef benötigt und dennoch den Zustand der Harmonie findet.

Dasselbe gilt auch für unser eigenes Verhalten. Die wenigsten Menschen sind in der Lage oder kennen uns gut genug, um zu sehen, wann wir einen wirklich schlechten Tag oder eine schlechte Phase haben. Und selbst wenn sie es sehen, sie können es nicht nachempfinden. Was im Grunde auch nicht ihre Aufgabe ist.

Wir haben alle schon einmal jemand anderes vor den Kopf gestoßen, weil es uns in dem Moment nicht gut ging. Sei es unserem Partner, unserem Kollegen oder einer fremden Person, die uns zufällig begegnet ist.

Hierbei hilft es, sich selbst etwas zu beobachten und zu schauen, wie behandle ich mein Umfeld, wenn es mir gut geht, und wie verhalte ich mich, wenn es mir schlecht geht. Und wenn du nicht in der Lage bist, zu vermeiden, dass sich dein persönlicher Schmerz negativ auf andere auswirkt, dann versuche es zumindest zu kommunizieren. Nicht jedes pikante Detail deiner aktuellen Probleme, aber ein einfaches:

>> Hey, mir gehen aktuell sehr viele Dinge durch den Kopf, bitte nimm es mir nicht übel, wenn ich ab und zu gereizt reagiere. Ich brauche aktuell etwas Abstand, das hat aber in keinem Fall etwas mit dir zu tun. <<

Damit zeigst du ehrlich, dass du zurzeit sehr viel mit dir rumträgst, ohne deine Probleme offen zu legen oder dich verwundbar zu machen und gleichzeitig entschuldigst du dein Gegenüber und es wird sich nicht den restlichen Tag fragen, was es falsch gemacht hast, dass du so reagierst.

Ziel ist es, selbst zu bemerken, dass etwas Sand im Inneren des Getriebes ist. Dieses Bewusstsein ist Schritt eins der Veränderung.

In Bezug auf Menschen außerhalb deines Umfeldes, gibt es nur eine goldene Regel und sie stammt vollkommen zu Recht aus einem Kinderfilm:

„Wenn du nichts Nettes zu sagen hast, dann sag einfach nichts."
Bambi

Es spielt keine Rolle, wie schlecht dein Tag war, wie viel du gerade durchmachst, wer dir alles Unrecht getan hat – nichts rechtfertigt es, sich unhöflich, wütend oder sogar herablassend gegenüber anderen Menschen zu verhalten.

Wenn du beim Einkaufen nach einem schlechten Tag nicht in der Lage bist, dem Kassierer ein Lächeln zu schenken und freundlich die Tageszeit zu sagen, tue dir selbst und anderen einen Gefallen und bleib zu Hause, bis du es gelernt hast.

Keiner von uns kann in den Kopf eines anderen hineinsehen, keiner weiß, wie viel Schmerz jemand anderes gerade durchmachen könnte oder ob jemand am Abgrund steht, und eine freundliche Geste kann der entscheidende Moment sein, jemanden runter zu schubsen oder zurück auf sicheren Boden holen.

•

5. EMOTIONEN · HINWEISE AUF UNTERBEWUSSTE WÜNSCHE

REVOLUTIONEN GEHEN AUCH OHNE RÄUDIGE STRASSENSCHLACHTEN. VOR ALLEM DIE INNEREN.

Die rosa Wattewelt gibt vor, dass jedes Erkennen den Wandel herbeiführt und alles Negative für immer weg ist.

Selbst wenn wir volles Bewusstsein darüber erlangen, wann und in welcher Form wir unseren Schmerz auf andere projizieren und darüber hinaus sogar noch die Kontrolle gewinnen, es nicht zu tun, bewahrt uns das nicht davor, negative Emotionen als solche zu empfinden.

Wir erinnern, dass die meisten Formen der Selbstsabotage in unserem Leben tief in uns als unser Mindset verankert sind.
Untrennbar zu uns gehören negative Emotionen.

Aber was ist nach unserer eigenen Definition überhaupt „negativ"? Bricht man es herunter auf den Kern des Empfindens, ist es nichts anderes als ein vorübergehendes Gefühl, das sich nicht gut anfühlt. Wohl am häufigsten genannt werden hierbei Wut, Neid, Angst und Schmerz.

Nur weil diese Art der Emotionen zuerst negativ erscheinen, müssen sie das nicht bleiben. Wenn wir uns anschauen, woher diese Emotionen kommen, stellen wir fest, dass es oft Hinweise sind, auf das, was wir uns unterbewusst wünschen oder wer wir sein wollen. Beziehungsweise im Umkehrschluss dazu sind sie ein Zeichen, dass wir etwas nicht sind oder nicht haben. Sie müssen deshalb nicht negativ bleiben; sie lehren uns Dinge über uns selbst, mit denen wir uns nicht gerne befassen möchten.

Deshalb kann man alle unbequemen Episoden für genau diesen Zweck nutzen:

Etwas zu erhalten oder etwas zu werden.
Das willst du vielleicht nicht wahrhaben, denn wenn es weh tut, wollen wir nichts vom Schönen hören. Widrigkeiten waren in meinem Leben immer der Indikator für einen neuen Abschnitt. Ein Bruch mit alten Gewohnheiten – auch gedanklich. Es ist wie ein ökologisches Gleichgewicht, das durch den Waldbrand erzeugt wird.

Werfen wir mal einen Blick auf das, was wir gemeinhin als negative Emotionen betiteln:

Neid zum Beispiel ist ein direkter Pfeil auf das, was wir für uns selbst haben möchten und jemand anderes bereits hat.
Wir können keinen Neid empfinden für etwas, das wir nicht wollen.

Gewinnt meine Freundin einen Urlaub nach Alaska in der Lotterie und ich bin ein Mensch, der bei 20 Grad im Schatten schon anfängt zu frieren, werde ich nicht neidisch auf diesen Gewinn sein, denn ich möchte ihn ja gar nicht.

Wird sie allerdings befördert und ich strebe seit langem auch eine Beförderung an, die bislang noch ausblieb, kann es durchaus passieren, dass ich Neid empfinde.

Und ich laufe Gefahr, ein schlechtes Gewissen zu bekommen, weil ich mir einrede, deshalb ein schlechter Mensch zu sein, und bin dann auch noch wütend auf mich selbst, weil ich nicht die Größe habe, mich für sie zu freuen oder ich könnte mich mehr freuen, wenn ich nicht neidisch wäre usw.

In den meisten Fällen ergeben sich aus dieser Situation 3 Möglichkeiten:

1. Ich versuche es zu unterdrücken, fühle mich zu 50 Prozent schlecht, weil es nicht ganz klappt und mit den anderen 50 Prozent versuche ich mich halb aufrichtig für meine Freundin zu freuen.

2. Ich beziehe es nicht auf mich, sondern gehe erstmal davon aus, dass sie zum Beispiel anrüchige Dinge für die Beförderung getan hat, die ich niemals tun würde, weil das die einzige logische Erklärung ist, warum jemand wie sie befördert wird und ich nicht. Oder sie hatte einfach nur Glück. Andere Menschen haben immer Glück, und ich leider nie.

3. Ich merke, dass es etwas ist, was ich für mich auch möchte, frage meine Freundin, was genau sie geleistet hat, um befördert zu werden, mache mir Notizen und versuche dann es für mich in meinem Leben umzusetzen.

Wenn du dich für die 3. Option entscheidest, wirst du mehrere Dinge feststellen:

1. Deine Freundin wird dir sehr bereitwillig helfen, da sie sich geschmeichelt fühlt und wenn der Tag kommt, an dem du dann auch befördert wirst, wird sie sich aufrichtig für dich freuen.

2. Für den Fall, dass sie nicht bereit ist, dir zu helfen, weil sie nicht möchte, dass du auch Erfolg hast, wirst du merken, dass du die falsche Freundin hast.

3. Sie sagt dir, was sie tun musste und du wirst sehr überrascht sein, was Menschen tatsächlich opfern müssen, um etwas zu erreichen, das andere Menschen nicht haben.

Ein kurzer Denkanstoß zu Option 2:

Menschen, die oft gewinnen, verlassen sich nicht auf Glück, denn es gibt kein Glück. Mein Geschäftspartner pflegt zu sagen: >> Glück ist, wenn Vorbereitung auf Gelegenheit trifft. <<

Ich habe selten etwas so Wahres gehört. Die Menschen, die sagen, dass andere Menschen Glück hatten, haben eines der wesentlichen Grundprinzipien des Universums nicht verstanden. Du bekommst das raus, was du investierst – multipliziert mit dem Maß an Gutherzigkeit, das du an den Tag legst, während du investierst.

Schon in der Bibel steht geschrieben: *„Gebe und dir wird gegeben."* Und nicht: „Bekomme und wenn etwas übrig bleibt, kannst du geben."

Glück ist, wenn Vorbereitung auf Gelegenheit trifft. Vorbereitung setzt aber voraus, dass ich mit der Arbeit anfange, BEVOR ich auf eine Gelegenheit treffe. Die meisten Menschen schlafwandeln durchs Leben mit dem Glauben daran, dass eines morgens DIE EINE Gelegenheit vom Himmel fällt und sich ihr Leben um 180 Grad wendet. Und wenn nur diese eine Gelegenheit käme, würde ihr Leben ein besseres werden, und dann würden sie auch Arbeit und Mühe investieren. Und dann geht ein Tag nach dem anderen vorbei, ohne dass eine Gelegenheit kommt und die Menschen, die an ihnen vorbeiziehen, hatten einfach Glück.

Die Wahrheit sieht so aus: Du musst wissen, wohin du möchtest.

Die Wahrheit sieht so aus: Du musst wissen, wohin du möchtest. Dann machst du einen Plan, wie du dahin kommst, investierst Arbeit, dann scheitert dein Plan, weil niemals ein Plan funktioniert. Wenn du bis dahin nicht aufgegeben hast, kommt die Gelegenheit. Und die Arbeit, die du bis dahin investiert hast, wird deine Vorbereitung auf die Gelegenheit sein.

Dann gewinnst du, und andere sagen, es war Glück.

Und wenn du nicht weißt, wo du hinmöchtest, ist der Neid, den du auf Menschen verspürst, die „Glück hatten“, ein verdammt guter Wegweiser.

Und glaube mir, wenn du einmal damit anfängst, wirst du eines sehr schnell merken: Je größer das Ziel, desto höher das Opfer.
Alles hat sein Gleichgewicht. Und für jedes Opfer, das du nicht erbringen möchtest, wird es jemand anderen geben, der dazu bereit ist und dann das Ziel erreicht.

Angenommen, deine Freundin würde dir sagen, dass sie für ihre Beförderung über ein Jahr lang 10-14 Stunden täglich gearbeitet hat, was dazu geführt hat, dass sie ihre Familie vernachlässigen musste und ihr Mann derzeit überlegt, sich zu trennen.
Wärst du noch neidisch?

Egal, wie groß, wohlhabend, schön oder selbstbewusst jemand erscheint, wir sollten niemals die privaten Verluste hinter einem Erfolg vergessen. Jeder Wunsch und jedes Ziel hat eine direkte Opposition an Opfern, die erbracht werden müssen, um es zu erreichen.

Je größer die Opfer, die gefordert wurden, umso geringer ist die Wahrscheinlichkeit, dass jemand darüber sprechen wird. Denn wie wir bereits wissen, offenbaren wir unseren persönlichen Schmerz nicht gerne unseren Mitmenschen.
Und oftmals versagt uns der eigene Stolz, zuzugeben, wie hart wir für etwas arbeiten mussten, da wir gerne den Gedanken haben, dass wir etwas erreichen, weil wir einfach gut sind, und nicht, weil wir sehr hart gearbeitet haben, denn dies würde bedeuten, dass es jeder andere, der hart arbeitet, auch erreichen kann.

Es gibt sie nicht, die Menschen, die einfach nur Glück haben. Es gibt nur Menschen, die etwas haben, was wir auch möchten, ohne uns zu erzählen, was sie beim Erreichen verloren haben.

Niemand beneidet einen aufstrebenden Unternehmer, wenn er die ersten Jahre aus einem Kellerbüro arbeitet, keine Zeit für eine Partnerschaft hat oder nur noch selten die Gelegenheit findet, sich mit seinen Freunden zu treffen, und zu jeder sozialen Aktivität „nein" sagt, um sich nicht ablenken zu lassen. Aber wenn er anfängt Erfolg zu haben, Häuser zu kaufen, teure Autos fährt und eine schöne Frau hat, dann erhält er Neid, denn er hatte Glück.

Denn wenn er kein Glück gehabt hätte, würde das bedeuten, dass ich es auch erreichen könnte, und dann müsste ich Verantwortung für mein eigenes Verhalten übernehmen.
Aber das geht nicht, denn ich habe es viel schwerer als er. Aus meiner Position heraus hätte er das nie erreichen können. Ich habe viel weniger Zeit und mittlerweile gibt es auch keine guten Ideen mehr. Hätte ich nur genauso viel Glück wie er…

Es gibt wohl kaum eine Emotion, die wir uns so hart erarbeiten müssen, wie Neid.

Eine andere Emotion, die selten zum Positiven ausgeschöpft wird, ist Wut. Wut entsteht, wenn ich durch etwas sehr intensiv gereizt werde. Aber wann sind wir überhaupt reizbar?

Mal angenommen, du gehst zur Arbeit und trägst ein weißes Hemd, und ein Kollege kommt auf dich zu und sagt dir, wie hässlich er dein buntes Hemd findet. Das Muster steht dir nicht, die Farbkombination ist seltsam, und überhaupt ist es völlig unangebracht, diese Farben auf der Arbeit zu tragen. Wärst du wütend? Würdest du dich beleidigt fühlen? Fühlst du dich in deinem Kleidungsstil angegriffen? Natürlich nicht, denn dein Hemd ist weiß. Und du denkst höchstwahrscheinlich, dass der andere ein Idiot sein muss, wenn er nicht erkennt, dass dein Hemd weiß ist.

Wir können nur beleidigt oder wütend sein, wenn es einen Teil in uns gibt, der dem zustimmt, was mein Gegenüber mir sagt. Wenn du dich das nächste Mal von etwas gereizt fühlst, frage dich, warum das so ist. Und wenn du weißt, warum das so ist, frag dich, wie du das Problem beheben kannst.

Emotional gefestigte Menschen gehen selten mit den Ansichten anderen blindlings in Resonanz. Sie beobachten ihre eigenen Reaktionsmuster und erkennen, dass die Reaktion auf eine Erfahrung von außen nur an der Oberfläche stattfindet. Sie realisieren, dass sich das Wesentliche innen abspielt. Die Königsklasse dabei: Es findet keine Leugnung der eigenen Gefühle zu Gunsten der Logik statt. Sie messen nicht allem eine Bedeutung bei.

Angenommen, du bist unsicher wegen deines Gewichts und jemand macht einen Witz darüber. Du wirst wütend und traurig und reagierst emotional. Danach fängst du mit Sport an, gehst fünfmal die Woche ins Gym und entwickelst eine sportliche Statur, was dich selbstbewusst in deinem Körper werden lässt, und dann kommt jemand auf dich zu und macht Witze über dein Gewicht. Wie reagierst du dann?

Wenn du einige deiner größten Unsicherheiten behoben hast, wirst du feststellen, wie ruhig und selbstbewusst du geworden bist. In den Momenten, in denen wir aus der Haut fahren, geben wir anderen die Macht, unsere eigenen Unsicherheiten gegen uns verwenden zu können.

Gleichzeitig ist es aber auch ein direkter Pfeil auf jedes noch so kleine Gefühl, nicht ausreichend zu sein.

Diese Art der Transformation ist nichts, was von heute auf morgen funktioniert und mit Sicherheit ist auch das kein angenehmer Prozess. Wenn du dich aber Schritt für Schritt damit beschäftigst, welche inneren Baustellen dich in deinem Sein verunsichern, wirst du irgendwann in der Situation sein, dass dir jemand sagt, dass du nicht genug bist, und du wirst dir denken, dass er ein Idiot sein muss, wenn er nicht erkennt, dass du so, wie du bist, absolut ausreichst.

Eine weitere Emotion, die sich hervorragend zum Optimierungs-Recycling eignet, ist Angst. Angst war zu Zeiten der Steinzeit und lange danach ein hervorragendes Gefühl, denn es hat unseren Vorfahren signalisiert, wann ihr Leben in Gefahr war.

Allerdings sind wir in der heutigen Zeit, zumindest in der westlichen Kultur, in unserem Alltag selten in der Position, dass unser Leben in Gefahr ist, und trotzdem haben wir Angst. **Was ist denn bedroht, wenn nicht unser Leben? Eigentlich nur unser Wohlbefinden, oder?**

Ich habe Angst, eine Beziehung einzugehen, weil ich verletzt werden könnte.

Ich habe Angst, ein Investment zu tätigen, weil ich es verlieren könnte.

Ich habe Angst, mich selbstständig zu machen, weil ich scheitern könnte.

Sind das wirklich lebensbedrohliche Szenarien? Natürlich muss man sich immer die Frage stellen, ob der Erfolg das Risiko wert ist, aber wenn man sich die Angst genau ansieht, ist sie nichts anderes als ein Warnsignal, dass wir gerade das Ende unserer Komfortzone erreichen.

Wie oft hört man Speaker auf großen Bühnen davon sprechen, dass man seine Komfortzone verlassen muss, um großartige Dinge zu schaffen und über sich hinauszuwachsen.

Die meisten lassen aber aus, wie viel Angst sie selbst hatten, als sie diese Entwicklung durchgemacht haben.

Von klein auf wird uns beigebracht, dass Angst etwas Schlechtes ist, ein negatives Empfinden, für schwache Menschen und wenn du dann noch ein Mann bist, der offen zugibt, dass er Angst hat, ist alles aus.

Warst du jemals in einer Beziehung, die sehr schlecht lief und dich traurig gemacht hat, aber du wolltest es nicht ansprechen, weil du Angst vor der Antwort hattest? Was passiert denn, wenn man in Situationen wie diesen anspricht, was einen belastet?

Entweder du hebst deine Beziehung auf das nächste Level, weil ihr lernt, vertrauensvoll über Probleme zu sprechen und nach einer gemeinsamen Lösung zu suchen, und eure Beziehung wird stärker und großartiger als jemals zuvor oder ihr trennt euch. Und dann entsteht Schmerz.

Was ist, wenn du aber weißt, dass Schmerz auch gut sein kann? Klingt erstmal ironisch, ist es aber nicht. Unsere Komfortzone ist meistens nicht das Paradies. Häufig ist sie eine Aneinanderreihung von Umständen, die gerade so „ok" sind.

Mein Partner und ich reden nicht mehr miteinander, aber er schlägt mich auch nicht.

Ich werde zwar nicht befördert in meinem Job, aber die Kollegen sind ganz nett.

Ich habe nicht die Figur, die es mir ermöglicht, selbstbewusst ins Schwimmbad zu gehen, aber es zieht mich auch keiner damit auf.

Was passiert jetzt, wenn einer der Umstände schmerzhaft wird? Und zwar so schmerzhaft, dass er nicht mehr „ok" ist.
Wir ändern den Umstand, weil wir gezwungen sind, den Umstand zu ändern, damit der Schmerz aufhört.
Und damit geben wir den Weg frei für etwas, das besser ist als nur „ok".

Wenn du Verantwortung für den Schmerz übernimmst, wirst du dich zwangsläufig fragen müssen, was du getan hast, dass dieser Umstand angefangen hat weh zu tun und dann wirst du ein Verhaltensmuster entdecken und im Idealfall beheben können.

Sei es, die Vernachlässigung von Beziehungen oder einen Job, der nicht zu den Interessen und Stärken passt oder nicht jeden Abend die restliche Zeit vor dem Fernseher zu verbringen.

Schmerz, der verdrängt wird, kehrt so lange zurück, bis wir uns mit ihm auseinandergesetzt haben. Er manifestiert sich in immer wiederkehrenden Situationen und Bekanntschaften, bis wir daraus gelernt haben.
Je länger wir ihm ausweichen, desto öfter erfahren wir denselben Schmerz wieder und wieder. Und irgendwann führst du ein Leben danach, um jeden Preis Schmerz zu vermeiden.
Die positivsten Veränderungen in meinem Leben sind aus einer Situation heraus entstanden, in der ich etwas in meinem Leben oder etwas in mir radikal verändert habe, weil ich den Schmerz, der dem vorausging niemals wieder empfinden wollte.

Angst entsteht oft auch dadurch bedingt, einen Schmerz nochmal empfinden zu müssen, und weil wir wissen, wie es sich anfühlt, tun wir alles dafür, dieser Situation auszuweichen. Wachstum und Veränderung machen uns Angst.

Das liegt in unserem Gehirn verankert. Das uralte Bedürfnis nach Schutz scheut jede Form von Veränderung, auch wenn sie positiv ist. Die meisten verharren lieber in einem Zyklus wiederkehrender Muster, weil alleine der Gedanke an Bewegung und Veränderung Panik auslöst.

Das Problem mit dem Vermeiden von Schmerz ist, dass es nicht funktioniert, weil er uns immer einholt. Unser Leben mag uns im ersten Moment angenehmer erscheinen, aber je länger wir ausweichen, desto weiter wächst er, und der Moment wird kommen, in dem wir uns ihm ergeben müssen, ohne Chance auf Veränderung.
Der Trick liegt darin, sich für den kurzfristigen Schmerz zu entscheiden, um dem dauerhaften zu entgehen. Wir fürchten den Schmerz, aber Schmerz finden wir auf beiden Seiten. Sowohl auf der Seite der Veränderung als auch auf der Seite der bequemen Stagnation.

Ja, es tut weh, regelmäßig Sport zu machen, aber es tut mehr weh, mit 60 körperlich nicht mal in der Lage zu sein, mit seinen Enkeln spielen zu können.

Es tut weh, sich nach einem langen Tag auf der Arbeit mit seinen Kindern zu beschäftigen, anstatt sie vor den Fernseher zu setzen oder auf ihr Zimmer zu schicken, aber es tut mehr weh, wenn sie nach ihrem Auszug keinen Kontakt mehr wollen oder im gehobenen Alter dasselbe mit dir machen.

Es tut weh, sich finanziell einzuschränken und auf Urlaub zu verzichten, um für die Rente zu sparen, aber es tut mehr weh, an Weihnachten mit seinen Enkeln zusammenzusitzen, ohne genug Ersparnisse zu haben, um ihnen ein Geschenk zu kaufen.

Ja, es tut wirklich weh, ein Risiko einzugehen für etwas, das man sich sehr gewünscht hat, aber nichts tut so weh, wie sich den Rest seines Lebens zu fragen: „Was wäre gewesen, wenn…" Irgendwer hat mich mal gefragt, auf was ich wirklich stolz im Leben bin. Diese Frage hat mich lange beschäftigt, denn ich war aufrichtig stolz auf mich, aber ich wusste nicht wirklich warum, denn ich hatte keinen wirklich beeindruckenden Outcome, der massive Erfolge signalisierte. Gegenteiliges war der Fall, sehr häufig schon bin ich gescheitert. Und trotzdem war ich stolz.

Ich habe damals eine Freundin dazu befragt, die mich daraufhin anguckte und fragte:

>> Würdest du denn irgendetwas anders machen, wenn du in der Zeit zurück gehen könntest? <<

Ich musste sofort grinsen, schaute sie an und sagte:

>> Nein. Ich würde jeden Scheiß genauso nochmal machen. <<

Das, worauf ich am meisten stolz bin, ist, dass ich mir meine Angst richtig ausgesucht habe. Irgendwann in frühen Jahren habe ich folgende Anekdote darüber gehört, wie die Hölle aussieht:

Du stehst vor Gott und Gott schiebt dir einen Zettel rüber. Und auf diesem Zettel stehen alle großartigen Erfolge und fantastische Menschen, die du in deinem Leben hättest haben können, wenn du dein Potenzial ausgeschöpft hättest. Du siehst, was aus dir geworden wäre, wenn du die Risiken eingegangen wärst und die notwendige Arbeit erbracht hättest. Aber jetzt ist es zu spät.

Das war immer meine größte Angst. Irgendwann vor Gott zu stehen und auf ein Leben zu blicken, das ich hätte haben können. Und genau deshalb habe ich alles ausprobiert, was ich machen wollte. Und es kam auch vor, dass ich etwas nicht weiterverfolgt habe, weil ich festgestellt habe, dass es doch nichts ist, was ich langfristig machen möchte. Jedoch gibt es keinen einzigen Moment in meinem Leben, auf den ich zurückblicke und mich frage: „Was wäre gewesen, wenn…“

Sicherlich, es hat oft Schmerz verursacht. Aber jedes Mal, wenn wir Arbeit investieren, arbeiten wir nicht nur an dieser einen Sache, die wir haben wollen, sondern diese eine Sache arbeitet auch an uns. Und genauso verhält es sich auch mit Schmerz. Wenn wir als Kinder das erste Mal auf dem 3-Meter-Brett im Schwimmbad gestanden haben, hatten wir alle Angst, dass es weh tun wird.

Und dann überwinden wir unsere Angst und springen, und dann kommt es vor, dass es tatsächlich weh tut, weil wir unerfahren sind und mit dem Bauch zuerst gesprungen sind. Und was passiert danach?

Wir stellen 1. fest, dass wir nicht mit dem Bauch zuerst springen sollten, und 2. merken wir, dass es zwar Schmerz verursacht hat, aber es gar nicht so schlimm war, denn nach fünf Minuten war der Schmerz weg. Er geht vorbei. Was bleibt, ist die Erinnerung und der Stolz, dass wir uns getraut haben zu springen. Und eine schlauere Version von uns selbst, die weiß, dass man mit den Füßen und nicht mit dem Bauch zuerst springt.

Während andere ihr Leben lang im Hinterkopf haben, dass sie sich nicht getraut haben zu springen. Und wieder andere machen ihr Leben lang Bauchklatscher und geben dem Wasser die Schuld. Wachstum bedeutet aus Schmerz zu lernen. Auch Wachstum tut weh, aber es gibt nichts Schmerzvolleres, als in einem Umstand gefangen zu sein, in den ich nicht gehöre.

Dieser Schmerz kommt nicht so plötzlich, wie der Schmerz durch Veränderung, dieser Schmerz kommt stetig und schleichend und währt ewig, wenn wir unsere Angst vor Veränderung nicht überwinden.

Als alter Mann oder alte Frau aufzuwachen und festzustellen, dass wir niemals in die Nähe unseres Potenzials gekommen sind, sollte uns Angst machen.

Was ist denn das Schlimmste, das passieren könnte, wenn wir etwas Neues wagen? Haben wir Angst davor zu scheitern, oder haben wir Angst, was andere Menschen über uns denken könnten, wenn wir es tun?

Wir erinnern uns alle an peinliche Situationen, die uns widerfahren sind, weil diese Erinnerungen mit Emotionen behaftet sind. Eine unangenehme Situation, die sich in unserem Kopf eingebrannt hat und die es zu vermeiden gilt. Das Schöne ist jedoch, dass peinliche Situationen, die anderen widerfahren sind, keine Emotion auslösen, die stark genug ist, als dass wir uns lange danach noch daran erinnern würden.

An wie viele Situationen kannst du dich erinnern, die jemand anderem peinlich waren? Wir sind als Mensch auf natürliche Weise in unseren Köpfen nur mit uns selbst und unserem Leben beschäftigt. Jeder, der seine Komfortzone verlässt, wird scheitern. Es gibt Komfortzonen, die sehr viele Menschen verlassen, und es gibt jene Komfortzonen, in denen sich nur sehr wenige über die Grenze wagen.

Als Jugendlicher gehörte eine Beziehung nicht zu unserer Komfortzone. Es war eine neue Erfahrung, an die wir uns herangetastet haben. Wie einsam wären wir, wenn wir alle beschlossen hätten, für immer einer Beziehung abzuschwören, weil uns jemand mit 15 mal das Herz gebrochen hat?

Damals hat man uns versichert, dass es „normal“ ist, dass eine Beziehung in dem Alter in die Brüche geht. Dass kaum eine erste Beziehung hält, dass man sich ausprobieren muss, um herauszufinden, wer oder was zu einem passt. Ist es nicht erstaunlich, wie zynisch wir im Alter werden? Als hätte die Gesellschaft festgelegt, welche Komfortzonen überschritten werden dürfen und welche nicht.

Ein erwachsener Mann, der nochmal eine Firma gründen möchte und beim ersten Versuch vielleicht scheitert, wird wahrscheinlich öfter die Worte *„Ich hab dir gleich gesagt, du sollst es bleiben lassen“* hören, als ein Kind, dass gerade versucht Fahrrad fahren zu lernen.

> Trotzdem können wir entscheiden, ob wir benachbarte Grenzen von Komfortzonen als die eigenen akzeptieren möchten.

Wir haben nicht gemerkt, dass irgendwann der Zeitpunkt kam, an dem man uns ermutigt, etwas gar nicht erst anzufangen. Dies gehört wohl zum Erwachsenwerden dazu.
Trotzdem können wir entscheiden, ob wir benachbarte Grenzen von Komfortzonen als unsere eigenen Akzeptieren möchten.

Und eins steht fest: Wenn wir am Ende Erfolg haben, sind es genau diese Menschen, die neben uns stehen und anderen erzählen, sie hätten immer gewusst, was in uns steckt.

Dieselben Menschen, die vorher gelacht haben, als wir hingefallen sind. Und es sind dieselben Menschen, die sich morgen an nichts mehr davon erinnern, weil sie in ihren Gedanken mit sich und ihrem Leben beschäftigt sind.

Wenn du den Wunsch hast, über dich hinaus zu wachsen, solltest du lernen, genau dann springen zu können, wenn du am meisten Angst hast. Angst, Wut und Schmerz sind sehr unangenehme Wegweiser, aber sie leuchten am hellsten.

6. ZUFALL · ALLES IST ENERGIE

MEIN GESAMTES LEBEN LANG WAR ICH KEIN GLÄUBIGER MENSCH. Ich habe irgendwo an das Schicksal geglaubt, aber darüber hinaus war ich immer ein „Kind der Wissenschaft", wie ich es selbst bezeichnete.

Auf den ersten Metern in Richtung meiner Ziele habe ich angefangen, mich mit den „großen Unternehmern" unserer Zeit zu beschäftigen. Mehr oder weniger zwangsläufig, denn es sind meine Vorbilder geworden. Unabhängig davon, was jeder von ihnen erzählt, wie der persönliche Erfolg am effektivsten funktioniert, hatten sie alle eines gemeinsam: Sie glaubten alle an Gott oder das Universum als höhere Macht.

Ich erinnere mich, wie ich dachte, dass wenn ich denselben Werdegang, wie diese Menschen haben würde, ich vielleicht auch an Gott glauben könnte. Aber das schien mir zu einfach zu sein, daher fing ich an, das zu tun, was ich immer tue, wenn ich etwas nachvollziehen möchte. Ich fing an, es von einem wissenschaftlichen Standpunkt aus zu betrachten.

Die Physik lehrt uns, dass wir aus Energie bestehen. Das alles aus Energie besteht. Sie lehrt uns auch, dass Energie weder erschaffen noch zerstört werden kann. Sie kann nur umgewandelt beziehungsweise transformiert werden. Und es sind die Wissenschaftler, die sagen, dass die Wahrscheinlichkeit, dass sich die Energie auf eine Art und Weise transformiert hat, dass das Leben, wie wir es kennen, entstanden ist, zu gering ist, als dass es durch Zufall passiert sein könnte. Oder anders gesagt, es ist wahrscheinlicher, dass es eine intelligente, höhere Instanz gibt, als dass alles ein großer Zufall war.

Dieses Buch soll nicht dazu gedacht sein, jemanden zu bekehren, und ich werde auch nicht von meiner Reise erzählen, wie ich zu Gott gefunden habe, aber es hat einen großen Einfluss auf die Art und Weise, wie wir unser Leben und uns selbst betrachten, ob wir uns selbst als höchste Instanz sehen oder nicht. Und entscheidend für mich war viel mehr die Zeit davor, denn der Prozess war, wie kein anderer zunächst nur eine Entscheidung.

Eines konnte ich von vornherein ausschließen: Das große „Nichts“.

Wenn Energie nicht entsteht und nicht zerstört werden kann, bedeutet es im Umkehrschluss, dass sie bereits immer existiert hat.

Wenn Energie nicht entsteht und nicht zerstört werden kann, bedeutet es im Umkehrschluss, dass sie bereits immer existiert hat. Da „Nichts“ per Definition die „Nichtexistenz“ von etwas bedeutet und Energie aber immer existiert hat, kann es weder ein „Nichts“ vor uns noch nach uns geben. Es schied demnach aus.
Das heißt, die Energie wurde entweder beabsichtigt transformiert oder es geschah zufällig. Also glauben wir entweder an die Absicht oder den Zufall.

Aus wissenschaftlicher Sicht wäre ein Zufall unwahrscheinlicher, aber dieses Argument fand ich schon immer unzureichend. Zudem hat es mich gestört, wenn Menschen ihre eigenen Fehler auf eine höhere Instanz „abgewälzt“ haben, weil es in „höherer Absicht“ lag.
Glaube erschien mir oft zu faul und vor allem zu ungerecht, wenn man die Welt als Ganzes betrachtet.

Ich erinnere mich, wie ich mal auf einem Seminar war und der Sprecher sagte, dass das Universum immer nur für uns arbeitet, und wie ich dachte:

>> Ach wirklich, kannst du das bitte mal für die Menschen wiederholen, die irgendwo in einem Gefangenenlager verhungern. <<

An diesem Punkt kam ich lange Zeit nicht weiter. Ich konnte mir einfach nicht vorstellen, dass es beabsichtigt war, dass es Menschen gab, die jeden Tag nur daran denken, wie sie an Essen für ihre Kinder kommen, und ich sitze hier in meiner warmen Wohnung mit einem vollen Kühlschrank und habe so viel Sorgenfreiheit, dass ich es mir leisten kann, über diese Themen nachzudenken. Nichts an mir ist so besonders, als dass ich das verdiene und jemand anderes nicht. Das konnte niemandes Absicht sein.

Und das Schlimme war, ich war trotzdem unzufrieden und unglücklich und zu allem Überfluss hatte ich dann noch ein schlechtes Gewissen deswegen. Ich war ständig traurig, denn egal zu welchem Zeitpunkt, hatte ich immer das Gefühl, mir würde etwas fehlen, um endlich glücklich zu sein, gepaart mit der erdrückenden liberalen weißen Schuld.

Ich fing an, jeden Tag die Dinge aufzuschreiben, für die ich dankbar war, um ein besseres „Mindset" zu bekommen, was dazu führte, dass ich immer wütender wurde, weil ich so vieles hatte, für das ich dankbar sein konnte und trotzdem immer das Gefühl hatte, mir würde etwas fehlen, um endlich „angekommen" zu sein. Ich war sauer auf mich, weil ich ein Leben ohne tiefgreifende existenzielle Sorgen hatte und jemand anderes nicht, und nicht wusste, wie ich dieses Geschenk wertschätzen soll. Überall im Internet war von „Depressionen" die Rede, von einer Masseneinsamkeit, von einer Bewegung, die wollte, dass man Rücksicht nimmt, dass eine gesamte Generation einfach traurig ist. Und ich weigerte mich, dazuzugehören. Ich wollte keiner von diesen Menschen sein, die die Kapazität haben, sich über ihr Geschenk zu beschweren.

Ich wollte niemand sein, der sich immer nur darauf konzentriert, was ihm fehlt. Aber ich hatte absolut keine Ahnung, wie ich dieses Geschenk wertschätzen soll. Das Nachdenken über genau diese Frage hat mich zurück zu meiner Überlegung über Absicht und Zufall geführt, über die ich lange Zeit nicht mehr nachgedacht habe.

Hinter einem Geschenk steckt immer eine positive Absicht. Wenn ich jemand anderem ein Geschenk mache, dann weil ich dieser Person eine Freude machen möchte. Ich verschenke nichts „zufällig". Ich habe lange darüber nachgedacht, wie ich mit meinem Geschenk umgegangen bin, und habe mir vorgestellt, wie ich jemand anderem etwas schenke und er sich nur darüber beschwert, was an dem Geschenk besser sein könnte. Vermutlich würde ich mir das nächste Mal zweimal überlegen, ob ich dieser Person etwas schenken möchte, und ob ich das nächste Mal mein Geschenk nicht lieber jemand anderem gebe. Um ehrlich zu sein, wusste ich damals nicht, warum gerade ich es verdient hatte, und ich weiß es bis heute nicht, aber ich hatte den Entschluss gefasst, es zu meiner Verantwortung zu machen, mein Leben damit zu verbringen, mich erkenntlich zu zeigen. Und ich war an einem Punkt, wo ich mich dazu entschieden habe, zu glauben, dass es eine höhere Instanz gibt, die auf meiner Seite steht und mir mit positiver Absicht dieses Geschenk gemacht hat. Und das ist bis heute die beste Entscheidung, die ich jemals getroffen habe.

In allen Entwicklungsprozessen zu einer positiven Denkweise, ist diese Entscheidung die wichtigste, die wir treffen könnten. Denn es ist nicht möglich, das Leben positiv zu betrachten, wenn man nicht davon ausgehen kann, dass alles eine positive Absicht hat. Ich kann jemandem 100 Mal sagen, dass mit jeder Tür, die sich schließt, eine neue wieder aufgeht. Wenn ich nicht davon ausgehe, dass eine positive Absicht dahintersteckt, dass eine Tür zugeht, werde ich nicht nach der zweiten Ausschau halten, die dann aufgeht. Erst wenn ich weiß, dass hinter einer schweren Zeit, eine positive Absicht steckt, fange ich an, nach Möglichkeiten Ausschau zu halten, auf die mich diese schwere Zeit vorbereitet.

Was denke ich denn, wenn ich an den Zufall glaube und mir widerfahren Enttäuschungen im Leben? Dass ich wieder mal Pech gehabt habe und es aussitzen muss, bis es besser wird?

Wie groß ist die Wahrscheinlichkeit, dass ich dann nach einer Tür suche, die gerade aufgegangen ist? Wie viele Türen haben wir in der Vergangenheit übersehen, weil wir traurig waren, und wie viele Türen können wir zukünftig sehen, weil wir uns entschieden haben, es nicht mehr zu sein? Wie viele negative Emotionen empfinde ich, wenn ich weiß, dass es eine positive Absicht gibt, und wie viel Negatives empfinde ich, wenn ich denke, dass es Zufall ist und ich einfach Pech habe? Egal, ob Kinder der Wissenschaft oder nicht, es ist wahr, wenn ich möchte, dass es wahr ist. Wenn etwas meine Gefühle, meine Träume, meine Möglichkeiten und meine Erfüllung beeinflusst, nur weil ich daran glaube, dann ist es Realität, denn wenn es „nichts" wäre, hätte es keinen Einfluss auf meine Entscheidungen und mein Empfinden. Und wenn ich meine Entscheidungen positiv beeinflussen kann, weil ich an eine positive Absicht glaube, dann ist es auch kein Zufall mehr.

Wie viele Türen haben wir in der Vergangenheit übersehen, weil wir traurig waren, und wie viele Türen können wir zukünftig sehen, weil wir uns entschieden haben, es nicht mehr zu sein?

Zugegeben hat es mir nicht die Frage beantwortet, warum ich das Privileg habe, in meiner warmen Wohnung zu sitzen und ein Buch zu schreiben, während irgendwo auf der Welt, eine andere Frau, die ein besseres Buch schreiben würde, 14 Stunden am Tag für 3 Cent Stundenlohn unter schlimmsten Bedingungen Kleidung zusammennähen muss. Ich weiß es wirklich nicht, aber ich habe die Entscheidung getroffen, mein Leben danach zu leben, diesem Privileg Wertschätzung entgegenzubringen.

•

KENNST DU DAS, WENN EIN MENSCH EINEN RAUM BETRITT UND SICH ALLE UMDREHEN?

Dieser Mensch muss nichts sagen, um beachtet zu werden. Eigentlich ist er auch ganz still. Dieser Mensch hat eine gerade Körperhaltung, einen gelassenen Blick und trotzdem ist diese Ausstrahlung da, die absolute Selbstsicherheit versprüht.

Diese Art der Ausstrahlung entsteht durch ein gesundes Selbstwertgefühl. Aus Selbstwert resultiert auch Selbstbewusstsein, aber Selbstbewusstsein lässt sich vortäuschen, Selbstwert nicht. **Und niemand ist so gut, dass er Ausstrahlung vortäuschen kann.**

Ein vorgetäuschtes Selbstbewusstsein ist, in einen Raum zu kommen und sich beim Durchqueren immer wieder selbst sagen zu müssen, dass man der oder die Beste im Raum ist. Selbstwert ist, durch einen Raum zu gehen, ohne den Gedanken zu haben, sich mit anderen vergleichen zu müssen.

In Bezug auf Ideale, kann ich mir zwar täglich sagen, dass ich selbstbewusst bin, wenn ich aber nicht entsprechend handle, wird es nicht Teil meiner Identität werden.

Und es sind diese Handlungen, die Selbstwert bilden. Von Wohlstand träumen, aber alles für den Fortbestand des Mangels tun, ist das genaue Gegenteil der Erfüllung. Von Potenzialentfaltung gar nicht zu sprechen. Selbstwert oder die Liebe zu uns selbst wächst, wenn wir anfangen, uns gut zu behandeln und Dinge tun, auf die wir stolz sein können.

Die heutige Selbstliebe-Kultur in den sozialen Medien beschreibt Selbstwert als die bedingungslose Liebe zu sich selbst. Aber so hart, wie es auch erscheinen mag, es gibt keine bedingungslose Liebe. Die größte Annäherung an bedingungslose Liebe gibt es in der Beziehung von Eltern, die ihre Kinder lieben und sogar das kann Grenzen haben. Und die Liebe zu uns selbst ist nicht ansatzweise so stark, wie die Liebe zum eigenen Kind.

Die größte Annäherung an bedingungslose Liebe gibt es in der Beziehung von Eltern, die ihre Kinder lieben und sogar das kann Grenzen haben.

Auch wenn der Gedanke an bedingungslose Liebe einer der schönsten ist, die es gibt, bereitet er uns mehr Schmerz, als wenn wir einfach akzeptieren würden, dass er nicht real ist.

Angenommen, ich würde in der Beziehung zu meinem Partner anfangen, ihn zu ignorieren, ihn nicht mehr respektvoll behandeln, ihm keine Zärtlichkeit mehr entgegenbringen und jedes Mal anbrüllen, wenn er abends von der Arbeit nach Hause kommt, wie lange würde seine Liebe überdauern?

Kann ich dann wütend sein und mich auf die bedingungslose Liebe berufen, oder ist seine Liebe nicht wenigstens zum Teil an diese Bedingungen geknüpft, dass ich mich nicht genauso verhalte? Und selbst wenn ich an diesem Gedanken festhalte und darauf beharre, dass seine Liebe zu mir bedingungslos sein sollte, komme ich spätestens jetzt an einen Konflikt, bei dem seine Liebe zu sich selbst, nicht mehr bedingungslos ist. Denn er kann nicht diese Version von mir lieben und eine Beziehung führen und sich gleichzeitig selbst lieben. Denn wenn er sich selbst lieben würde, würde er nicht mit dieser Version von mir, die ihn in Unachtsamkeit verletzt, eine Beziehung führen.

Wenn ich allerdings akzeptiere, dass Liebe Bedingungen hat, in diesem Beispiel die, dass ich meinen Mann respektvoll und liebevoll behandle, habe ich die Möglichkeit diese Liebe aufrechtzuerhalten.

Und genauso verhält es sich mit der Liebe zu unserem Körper und unserem Geist. Erst wenn ich akzeptiere, dass Selbstliebe an die Bedingung geknüpft ist, dass ich meinen Körper und meinen Geist gut behandle, kann diese Liebe wachsen.

Du kannst dich 100 Jahre vor den Spiegel stellen und dir sagen, dass du deinen Körper liebst, wenn du ihn danach mit Müll fütterst und auf der Couch versauern lässt, wirst du dir das niemals glauben… denn die Liebe zu deinem Körper ist an die Bedingung geknüpft, dass du ihn gut behandelst. Und mit jedem anderen Aspekt ins uns verhält es sich genauso.

Uns gut zu behandeln, heißt aber auch Dinge zu tun, so widersprüchlich es auch klingen mag, die zuerst unangenehm sind. Die Dinge, die uns Angst machen oder Arbeit bedeuten, aber auf die wir stolz sein können. Denn so bauen wir Selbstwert auf, welcher einen großen Einfluss auf die Liebe hat, die wir uns selbst gegenüber empfinden. Um genauer zu sein, geht es hierbei um die Dinge, von denen wir wissen, dass wir sie tun müssen, aber alles daransetzen, sie nicht zu tun. **Es sind die Lügen, die wir uns selbst erzählen, wieso wir diese Dinge nicht tun, die wir vor uns selbst aufdecken müssen. Ein sehr unangenehmer Prozess. Aber Selbstwertgefühl ist nicht, zu versuchen, glücklich zu sein, Selbstwert bedeutet, daran zu arbeiten, stolz zu sein.**

Allerdings bleiben wir hier erstmal auf einer sehr kleinen Ebene. Wir reden nicht von den Jahreszielen, möglichst schnell reich zu werden oder als Profisportler Karriere zu machen oder durch eine riesige große Tat einen sofortigen Fußabdruck im Leben anderer zu hinterlassen. Es sind die kleinen Dinge. Die winzigen Entscheidungen, die wir jeden Tag treffen. Tief in uns wissen wir alle, was wir tun müssten, um stolz auf uns zu sein. Wir haben alle Sehnsüchte und Träume, die in unserem Unterbewusstsein verankert sind. Denke hierbei einmal an das Bild von dem Engel und dem Teufel, die

Tief in uns wissen wir alle, was wir tun müssten, um stolz auf uns zu sein.

rechts und links auf deinen Schultern sitzen. Jeden Morgen wachen wir auf und haben diese beiden an unserer Seite. Energie ist immer im Gleichgewicht. Für jede Macht gibt es eine entsprechende Opposition.

Einer der beiden sagt dir alles, um dir zu helfen, besser zu werden. Der andere sagt dir alles, um genau das zu verhindern. Der Engel weiß immer, was dich nach vorne bringt. Ohne jede Ausnahme. Der Engel ist dein Wegweiser, dein Leuchtturm, dein Silberstreifen für ein großartiges Selbstwertgefühl.

Und der Teufel ist kein geringerer als die herrliche, wunderbar angenehme Bequemlichkeit. Der dicke, hässliche und unfassbar schlaue Schweinehund. Und das ist das absolut einzige, was dich davon abhält, die beste Version deiner selbst zu sein. Dein Selbstwert, dein Erfolg, deine Fortschritte definieren sich zum Großteil dadurch, wie oft du der Bequemlichkeit nachgibst. Die meisten Entscheidungen, die wir tagtäglich treffen, befassen sich ausschließlich mit Bequemlichkeit.

Soll ich die Snooze-Taste drücken oder früher aufstehen?

Die erste Entscheidung am Morgen.

Kann ich noch eine Folge meiner Serie gucken oder schlafe ich lieber etwas länger?

Die letzte Entscheidung am Abend.

Wir alle kennen die richtige Antwort auf diese Fragen. Der Engel auf unserer Schulter hat eine Schnellwahlleitung zu unserem Unterbewusstsein. Wir wissen alle, was wir „eigentlich“ tun sollten, und trotzdem hören wir auf die charmante Stimme der anderen Seite, die uns die besten Entschuldigungen ins Ohr singt, um nicht die richtige Wahl zu treffen. Keine Macht dieser Erde hat so gute Entschuldigungen wie dieser Kerl auf unserer Schulter.

Natürlich wissen wir, was wir eigentlich essen müssten, um gesünder zu sein, aber Weißbrot zum Frühstück schmeckt besser, oder? Und man lebt nur einmal, warum sollte ich da auf das verzichten, was ich gerne esse.

Natürlich fühlen wir uns besser, wenn unsere Wohnung aufgeräumt und sauber ist, aber der Tag war heute wirklich anstrengend, oder? Und ich habe sowieso nie Besuch, also warum sollte ich mir die Mühe machen…

Eigentlich wissen wir, dass eine Stunde Sport abends relativ einfach in unseren Tag passen würde, aber wenn alle über die neue Netflix-Serie sprechen, kann ich doch nicht danebenstehen und nichts sagen, und außerdem hätten dann alle gespoilert, und ich hätte keine Möglichkeit, die Folge unvoreingenommen nachzuholen…

Eigentlich möchte ich schon seit einem Jahr ein eigenes Business gründen, aber das Wetter ist schön, und seine Freunde im Biergarten hängen zu lassen, geht natürlich nicht, ich kann auch morgen anfangen…

Wir wissen, dass sich unsere Kinder vermutlich besser entwickeln würden, wenn wir uns hinsetzen und mit ihnen zusammen spielen, aber ein Tablet und die neueste Folge von Peppa Pig haben bestimmt denselben Effekt. Kinder sind auch anstrengend, warum hat dir das nur keiner gesagt?

Meine Beziehung würde wesentlich besser laufen, wenn ich mir alle zwei Wochen mal Gedanken machen würde, um eine schöne gemeinsame Zeit zu planen, aber von meinem Partner kommt auch nichts, wieso sollte ich mir also die Mühe machen…

Ich bin mir sehr sicher, dass, wenn ich die Zeit, die ich täglich auf Social Media verbringe, damit zugebracht hätte, nach Möglichkeiten zu recherchieren, online Geld zu verdienen, dass ich wahrscheinlich schon letztes Jahr meinen Job hätte kündigen können. Aber ich möchte doch mitbekommen, wenn mein Nachbar von vor fünf Jahren morgens einen Keks zu seinem Kaffee bestellt!

Es spielt keine Rolle, was es ist, wir kennen die richtige Antwort auf die Frage, welche Entscheidung wir treffen sollen. Wir hören die kleine, zarte Stimme des Engels, aber wir schenken ihr kaum Beachtung, weil dieses grölende Monster mit einem Megafon auf der anderen Seite so unfassbar viel Lärm macht und offensichtlich Vorsitzender des Debattierclubs ist.

Und dennoch gibt es diese seltenen Momente, in denen wir etwas so sehr wollen, dass der Engel laut genug wird und wir auf ihn hören. Das sind die Momente, in denen unser Selbstwert steigt. Jedes einzelne Mal, wo wir uns gegen die Bequemlichkeit entscheiden, sind wir ein kleines bisschen stolzer auf uns. Die Erreichbarkeit unseres Potenzials wird dadurch bestimmt, wie oft wir der Bequemlichkeit nachgeben. Allerdings ist es auch etwas, was in der Theorie viel leichter klingt, als es in der Umsetzung ist.

Und dennoch gibt es diese seltenen Momente, in denen wir etwas so sehr wollen, dass der Engel laut genug wird und wir auf ihn hören.

Abschied von der Bequemlichkeit zu nehmen, bedeutet, Schmerz zu begrüßen. Auf den Engel zu hören ist unangenehm. Es tut weh. Zum Sport gehen tut weh. Sich nach einem Vollzeitjob abends hinzusetzen und mit den Kindern zu spielen tut weh. Die Wochenenden zu opfern, um ein eigenes Business aufzubauen, tut weh.

Ein normal funktionierender Mensch ist nicht unbedingt ein Masochist. Das bedeutet, dass unser Gehirn darauf programmiert ist, Schmerz zu vermeiden. Und so wie der Engel die Antenne unseres Unterbewusstseins ist, unserer Sehnsüchte und Träume, so ist der Teufel die rechte Hand des Gehirns, das seit Jahrhunderten dafür zu sorgen hat, uns vor Schmerz zu bewahren.

Und jetzt müssen wir gegen unsere eigene Genetik ankämpfen. Spätestens jetzt sollte dir aufgefallen sein, warum wir so viel vergeudetes Potenzial auf der Welt haben. Es geht nicht darum, einfach öfter ins Gym zu gehen und ein paar Äpfel zu essen, es geht darum, unser eigenes Gehirn auszutricksen. Deshalb sind die Gründe so logisch, die der Teufel aufbringt, aber sie kommen aus unseren eigenen Schutzmauern. Faulheit ist ein Irrglaube. Faulheit ist der körpereigene Schutzmechanismus, um uns vor Schmerz zu bewahren. Dies dient nicht als Rechtfertigung dafür, bequem zu bleiben, sondern dafür, Verständnis zu erhalten, wie tief Faulheit in uns verankert ist.

Und das Schlimmste ist, dass das, was uns am stärksten zurückhält, das ist, was uns den größten Schmerz bereitet, wenn wir es tun.
Schmerz ist unterschiedlich.

Ich habe Menschen gesehen, die sich überwinden müssen, abends nochmal eine Extrastunde ins Büro zu fahren, um ihr Ziel zu erreichen, und ich habe Menschen gesehen, die abends lieber nochmal eine Extrastunde ins Büro fahren, weil sie sich nicht mit ihrer Familie auseinandersetzen möchten. Der eine weicht Problemen im Job aus, der andere nutzt den Job, um Problemen in der Ehe auszuweichen.

Schmerz ist subjektiv. Und wir weichen ihm automatisch aus, ohne dass wir uns dessen bewusst sind.
Wir haben alle Dinge, die wir erledigen müssten und unterbewusst zur Seite schieben, weil unser Gehirn uns vor Schmerz bewahren möchte.

Wenn du bereit bist, dich der Wahrheit zu stellen, setze dich hin und denke einmal sehr genau darüber nach, was die Sachen sind, von denen du weißt, dass du sie tun oder öfter tun müsstest.

Für mich war das ein entscheidender Moment, es war auch einer dieser Momente, in denen ich mich vor mir selbst für mich geschämt habe.

Ich war an einem Punkt, an dem ich einfach nicht mehr weiterwusste, wo alles in meinem Leben stagniert hatte, nichts hat geklappt und mir ist zu nichts eine Lösung eingefallen. Ich habe jede Handlungsanweisung von jedem Mindset-Guru aus dem Internet befolgt. Meine Ziele aufgeschrieben, Tagebuch geführt, mir notiert, wofür ich dankbar bin, meditiert usw. Und dann habe ich ein Interview von Chris Williamson gesehen, in dem er folgenden Satz gesagt hat:

„Das Wunder, dass du suchst, liegt in der Arbeit, die du vermeidest."

Und ich habe jede Aufgabe aufgeschrieben, die ich abgrundtief gehasst habe und dann festgestellt, dass ich sie sehr häufig hintenanstellte, um andere Dinge zu tun, die mir „wichtiger" erscheinen, ohne dass mir das bewusst war. Geschämt habe ich mich dann, als ich festgestellt habe, dass die Aufgaben, die ich hasse und denen ich irgendwie immer ausgewichen bin, um sie nicht so oft tun zu müssen, genau zu dem gepasst haben, was notwendig war, um meine Ziele zu erreichen.

Das war wohl Persönlichkeitsentwicklung für sehr Beschränkte.

Die nächsten Wochen danach habe ich einen Großteil mit eben diesen Aufgaben zugebracht, die ich gehasst habe, und es war grauenvoll. Stelle dir vor, du bist ein Mensch, der Lampenfieber hat, und auf einmal besteht dein Leben daraus, jeden Tag eine Präsentation halten zu müssen. Jeden Morgen bin ich aufgewacht und habe den schlimmsten Tag vor mir gehabt. Immer und immer wieder.

Und so, nach 14 Tagen, war es dann okay. Zum Glück ist der Mensch ein Gewohnheitstier, und irgendwie können wir uns an alles gewöhnen. Nach ein paar Wochen haben sich Dinge ergeben, die ich mir nie hätte vorstellen können.

Seitdem mache ich alle zwei Monate eine Liste mit Aufgaben, die ich hasse und plane meinen gesamten Tag, nur darum und es gab bis heute nicht einen Moment, in dem ich das Gefühl hatte, nicht nach vorne zu kommen. Und es wird nie einfacher, denn es ist jedes Mal ein anderer Schmerz, dem man sich erst stellen muss, um sich dann an ihn zu gewöhnen. Und wenn man denkt, alle beeindruckenden Entschuldigungen des Teufels auf der Schulter gehört zu haben, kommen neue Herausforderungen und neue Argumente, warum es besser wäre, diesen auszuweichen. Es ist aber nicht notwendig, dass wir besser argumentieren als er; es reicht, dass wir ein Bewusstsein dafür haben, dass er da ist und was seine Aufgabe ist.

Unser Teufel hat nicht die Kapazität, in der Zukunft zu denken. Er ist dafür da, uns in der Gegenwart Schmerz zu ersparen. Unserem Engel ist die Gegenwart egal. Er möchte nicht, dass es uns heute gut geht. Er möchte, dass es uns morgen besser geht. Er möchte, dass wir morgen stolz sind auf die Taten von heute. Und wenn du dir mal unsicher sein solltest, was die richtige Wahl ist, frage dich, was dein morgiges Selbst sich wünschen würde, was du heute tust.

•

METAPERSPEKTIVE MIT EMOTIONALEM ABSTAND ODER MITTENDRIN UND ALLES INTENSIV AUSKOSTEN?

Kennst du die Aussage aus Filmen oder vielleicht sogar von einem Bekannten, dass wenn man im Flugzeug sitzt und von oben auf die Welt herabsieht, alles auf einmal „so klein“ erscheint, nicht nur im wörtlichen Sinne, sondern auch metaphorisch, dass Probleme kleiner erscheinen?
„Von oben auf die Dinge herabsehen“ kann dazu führen, dass uns Dinge auffallen, die wir vorher nicht gesehen haben. Eine Situation von außen zu betrachten, bedeutet, sich emotional zu distanzieren.

Ein Freund sagte mir einmal:

>> Du kannst nicht am Unternehmen arbeiten, wenn du im Unternehmen arbeitest.<<

Diesen Satz habe ich lange nicht verstanden, bis ich das erste Mal einen Mitarbeiter eingestellt und ihm eine Aufgabe übertragen hatte, die ich bis dahin selbst gemacht habe. Jedes Mal, wenn ich einen Prozess optimiert habe, in dem ich selbst involviert war, habe ich nach meinen eigenen Fehlern gesucht.
Auch wenn ich mir selbst einrede, dass ich mich daran gewöhnt habe, ist es trotzdem ein Unterschied, ob bei einer Fehlersuche das eigene Ego involviert ist oder nicht. **Denn wie wir bereits festgestellt haben, ist es leichter zu analysieren, warum die Ehe einer Freundin nicht funktioniert, als die eigene.** Es hilft also zu versuchen, die eigenen Herausforderungen von außen zu betrachten.

In Bezug auf unseren Selbstwert sollten wir Dinge tun, die uns mit Stolz auf uns selbst erfüllen. Demnach Dinge außerhalb unserer eigenen Bequemlichkeit. Selbstwert resultiert zu einem großen Teil aus Selbstdisziplin. Das, was mir am meisten weitergeholfen hat, war es, das Ganze einmal von außen zu betrachten.

Menschen haben einen natürlichen Spieltrieb in sich, der Weiterkommen und Entdeckergeist in sich hat.

Einige Menschen sind der festen Ansicht, wir würden in einer Simulation leben, unabhängig davon, ob du das glaubst oder nicht, tun wir einfach kurz so, als würde es stimmen und unser Leben wäre ein Videospiel. Sei es Sims oder Counter-Strike, Call of Duty, es spielt keine Rolle, solange es einen Avatar gibt, der Levels erreichen muss. Menschen haben einen natürlichen Spieltrieb in sich, der Weiterkommen und Entdeckergeist in sich hat. Sich hochzuleveln und immer wieder zu beginnen – wir alle tun das täglich.

Jetzt stelle dir vor, dein Körper ist der Avatar und dein Geist ist derjenige, der das Spiel spielt. Du bist nicht selbst in deinem Körper, sondern siehst von oben auf ihn herab. Und deine Aufgabe ist es, deinen Avatar auf das nächste Level zu bringen.

Oben rechts auf dem Bildschirm siehst du eine Skala mit Energie und oben links hast du Aufgaben, die erledigt werden müssen, um auf das nächste Level zu kommen. Jedes Level bringt neue Aufgaben, die erfüllt werden müssen. Manche Aufgaben müssen einmal gemacht werden, manche Aufgaben müssen 50-mal gemacht werden und bei jeder Aufgabe verliert dein Avatar Energiepunkte. Bei jeder anderen Aktivität, die dich nicht zum nächsten Level bringt, verliert dein Avatar aber auch Energiepunkte. Und jeden Morgen wacht dein Avatar auf mit einem bestimmten Energielevel.

Wenn du als Game-Master auf dein Spiel des Lebens hinabsehen würdest, was würdest du deinen Avatar tun lassen? Welche Aufgaben müssten erfüllt werden, um das nächste Level zu erreichen? Wenn die Aufgabe unangenehm ist und dein Avatar aus dem Spiel Beschwerden von sich geben würde, würdest du dir jede Beschwerde anhören oder den Ton ausschalten? Würdest du das Kapital deines Avatars für wichtige Ausrüstung nutzen oder würdest du für deinen Avatar ein anderes Paar Schuhe kaufen?

Hast du jemals ein Computerspiel gespielt und die nächste Herausforderung lautete: „Und jetzt lege dich für sechs Tage unten ans Wasser und mache nichts."? Wenn dein Avatar für das nächste Level einen neuen Ort betreten muss und er davorsteht und etwas sagt wie „Das sieht zu gruselig aus, um hineinzugehen.", brichst du das Spiel dann ab?

Vermutlich nicht, denn es spielt keine Rolle, wie sich der Avatar fühlt, die Aufgaben müssen trotzdem erledigt werden. Von Level zu Level wird deine Energieleiste größer und deine Fähigkeiten verbessern sich. Genau wie im richtigen Leben auch. Denn wenn du dir ein Ziel setzt, werden dir Situationen begegnen, die deine Fähigkeiten stärken, durch die du danach an dein Ziel gelangst. **Je größer das Ziel, desto größer werden die Herausforderungen.**
Wenn du einen Ego-Shooter spielst und ein neues Level erreichst und auf einmal gehen 10 Leute auf einmal auf dich los, würdest du denken: „Oh man, das Spiel hasst mich…"? Natürlich nicht, denn du weißt, es gehört zum Spiel dazu, dass die Aufgaben schwerer werden. Und du weißt auch, dass du vielleicht nicht nur einen, sondern mehrere Versuche brauchst.

Stelle dir mal vor, es gibt Menschen da draußen, die ihr Leben lang einen Ego-Shooter ohne Aufgaben spielen. Die ihren Avatar durch keine Herausforderung schicken, die ganze Zeit von ihrem Haus in eine Taverne laufen lassen und sich dann darüber beklagen, dass ihr Avatar nicht wie aus Zauberhand das nächste Level erreicht. Die ihr Leben lang in Level 5 durch die Gegend laufen und sich die Ergebnisse aus Level 50 wünschen.

Stelle dir vor, du würdest ein Spiel auf deinem Computer installieren, es einschalten, die Tastatur weglegen, Däumchen drehen und dich dann beschweren, dass nichts passiert im Spiel. Ist das nicht das Dümmste, was du je gehört hast? Dennoch ist genau das die Art und Weise, wie viele Menschen durch ihr Leben ziehen. Jeder, der schon mal ein solches Spiel gespielt hat, weiß, dass es nichts bringt, das Spiel auf Level 50 zu starten, weil man den Gegnern nicht gewachsen wäre. Es fehlt an Übung beziehungsweise an Fähigkeiten. Jeder große Erfolg bringt seine eigenen Gegner mit sich und unser Maß an Stärke richtet sich nach der Größe der Gegner, die wir besiegen können. Sicher, es wünschen sich alle Menschen die Erfolge aus Level 50, aber sie sind nicht die Version ihrer selbst, die mit den Gegnern aus Level 50 zurechtkommen würden, weshalb wir alle bei Level 1 anfangen.

Wenn es nicht so traurig wäre, wäre es schon fast lustig, wie unser Verhalten aussieht, wenn wir einmal von außen auf unser Leben schauen. Ich möchte mich auf keinen Fall davon freisprechen, da ich selbst einen beachtlichen Teil meines Lebens auf diese Weise zugebracht habe.
Aber mittlerweile bin ich an einem Punkt, dankbar zu sein für Herausforderungen, denn ich weiß, dass, wenn es keine Herausforderungen mehr gibt, das Spiel vorbei ist. Und vielleicht komme ich irgendwann an einen Punkt, an dem ich selbst entscheide, keine neuen Herausforderungen mehr anzunehmen und meinen Avatar täglich vom Haus zur Taverne laufen zu lassen, aber nicht heute und nicht in naher Zukunft. Und bis dahin bin ich dankbar für jedes Ereignis, das mir zeigt, dass ich noch spielen darf.

Versuche, die Stimme deines Avatars, deines Teufels, deines Schweinehunds als das abzustempeln, was es ist. Ein Störsignal. **Alles, was Wachstum fördert beziehungsweise dich auf dein nächstes Level bringt, verursacht im ersten Moment Schmerz. Schmerz ist etwas Gutes. Und vor allem ist Schmerz etwas Unvermeidbares.**

Wir werden niemals in der Lage sein, durch unser Leben zu gehen und keinen Schmerz zu erfahren. Es gibt immer Situationen, Menschen, Verluste, die Schmerz mit sich bringen. Gewisse Level in unserem Spiel müssen wir alle erreichen.

Wir können nicht kontrollieren, ob wir im Leben Schmerz erfahren, aber wir können uns darauf vorbereiten und lernen, besser mit ihm umzugehen.

Mal angenommen, wir müssen in unregelmäßigen Abständen einen Triathlon laufen und erfahren erst, dass er startet, nachdem der Startschuss gefallen ist. Den Triathlon müssen wir immer zu Ende laufen, es gibt keine Möglichkeit abzubrechen. Die Frage, die sich stellt, ist, wann wir anfangen zu trainieren. Wie oft hast du trainiert, bis dir der Triathlon weniger ausmacht? Wie viele Triathlons hast du bewältigt, bis du irgendwann in der Lage bist, so vorbereitet dadurch zu laufen, dass du sogar anderen helfen kannst, die nicht so viel trainiert haben?

Wir können nichts im Leben kontrollieren außer unseren eigenen Verstand, und doch ist es meistens genau dieser, über den wir die wenigste Kontrolle haben. Wenn du anfängst, dir Situationen auszusuchen, die im ersten Moment schmerzhaft sind, wirst du nicht nur in der Lage sein, Schmerz von außen besser tragen zu können, darüber hinaus wird sich dein Gehirn daran gewöhnen und es als etwas Gutes empfinden. Leider sind wir kein Computer, den man in einem Schritt resetten kann, um ein besseres Betriebssystem zu installieren. Der Reiz dabei: Wir sind variabler ausgestaltbar, als es ein statisches Programm ist.

Genauso wenig, wie du deinen Avatar von heute auf morgen 20 Level überspringen lassen kannst. Nach jeder erfüllten Aufgabe steigt das Energielevel ein bisschen an. Die Ausrüstung wird Stück für Stück besser. Neue Fähigkeiten kommen nach und nach hinzu.

Das Schlechteste, was du hier machen kannst, ist zu viele Herausforderungen auf einmal anzunehmen. Zu viele Dinge gleichzeitig ändern zu wollen. Dein Gehirn wird zur Gänze überlastet sein, du hältst genau zweieinhalb Tage durch, dein Kopf wird sich bestätigt fühlen, dass Schmerz etwas Schlechtes ist und dein Teufel ist danach doppelt so groß wie vorher. Perfekt.

Unser Maß an Bequemlichkeit zu verringern, bedeutet unsere Schmerztoleranz zu erhöhen. Unsere Willenskraft zu stärken. Unsere Disziplin ist wie ein Muskel, den wir nach und nach aufbauen können. Mit Sicherheit gibt es radikale Methoden, schnell eine hohe Schmerztoleranz aufzubauen, aber das Risiko hierbei ist, dass es schnell in ein Trauma umschwenken kann, was danach erstmal repariert werden muss. Es ist wie einen Muskel zu dehnen, machst du es zu schnell, besteht die Gefahr, dass er reißt. Wenn du geduldig bist und ihn jeden Tag ein Stück mehr dehnst, sitzt du nach drei Monaten im Spagat auf dem Boden. Was heißt das konkret für unsere Schmerztoleranz? **Zuerst müssen wir hier einmal klarstellen, dass die Schmerztoleranz ein Zustand ist und kein Ziel.** Ein Ziel wäre es zu sagen „Ich möchte abnehmen." Ein Zustand wäre, gesund und fit zu werden und vor allem zu bleiben. Dass dabei überschüssige Fettpfunde verloren gehen, ist nur ein positiver Nebeneffekt bzw. ein Meilenstein auf dem Weg in einen gesunden und fitten Zustand. Meilensteine sind wichtig für die Visualisierung unseres Werdegangs. Aber sie sind, wie der Name schon sagt, nicht das Ende.

Bleiben wir bei dem Fit-und-gesund-Beispiel. Was sind Faktoren an jedem Tag, die da mitreinspielen? Frühstück, Mittag, Abendessen, Sport, Einkaufen, Aufnahme von Wasser und eventuell das Weglassen einiger Naschereien am Abend.

Da wir mittlerweile wissen, dass es nichts bringt, alles auf einmal über den Haufen zu werfen, überlegen wir stattdessen, was wir als erstes abändern. Fangen wir vorne an.

Angenommen, du isst morgens eine Schüssel Cornflakes. Irgendwo hast du mal gehört, dass Obst oder Haferflocken eventuell die gesündere Alternative wären. Dann fliegen die Cornflakes als erstes raus. Und jetzt machst du das zwei Wochen lang, oder drei oder vier Wochen. Die Eingewöhnungsphase einer neuen Angewohnheit ist bei jedem unterschiedlich, grundsätzlich aber gilt:

Desto größer die Umstellung, desto länger solltest du dir Zeit nehmen, bevor du mit der nächsten Umstellung beginnst.

Nimm dir Zeit und sei gnädig mit dir selbst. Gestehe dir dein eigenes Tempo zu. Wenn deine persönliche Eingewöhnungsphase um ist, kannst du das Nächste hinzunehmen.

Als Beispiel: Die Naschereien abends durch etwas Gesundes ersetzen oder zur Gänze weglassen. Ein kleiner Trick für den inneren Schweinehund: Er meidet Unbequemlichkeit auch in der Bequemlichkeit. Wenn du keine Naschereien zu Hause hast, sondern dich nochmal anziehen, ins Auto steigen und in den nächsten Supermarkt fahren müsstest, damit du dir eine Tüte Chips kaufen kannst, ist ihm der Aufwand meistens zu hoch. Mach es ihm so schwer wie möglich. Er wird abends zwar sauer sein und sich ärgern, dass er die Chips nicht doch eingepackt hat, aber das verfliegt wieder.

Jetzt sind wieder zwei Wochen verstrichen. Was ist bereits in den vergangenen Wochen passiert?

Vorausgesetzt, du hast deinen Plan durchgehalten, hast du dich 30 Mal beim Frühstück für die gesunde Alternative entschieden. Darüber hinaus hast du dich 14 Mal für dich entschieden, weil du abends keine Süßigkeiten gegessen hast. Hinzu kommen ca. 6 Mal beim Einkaufen, wo du dich dagegen entschieden hast, überhaupt Süßigkeiten zu kaufen. Das macht dann 50 Entscheidungen gegen die Bequemlichkeit.

Das sind 50 Tropfen in unserem Wasserfass des Selbstwertgefühls.
50 Situationen, in denen wir der Mensch waren, der wir sein wollen.
50 Dehnübungen unserer Schmerztoleranz.
50 Schritte in Richtung unseres ersten Meilensteins.
50 Versprechen uns selbst gegenüber, die wir eingehalten haben.
50 Male, wo wir uns entschieden haben, gut mit unserem Körper umzugehen.

Und wenn du jemand bist, der nicht allein lebt, sondern einen Partner hast, der selbst weiterhin gerne Süßigkeiten isst, die jederzeit verfügbar im Küchenschrank liegen, kannst du nochmal 500 Situationen draufrechnen, wo du dich dagegen entschieden hast, dieser Versuchung nachzugeben.

Es mag von außen vielleicht unscheinbar wirken, aber in unserem Innern schlägt es große Wellen. Im ersten Monat sind es vielleicht 50, im zweiten schon 120, im dritten 170 usw. Das Ziel ist nicht ein Meilenstein, das Ziel ist immer einen weiteren zu haben.

Bequemlichkeit verringern ist im Wesentlichen nur ein anderer Ausdruck dafür, seine Selbstdisziplin zu erhöhen. Und Selbstdisziplin ist nichts anderes als das, was wir langfristig wollen, dem gegenüber zu priorisieren, was wir jetzt wollen. Es ist eine Form der Selbstliebe, denn indem wir Disziplin praktizieren, heben wir die Liebe, die wir für uns selbst haben, über das, was wir in dem Moment eher wollen würden.

Eine der allerbesten Übungen für Selbstdisziplin ist Sport. Warum? Weil man nicht sofort ein Ergebnis sieht. Menschen, die Sport betreiben, gehen einer Tätigkeit nach, die keine direkt sichtbare Belohnung hervorbringt.
Unser Gehirn ist aber darauf konditioniert, etwas direkt erhalten zu wollen. Wenn wir über uns hinauswachsen möchten, müssen wir unserem Gehirn diesen Gedanken austreiben, immer direkt belohnt werden

zu wollen. Denn eine direkte Belohnung ist immer Bequemlichkeit im Moment und es versaut einem den Prozess.

Ich war heute beim Sport, deshalb darf ich jetzt Süßigkeiten essen, denn ich muss mich ja belohnen.

Nein, musst du nicht. Bist du ein Hund, der ein Leckerchen braucht, weil er es geschafft hat, einzuhalten und mal nicht auf den Teppich gemacht hat? Dann benimm dich auch nicht so!

Das klingt sehr hart, ist es auch, aber wenn du das nächste Mal diesen Virus im Kopf hast, dich direkt belohnen zu müssen, wirst du an diesen Vergleich denken und es wird dich in deinem Durchhaltevermögen bereichern. Du kannst davon ausgehen, dass dieser Wunsch nach Belohnung als Muster tief in dir auf einen alten Glaubenssatz hindeutet, dem du langfristig Beachtung schenken darfst. Und mit jedem Mal, dass du zum Sport gehst und kein unmittelbares Ergebnis siehst, trainierst du dir an, dich auf die langfristigen Belohnungen zu konzentrieren. Es geht nicht darum, sich nicht mehr zu belohnen, sondern darum, den Zustand, den man erreichen möchte, als Belohnung zu betrachten. Die Belohnung ist in diesem Beispiel fit, gesund und unfassbar selbstbewusst im eigenen Körper zu sein und nicht der „Cheat-Day" am Sonntag, weil man sechs Tage durchgehalten hat. Und durchzuhalten, heißt auch, sich das immer wieder vor Augen zu führen. Am Ende des Tages verhält es sich mit der Belohnung, wie mit allem anderen auch, wir müssen uns für die Richtige entscheiden. **Oder wenn man noch nicht gefestigt ist, sich eine Belohnung aussuchen, die einem nicht den Prozess versaut.**

Es geht nicht darum, sich nicht mehr zu belohnen, sondern darum, den Zustand, den man erreichen möchte, als Belohnung zu betrachten.

Statt also zu sagen, dass wenn ich sechs Tage durchhalte, darf ich am Sonntag essen, was ich möchte, belohne ich mich mit dem Paar Schuhe, das ich schon länger haben wollte oder etwas anderes, was Freude bereitet. Unser tief verankerter Wunsch nach Belohnung richtet sich nicht auf bestimmte Belohnungen oder danach, dass die Belohnung unserem Ziel im Wege steht. Dem Gehirn geht es nur darum, dass es überhaupt für seine Anstrengungen belohnt wird.

In dem Moment, in dem ich noch eine Belohnung brauche, die den eigentlichen Prozess stört, habe ich meinen idealisierten Zustand noch nicht erreicht. Denn wenn ich sagen würde: Montag bis Samstag esse ich gesund, damit ich am Sonntag wieder alles essen darf, dann ist der Sonntag in dem Beispiel mein Silberstreif am Horizont, dafür, dass diese Phase wieder endet.

Wenn ich aber fit und gesund sein möchte, dann ist das keine Phase, sondern Teil meiner Identität. **Und daran merke ich, ob sich eine Veränderung in meinem Bewusstsein integriert hat oder nicht.** Und solange dies nicht der Fall ist, muss ich „durchhalten". In dem Moment, in dem ich akzeptiere, dass ich ein gesunder Mensch bin, fällt es mir einfacher, denn ich weiß, dass ein gesunder Mensch eine gute Ernährung nicht als Phase, sondern als Lebensstil betrachtet. Aus diesem Grund scheitern auch viele Diäten, denn eine Diät trägt bereits in sich, dass sie eine vorübergehende Phase ist, nach der, wenn sie endlich überstanden ist, alles wieder seinen gewohnten Gang geht. Dieses Beispiel bezieht sich jetzt auf Ernährung, aber es funktioniert für sämtliche Veränderungen, die wir vornehmen möchten.

Es geht nicht von heute auf morgen, aber es geht wesentlich leichter, wenn ich es als Weg zu einer neuen Identität, einer besseren Version von mir selbst betrachte und nicht als Phase, die ich vorübergehend ertragen muss.

•

DER ZUSTAND SOLLTE DAS ZIEL SEIN. DAS ZIEL SELBST DIENT BEI DER REISE LEDIGLICH ALS MEILENSTEIN.

Ein Zustand könnte bedeuten, beruflich erfolgreich zu sein und ein Ziel beziehungsweise ein Meilenstein wäre eine Million Euro auf dem Konto zu haben. Ein Zustand könnte bedeuten, fit und gesund zu sein, und einer der Meilensteine wäre es 10 Kilo abzunehmen. Viele machen den Fehler, sich Meilensteine als endgültige Ziele vor Augen zu führen. Aber es bringt dir nichts, 10 Kilo abzunehmen und dann wieder in deinen vorherigen Zustand zu verfallen. Aber auch wenn ein Meilenstein nicht die Endstation ist, ist er trotzdem sehr wichtig. Weil wir Menschen das Gefühl brauchen, ein Ziel erreicht zu haben. Es sind die vielen kleinen Erfolge, die uns als täglichen Ansporn lebendig fühlen lassen. Dabei umgibt uns eine Art Schizophrenie: **Der Mensch braucht Etappen, ist von zu großen Dingen jedoch überfordert und gleichzeitig ist da diese Sehnsucht nach etwas ganz Großem.**

Ein Ziel zu erreichen, schüttet Dopamin im Gehirn aus. Ganz egal, ob klein oder groß, Dopamin ist der Lohn. Mal hält es länger an, mal verpufft es, und die Sehnsucht nach dem nächsten Kick tritt auf. Unser Gehirn liebt Dopamin. Vor einer Weile noch galt Dopamin, etwas plattgesagt, als Glückshormon, doch in ihm schlummert so viel mehr. Dopamin ist ein regelrechter Quell für unsere tägliche Motivation, unseren Antrieb. Zur Qual wird da das entspannte Nichts-Tun, denn wir sind getrieben davon, etwas zu tun und Dopamin zu erlangen.

Es sind die vielen kleinen Erfolge, die uns als täglichen Ansporn lebendig fühlen lassen.

Aber: Zu viele Verlockungen rechts und links.

Meilensteine verheißen da schon mehr Wirkung. Sie sind durchaus wichtig und helfen, den Schmerz zu überwinden, denn ein bloßer Zustand kann schlecht visualisiert werden, zumindest nur sehr schwammig. Ein Meilenstein hingegen kann man bis aufs kleinste Detail genau beschreiben, ausarbeiten und veranschaulichen. Meilensteine sind Motivationshilfe und Sehnsuchtsorte. Als Projektionsfläche helfen sie, Zustände zu überbrücken, die wir gerne überwinden möchten.

Ein Meilenstein ist dann am meisten wirksam, wenn du ihn mit Emotionen behaftest. Angenommen, wir bleiben bei dem fit-und-gesund-Zustand: Was wäre da ein guter Meilenstein?
Deine erste Intention wird wahrscheinlich, wie eben angeführt, eine variable Kilo-Zahl sein, die du dann abgenommen haben wirst. Zumindest ist es eine sehr oft getroffene Aussage, wenn man Menschen zu ihren Fitness-Zielen befragt. Aber das ist zu schwach, denn eine Zahl ist nicht greifbar; sie wird dir nicht helfen, wenn die Motivation nachgelassen hat. Was wir in den dunklen Momenten der Motivationslöcher, der Erschöpfung, der Depressionen brauchen, ist ein sehr großes „Warum".

Denn ich verrate dir jetzt ein Geheimnis: Motivation ist nicht real. Motivation kommt aus dem Lateinischen *motiv* und bedeutet *Absicht.* **Umso bedeutungsvoller die Absicht für dich ist, desto höher ist die Wahrscheinlichkeit, dass du deine Ziele erreichst.** Ich habe mir selbst über Jahre ein gewisses Durchhaltevermögen antrainiert, um konstant nach vorne zu kommen, und ich wurde häufig gefragt, wie ich es schaffe, motiviert zu bleiben. Die Antwort darauf ist: Gar nicht.
Motivation an sich ist eine platonische Idee, die sich in der Realität nicht als solche umsetzen lässt. Es ist der Glaube daran, dass ein YouTube-Video von David Goggins ausreicht, um drei Monate später Millionär zu werden. **Dieser Irrglaube hält schon seit Jahrzehnten Menschen in ihren eigenen Glaubenssätzen gefangen, die denken, dass ihre Träume nicht würdig sind, verfolgt zu werden, weil sie nicht genug Motivation haben.**

Die Idee der Motivation manifestiert sich in der Realität aus zwei Komponenten: Absicht und Disziplin.
Deine „Absicht" muss bedeutungsvoll genug sein – danach brauchst du Disziplin für die Umsetzung. Disziplin bedeutet nicht nur, das, was du langfristig möchtest, dem vorzuziehen, was du jetzt möchtest. Disziplin bedeutet auch, die Dinge, die du nicht gerne tust, aber notwendig sind, um dein Ziel zu erreichen, so zu tun, als würdest du sie gerne tun, und das ist Motivation.
Jeden Morgen aufzustehen und die Dinge zu tun, die notwendig sind, als wäre es die beste Aufgabe dieser Welt, unabhängig davon, was man empfindet. So zu tun, als wäre man motiviert, ist Motivation. Und deshalb ist es wichtig, dass deine persönliche Absicht hinter einem Ziel auch wirklich deine ist und nicht eine, die dir von der Familie, Freunden oder der Gesellschaft vorgegeben wurde.

Dieses „Warum" muss in dir genug Emotionen auslösen, dass du dich auch nach einem langen und stressigen Tag auf der Arbeit aufraffst und zum Sport fährst. Erschaffe dir diese Situation in deinem Kopf und baue sie bis ins kleinste Detail aus! **Alleine der Gedanke an das „Warum" darf dir einen Schub an Dopamin verleihen, weil du den idealen Zustand fühlst, noch ehe er sichtbar eingetreten ist.** Er existiert als Vision in dir und formt sich zu deiner neuen Realität. Diesen Zustand kann man als das wahre *Fake it till you make* ist beschreiben. Du fühlst als Energie und Motor bereits etwas, was du noch als Erfahrung kreieren willst. Kein „ich visualisiere die Million und schaue dabei auf mein leeres Konto".

Um das Fitness-Beispiel noch etwas zu konkretisieren: Du bist als Frau auf deiner Mission, fit und gesund zu werden und weißt, dass du nach 15 Kilogramm weniger wieder in dein Kleid passen würdest, dass du vor 10 Jahren beim ersten Date mit deinem Mann getragen hast.
Stell dir vor, wie du es anziehst, wie du vor dem Spiegel stehst, mit welchen Schuhen und Accessoires du es kombinieren kannst. Du planst einen gemeinsamen Abend und ziehst dieses Kleid an. Stell dir vor, wie

dich dein Mann ansieht, wie er dich mustert, wie er lächelt, wie er dich danach berührt und wie der Abend dann ausgeht.

Das hat eine emotionale Wertigkeit. Das ist der Gedanke, auf den du dich stützen kannst, wenn du Durchhaltevermögen brauchst.
Dein „Warum“ braucht eine persönliche Bedeutung.

Diese ist deine Sache, in die niemand reinzureden hat. Meilensteine sind so individuell, wie es Menschen nun mal sein können. Niemand hat das Recht, deine Meilensteine zu hinterfragen, zu bewerten oder zu kritisieren. Was von welcher Wichtigkeit ist oder dir einen ganz persönlichen Dopamin-Schub gibt, ist deine intimste Angelegenheit.

Ein Traum bleibt nur dann ein Traum, wenn er keinen Plan zur Ausführung hat.

Wenn du dich nach finanzieller Freiheit sehnst, visualisiere keine Zahl auf deinem Konto, visualisiere dir einen Moment, in dem du dein Geld gegen etwas Fantastisches eintauschst. Wenn du auf Erfolg hinarbeitest, denke an ein Event, das zu deinen Ehren veranstaltet wird. Es spielt keine Rolle, was es ist, solange es aus dir herauskommt. Ein Traum bleibt nur dann ein Traum, wenn er keinen Plan zur Ausführung hat. So wie du diesen Plan gemacht hast, denke an deine Meilensteine auf dem Weg dorthin und lebe in diesen noch ausstehenden Erinnerungen, um dir immer wieder vor Augen zu halten, warum du dich auf diesen Weg begeben hast. Und dann tue alles so, als würde es dir jetzt bereits die entsprechende Freude bereiten.

10. NICHT JEDER IST DEIN MENTOR

WIR ALLE LERNEN DURCH UNSERE FEHLER. ZUMINDEST, WENN WIR DIESE ALS EIGENE ANERKENNEN UND VERANTWORTUNG ÜBERNEHMEN.

Das heißt aber nicht, dass wir alle Fehler selbst machen müssen.

Für jede Mission, die du hast, gibt es Menschen, die auch schon auf der gleichen oder einer ähnlichen Reise waren. Natürlich steht es dir frei, alle Fehler selbst zu machen und dann daraus zu lernen, aber es ist angenehmer, aus den Fehlern anderer zu lernen.

Kein Gedanke ist derart neu, dass er noch nie gedacht wurde. Es sind lediglich unsere inneren Verflechtungen mit Erlebnissen, die neu und einzigartig sind. Wenn man es etwas pathetisch betrachtet, kann der wahre Sinn des Zusammentreffens von Menschen darin bestehen, dass wir von Erfahrungen anderer lernen und profitieren. Zwar fühlen wir individuell und niemand kann je die Gefühle des anderen am eigenen Körper erfahren, aber uns allen ist die Gabe verliehen, uns ein Stück weit in den anderen hinein zu fühlen.

Es ist nichts Schlimmes dabei, wenn man mit etwas Neuem anfängt und noch nicht viel darüber weiß. Das ist oftmals unsere größte Hemmschwelle, wenn es darum geht, unsere Komfortzone zu verlassen. Wir möchten uns auf keinen Fall blamieren. Das Neue ist der Gefahrenfaktor für unser Gehirn – der alte Schutzmechanismus in uns, der in grauer Vorzeit unseren Ahnen das Leben gerettet hat. Damals ging es ums Überleben, heute ist es das Gefühl der Schmach, das wir vermeiden wollen.

Jeder, der etwas Neues gelernt hat, war anfänglich der Trottel auf diesem Gebiet.

Jeder, der etwas Neues gelernt hat, war anfänglich der Trottel auf diesem Gebiet. Das ist normal, sollte uns aber niemals davon abhalten, etwas Neues auszuprobieren. Wenn du den Mut gefasst hast, und du wagst dich in neue Hemisphären, suche dir jemanden, der schon dort ist, wo du hinmöchtest. Frag ihn, was seine Fehler am Anfang waren und wie er sie ausgemerzt hat. Dann hast du bereits einen großen Vorsprung gegenüber der Version von dir, die sich nicht getraut hätte zu fragen. Wenn du dann noch einen Schritt weiter gehst und denjenigen nach Tipps fragst, hast du dir jetzt schon einen großen Schritt im Lernprozess gespart.

Und mit Sicherheit wirst du für die Person, die du fragst, keine Last sein. Es wird ihr schmeicheln. Stell dir vor, jemand würde auf dich zu kommen und dich Folgendes fragen:

„Hey, ich habe mitbekommen, was du machst, und ich finde es wirklich bewundernswert. Du wirst wahrscheinlich viel zu tun haben, aber hättest du kurz Zeit, mir ein paar Tipps zu geben? Ich beginne gerade erst und wäre gerne einmal so gut wie du."

Wärst du genervt? Würdest du den anderen für dumm halten, weil er ein Anfänger ist? Natürlich nicht, du würdest dich auf dem höchsten Maße geschmeichelt fühlen, wärst stolz, dass jemand deine Leistung anerkennt, und wärst mehr als bereit, dieser Person zu helfen. Und genauso empfinden es andere, wenn du sie fragst. Es ist allerdings sehr wichtig, dass du nur auf Menschen hörst, die innerhalb deiner Mission da sind, wo du hinmöchtest.

Du wirst auf deiner Mission feststellen, dass sehr viele Menschen eine Meinung dazu haben, wie du am besten, schnellsten und schönsten von Meilenstein zu Meilenstein kommst. Da wird aber selten einer dabei sein, der weiter ist als du.

Gewinner schauen auf das Ziel. Verlierer schauen auf Gewinner.

Ich habe nie jemanden getroffen, der alles ungefragt besser wusste und es dann aber auch besser gemacht hat. Es ist wie in den paar Wochen der Fußballweltmeisterschaft, wenn auf einmal jeder Trainer ist. Jeder wird dir Tipps geben wollen, wie du es besser machen kannst, aber keiner hat jemals selbst auf dem Feld gestanden.Deshalb ist es das Beste, wenn du deine Mission für dich behältst. Lass die Ergebnisse deinen Erfolg verbreiten. Damit vermeidest du zum einen die nervigen Möchtegern-Fußballtrainer und zum anderen täuschst du deinem Gehirn keinen Erfolg vor.

Wenn wir über Ziele oder das Erreichen von Zielen sprechen, wird im Gehirn auch Dopamin ausgeschüttet. Nicht die Menge, wie wir sie bei tatsächlichem Erreichen erhalten würden, aber ein kleiner Teil.

Deshalb reden Menschen gerne über ihre Missionen, sie mögen die Bestätigung, das Beklatschtwerden, den Zuspruch von anderen Mitmenschen. Womit wir wieder beim Thema Bequemlichkeit wären.

Egal auf welcher Mission du bist, toxische Dopaminfallen sollten vermieden werden, denn sie sind die Nahrung für unseren Teufel, der uns leise ins Ohr flüstert, dass wir uns auch ohne unbequem zu werden gut fühlen können.

11. DER STEINIGE WEG

KAUM EIN PARADOXON DER MENSCHLICHEN PSYCHE IST SO ALT, WIE DER GEDANKE, GLEICHZEITIG BESONDERS SEIN ZU WOLLEN UND TROTZDEM TEIL DER MASSE ZU BLEIBEN.

Ja, wir möchten uns alle von der Masse abheben, aber bitte ohne Gegenwehr. Deshalb gehen viele die vorgeebneten Wege. Kaum ein Weg ist so breit getreten, wie der sich mittels der Veranschaulichung von Geld bewusst von der breiten Masse zu distanzieren.

Warum gibt es Boutiquen, in denen man 500 Euro für ein T-Shirt zahlt, während der Produktionspreis bei 33 Cent liegt?
Man zahlt für den Namen der Marke.

Wieso sind Menschen bereit 499,67 Euro für einen Markennamen zu zahlen, wenn das Produkt keinen funktionalen Mehrwert liefert?
Sie möchten sich von anderen abheben.

Was möchten sie anderen Menschen signalisieren?
Dass sie bereit sind, 499,67 Euro aus dem Fenster zu werfen.

Warum?
Weil sie es können.

Ist diese gefühlte Überhebung über andere real? Oder reden sie sich das Gefühl des erkauften Status ein? **Ist es nicht so, dass wir eigentlich dafür bezahlt werden müssten, den Namen eines Designers auf der Brust zu präsentieren?** Unser Ego nimmt es also in Kauf, dass wir übermäßig Geld für einen Artikel ausgeben und uns für einen fremden Namen hergeben.

Im Wesentlichen geht es nicht um die Marke, sondern darum mitzuteilen, dass man im Besitz von mehr Geld ist als andere, ohne es direkt laut auszusprechen. Funktioniert offensichtlich am besten, wenn der Name der Marke auffällig, häufig und sehr groß auf dem Produkt zu sehen ist. Dieses Prinzip lässt sich selbstverständlich auch mit anderen Gütern praktizieren: Uhren und Autos haben sich bewährt.
Wenn ich bestimmte Marken an mir oder um mich habe, werde ich mit einem gewissen Wohlstand assoziiert, für den diese Marke steht.

Aber warum ist dies ein Verhalten, was für einen Menschen erstrebenswert ist? An sich kann es uns egal sein, ob ein Fremder auf der Straße denkt, dass wir Geld haben oder nicht. Warum gibt es Menschen, die ihr Erspartes dafür hingeben oder für derartige Luxusgüter sogar einen Kredit aufnehmen? Sie haben den Wunsch, sich von der Masse abzuheben.

Geld ist da nur eine Möglichkeit. Egal, ob es der akademische Titel vor dem eigenen Namen ist, die Follower-Anzahl des Social-Media-Accounts, der Status meines Partners oder die Bauchmuskeln am Strand. All dies sind Symbole der Abgrenzung und ernten je nach eigenem Umfeld den Respekt, den man sich wünscht.

Aber unabhängig vom sozialen Umfeld haben fast alle diese Symbole eine Gemeinsamkeit, nämlich, dass sie schwer zu bekommen sind. **Menschen erhalten Bewunderung, mit symbolischer Abgrenzung, weil sie schwer zu erreichen sind.**

Ich kann mich auch von der Masse abheben, wenn ich auffallend bunte Haare habe, großartig bewundert werde ich dafür aber nicht. Ein kleines Gedankenbeispiel für unseren vorurteilsbehafteten Verstand:

Stell dir ein Auto vor. Ein sehr teures Auto. Beispielsweise einen Lamborghini Urus. Und dieses Auto hält zufällig neben dir an der Ampel. Der Preis bei diesem Auto liegt bei ungefähr 220.000 Euro.

Jetzt gibt es zwei Szenarien:

1. Du siehst in das Auto rein und siehst einen Mann Ende 30. Ohne dir großartig Gedanken zu machen, macht sich automatisch Bewunderung in dir breit. Du weißt, was dieses Auto wert ist und dass dieser Mann unwahrscheinlich viel dafür gearbeitet haben muss oder eine brillante Idee gehabt haben muss, um dieses Auto fahren zu können. Bewundernswert.

2. Du siehst in das Auto und am Steuer sitzt eine junge Frau, Anfang 20. Was geht dir durch den Kopf? Egal, welche Thesen du aufsetzt, warum sie in der Lage ist, dieses Auto zu fahren, es ist keine Bewunderung, die sich in dir ausbreitet, obwohl es ein und dasselbe Auto ist. Warum ist es keine Bewunderung? Weil egal, wie die These aussieht, in keiner der Szenarien, war diese Frau in einer Position, in der es sehr schwer war, dieses Auto fahren zu können.

Die Bewunderung, die wir ernten, ist absolut abhängig von dem Schwierigkeitsgrad, etwas zu erreichen. Dabei gibt es verschiedene Versionen der Bewunderung.

Stelle dir vor, ich erzähle dir von Person X. Person X leitet einen Konzern mit 2000 Mitarbeitern und 3 Standorten. Was denkst du über diese Person X?

Jetzt sage ich dir, dass Person X alles von ihrem Vater übernommen hat, was denkst du jetzt über Person X?

Hat sich das Outcome verändert?

Nein, aber der Schwierigkeitsgrad. Bewunderung hat wenig mit dem Outcome zu tun.

Einer der transparentesten Formen dieser Bewunderung ist der Sport. Denn unabhängig davon, wie erfolgreich oder wohlhabend jemand ist, er kann sich keine sportliche Figur kaufen; man muss harte Arbeit investieren. Egal, wie viel Geld ich habe, egal wer meine Eltern sind, egal wie viele Ideen mir in den Sinn kommen, nichts ersetzt die Selbstdisziplin, die nötig ist, um Muskeln aufzubauen und fit zu sein.

Dies kratzt (zurecht) am aktuellen Gesellschaftsbild und einigen gesellschaftspolitischen Bewegungen, wenn immer öfter übergewichtige Models auf Zeitschriftencover gesetzt werden. Ist es notwendig, dass jeder entscheiden sollte, ob er sich in seinem Körper wohlfühlt oder nicht? Absolut.
Werden wir irgendwann an einen Punkt kommen, an dem es erstrebenswert wird übergewichtig zu sein? Absolut nicht. Wieso auch, es ist ja nicht schwer.

Wenn wir allerdings einen Blick in einige der Entwicklungsländer werfen, werden wir feststellen, dass Übergewicht erstrebenswert sein kann, wenn es ein Zeichen für Wohlstand ist. In einem Land, in dem die breite Masse unter Hunger leidet, ist Übergewicht erstrebenswert, weil es sehr schwer ist, in diesen Länder übergewichtig zu werden. Vom Westen kann man dies nun weniger behaupten.

Jeder Erfolg hat eine Schattenseite und du wirst für jeden Erfolg Verluste erleiden oder Opfer erbringen müssen.

Bitte bedenke aber, dass nur weil etwas schwer zu erreichen ist, es nicht etwas ist, was du für dich haben musst oder solltest. Jeder Erfolg hat eine Schattenseite, und du wirst für jeden Erfolg Verluste erleiden oder Opfer erbringen müssen.

Wenn du also ein Ziel verfolgst, ist es für dein seelisches Wohlbefinden wirklich wichtig, dass der Wunsch danach, es zu erreichen, aus dir herauskommt und nicht, weil es „gesellschaftlich anerkannt" ist. Wenn du dir hierbei über die vorher genannten „Warum" Gedanken machst, wirst du sehr schnell feststellen können, woher der Wunsch, ein bestimmtes Ziel zu erreichen, wirklich kommt. Und selbst wenn es kein anderer jemals nachvollziehen wird, warum dir persönlich das wichtig ist, warum du es erreichen möchtest oder was es dir bedeutet, es zählt nur dein „Warum".

Wenn du also das nächste Mal eine Idee hast oder ein Ziel verfolgst und du merkst, dass es schwierig wird, denke daran, dass der Schwierigkeitsgrad einen Einfluss auf die Größe des Ziels hat. Wäre es nicht schwer, hätte es jeder, und dann wäre es wesentlich weniger erstrebenswert. **Je steiniger der Weg, desto weniger Menschen werden dir folgen.** Wenn du dich für den schweren Weg entscheidest, weil du eine Vision vor Augen hast, eine Absicht, die dich innerlich bewegt, denke nicht daran, wie schwer der Weg sein wird, sondern daran, wie wenig Menschen dir folgen werden, wenn du durchhältst.

•

EIN KLEINES MITTLERWEILE SEHR BEKANNTES GEDANKENSPIEL ZUM THEMA MINDSET:

Stelle dir vor, jemand schenkt dir 1.000.000 Euro.
Wie verläuft dein Tag?
Gäbe es jemanden, der dir diesen Tag vermiesen könnte?
Welche Laune hättest du?
Mit welcher Energie würdest du deinen Mitmenschen begegnen?

Jetzt stell dir vor, die Bedingung, dass du heute eine Million Euro geschenkt bekommst, ist, dass du morgen nicht mehr aufwachst. Würdest du das Geld annehmen? Natürlich nicht. Denn morgen aufzuwachen ist mehr wert als eine Million Euro. Warum haben wir nicht jeden Tag, an dem wir aufwachen, dieselbe Energie, als würde uns jemand eine Million Euro schenken, wenn es mehr wert ist?

Das menschliche Gehirn ist vom Grundsatz her extrem undankbar. Wir wissen Gesundheit erst zu schätzen, wenn wir krank werden. Wir wertschätzen Menschen erst, wenn wir im Begriff sind, sie zu verlieren und wir sehen alles, was wir haben, als selbstverständlich an.

Dankbarkeit und Demut sind Fähigkeiten.
Selbstwert ist eine Fähigkeit.
Vertrauen ist eine Fähigkeit.
Glaube ist eine Fähigkeit.

Ich möchte in den kommenden Kapiteln einige Stellschrauben in unseren Köpfen adressieren, die mir täglich helfen, diese Fähigkeiten zu trainieren.

Diese Veränderungen sind allerdings nicht zu unterschätzen. Sie sind wie Daumenschrauben für den Geist. Sie bringen mehr Weisheit, werden aber auch in vielen Bereichen eine Tür im Kopf öffnen, die du dann nicht mehr schließen kannst. Wenn du gewisse Prozesse und Handlungen in dir einmal begriffen hast, kannst du nie mehr auf den Zustand der Unwissenheit von zuvor zurückkehren. Das ist Fluch und Segen zugleich, denn die Bequemlichkeit, die unser Gehirn so sehr liebt, ist dann auch Geschichte. Es ist der Rauswurf aus der Matrix. Wenn du jemand bist, der aktuell eigentlich ganz zufrieden ist und gar nicht wirklich den Wunsch verspürt, etwas ändern zu wollen, dann tue dir selbst den Gefallen und lies mein Buch nicht. Wenn du einmal eine Tür im Kopf aufgemacht hast, geht sie nicht wieder zu.

> Wenn du gewisse Prozesse und Handlungen in dir einmal begriffen hast, kannst du nie mehr auf den Zustand der Unwissenheit von zuvor zurück.

Je mehr Türen du öffnest, desto mehr wirst du dich von deinen Mitmenschen abheben, weil du anfängst, anders zu denken. Und kurz über lang, natürlich auch anders zu leben. Anfänglich wirst du sie davon überzeugen wollen, dass deine Denkweise hilfreich ist und sie in ihrem Leben weiterbringt, aber die meisten Menschen leben für Bequemlichkeit und werden nicht mitziehen. Eine durchaus bittere Erkenntnis: Nur weil du etwas an einem gewissen Punkt begreifst, muss das weder der richtige Inhalt noch der richtige Zeitpunkt für andere sein, es gleich zu tun. Etwas zu begreifen, das für andere noch weit weg ist, kann das Leben ausmisten. Kontakte brechen weg und es gibt Kontroversen. Vielleicht bleibt man unverstanden. Aber es bringt so viel innere Freiheit mit. Diejenigen, die einen sogar angreifen, weil man anders denkt, wollen im Kern so sein, wie man selbst bereits ist, nur ist ihnen der Weg aufgrund der inneren Haltung noch versperrt. Man mistet aus, indem man begreift.

Allmählich kommst du immer öfter in Situationen, in denen du es vorziehst, alleine zu sein, als Gespräche zu führen und über Dinge zu sprechen, über die die meisten reden. Es kann auch passieren, dass du dich allein fühlst.

Alain de Botton schrieb einst:

„Einsamkeit ist eine Steuer, die wir zahlen, für eine bestimmte Komplexität des Verstands."

Durch das Trainieren dieser Fähigkeiten habe ich viel gewonnen, was mich weitergebracht hat, aber jede Macht hat eine direkte Opposition. Ich habe auch viel verloren, was mir etwas bedeutet hat. Das heißt nicht immer, dass mich Menschen betrogen haben oder dass ich so erfolgreich bin, dass ich mich nicht mehr mit ihnen abgeben wollen würde. Das Gegenteil ist der Fall: Einige dieser Menschen stehen finanziell wesentlich besser als ich da, andere sind deutlich gebildeter als ich, und der Gedanke, besser als irgendwer zu sein, erschien mir schon immer sehr suspekt und war mit zuwider. Menschen auf diese Art und Weise zu verlieren war nie eine Entscheidung; es ist vielmehr ein Maß an Unerträglichkeit und mangelndem Verständnis.
Diese Fähigkeiten zu trainieren, heißt nicht, perfekt zu werden. Ich kämpfe selbst jeden Tag aufs Neue, und es sind genug Tage dabei, an denen ich scheitere.

Aber je mehr du trainierst, desto weniger wirst du anderen die Schuld dafür geben, was dir in deinem Leben nicht gefällt, was zwangsläufig dazu führt, dass du weniger Empathie für andere empfindest, wenn sie sich bei dir über ihr Leben beschweren. Und dann kommt irgendwann der Tag, an dem du diesen Menschen sagst, was sie selbst alles tun könnten, um ihren Zustand zu ändern. Die meisten Menschen aber möchten sich nur beschweren und wollen keine Lösungen hören, und weil du es nicht mehr aushältst, dir ihre Beschwerden anzuhören, wirst du dich distanzieren und dich fragen, warum du sie nicht mitziehen konntest. Dies ist nur ein Beispiel von vielen.

Jede Tür, die in deinem Kopf aufgeht, ist eine rote Pille aus der Matrix. Einmal geöffnet, bekommst du sie nicht wieder geschlossen. Die Herausforderungen, denen wir auf dem Weg ins nächste Level begegnen, werden oft auch durch unsere Mitmenschen verursacht. Wenn du zu einem Menschen wirst, den andere bewundern, wirst du auch zu einem Menschen, den andere hassen. Und genauso wie es Menschen geben wird, die auf dich zukommen und dich nach Ratschlägen fragen, weil du sie inspirierst, wird es Menschen geben, die alles daransetzen, dich sabotieren zu wollen, weil du sie bedrohst, ob beabsichtigt oder nicht.

Es wird Menschen geben, die dich runterziehen möchten, weil du ihr Weltbild bedrohst. Denn die Tatsache, dass du Erfolg hast, dich weiterentwickelst und über dich hinauswächst, obwohl du denselben Startpunkt wie sie hattest, wird ihnen vor Augen halten, dass sie es nicht tun und das ist schmerzhaft.
Menschen feuern dich nur an, wenn du ihnen unterlegen bist. Jeder, der etwas Neues wagt, geht zuerst einen Schritt zurück. Du möchtest ein Business gründen und kündigst deinen Job; machst du erstmal einen Schritt zurück. Es wird viele Menschen geben, die dich dafür anfeuern, aber sie werden nach und nach verstummen, wenn der Erfolg eintritt und du sie überholst. Denn jetzt müssen sie der Tatsache ins Auge sehen, dass sie ihre Träume nicht verfolgen, obwohl sie es könnten, weil du ihnen gezeigt hast, dass es geht.

Sie fühlen sich bedroht von einem für sie nicht greifbaren Zustand, feinstofflich, nicht materiell. Es ist dein Wachstum, das sie triggert. Vor allem dann, wenn du sie noch nicht eingeholt hast, aber sie wissen, dass dein Potenzial größer als ihr eigenes ist. Sie kommen nicht, wenn der Erfolg da ist. Sie kommen vorher, wenn du selbst nicht weißt, ob er kommt. Wenn du am meisten verwundbar bist und du Blut, Schweiß und Tränen investiert hast, jedoch noch keine Ergebnisse da sind. Aber auch wenn du noch keine Ergebnisse siehst, sie kommen nur dann mit geballter Kraft, wenn du kurz davor bist, dein Ziel zu erreichen, weil sie wissen, dass sie nicht mehr viel Zeit haben. Tauchen Widersacher aktiv auf, weißt du, dass es bis zum nächsten Level nicht mehr lange dauert.

Teile deine Visionen nicht mit Menschen, denen sie nicht gegeben wurden – zumindest wenn es sich nicht vermeiden lässt. **Nichts gefährdet eine großartige Idee so sehr, wie jemand, der zu klein denkt, um eine eigene zu haben.** Und falls du zu den Menschen gehörst, die ein Umfeld haben, das dich tatsächlich aufrichtig unterstützt, bei allem, was du tust – sogar wenn sie es nicht verstehen – dann halte an diesen Menschen fest, denn sie sind das Wertvollste, das es gibt.

•

13. LANG LEBE DIE GESELLSCHAFT

ALLES IST IM GLEICHGEWICHT.

Und genauso, wie es jemanden gibt, der uns das Geschenk unseres Lebens gegeben hat, gibt es eine Energie, die nur zu gerne verhindern würde, dass wir über uns hinauswachsen.

Wir haben den Engel auf der einen Seite, der uns alles gibt, was wir für unser persönliches Wachstum benötigen. Alles, was von ihm kommt, ist dafür gedacht, dass wir weiterkommen: Jede Hürde, jeder Schmerz, jede Herausforderung.

Der Teufel manifestiert sich lieber in Form eines Käfigs – ein goldener, bequemer Käfig, der so vertraut ist, dass wir gar nicht erst auf die Idee kommen, ausbrechen zu wollen. Und nur zu oft hat dieser Käfig die Gestalt unserer Gesellschaft.

Und jedes Mal, wenn das Universum die Frage in den Raum stellt, was es noch tun kann, damit du dein Potenzial ausschöpfst, stellt die Gesellschaft die Frage, wie sie genau das verhindern kann. Und dies tut sie mit absolut beindruckender Vielfalt: Angefangen beim Schulsystem, über die Ernährung bis hin zu den Rollenbildern innerhalb einer Familie.

Die Mechanismen des Systems sind so ausgefeilt, dass sie wie kleine Normalitäten daherkommen und alles unterwandern, was uns umgibt. Das Netzwerk umfasst das ganze Leben. Vorhin haben wir vom Funken der Erkenntnis erfahren, der alles auf ein neues Level hebt und den Schritt zurück unmöglich macht. Beginnt man, die Mittel des Systems zu hinterfragen und zu durchschauen, wird das Leben im systemischen

Rahmen zu einer inneren Herausforderung. Aber es lohnt sich für ein erfülltes Leben in vollem Bewusstsein, auch hinter die Kulissen zu blicken. Und vor allem ist es alles andere als schwer.

Alles wird unterwandert. Nichts wird hinterfragt. Nichts, womit wir den Geist füttern, nichts, womit wir den Körper nähren. Die Konsequenzen aus dieser Achtlosigkeit sind immens. Und alle haben dieselbe Meinung. Unser Schulsystem wurde geschaffen, um Arbeiter zu formen, die nichts in Frage stellen. Es birgt eine große Anzahl an Annahmen, die uns „beigebracht“ wurden und die vollkommen falsche Vorstellungen geformt haben, wie unser Leben auszusehen hat: dass Fehler schlecht sind, dass man sich nicht mit anderen Personen zusammentun darf, um schneller eine Lösung zu finden, dass es nur einen richtigen Weg gibt, um an das Ergebnis zu kommen, usw. Im Grunde werden wir von klein auf dazu erzogen, auf gar keinen Fall über uns hinauszuwachsen. Alles, was individuelles Wachstum und somit Klarheit bringt, wird belächelt. Im Handumdrehen wird bei dem Wunsch nach mehr die Esoterik-Keule oder Leugner geschwungen, um Menschen zu verunglimpfen.

Im Grunde werden wir von klein auf dazu erzogen, auf gar keinen Fall über uns hinauszuwachsen.

Wer sich dennoch traut, sich zu erheben und mehr von seinem Leben zu wollen und vor allem für dieses Mehr auch etwas zu tun, wird gerne verunglimpft. Versteckt wird sich von Seiten der Kritiker dann hinter dem Argument der Genügsamkeit: **„Ich strebe nicht nach mehr, denn ich bin genügsam.“** Ein zweifelhafter Weg, der zu nichts als Stillstand und Bequemlichkeit führt.

Eine Missetat, die uns in unserem Käfig halten soll, ist unsere sogenannte „Ernährung“. Mittlerweile gibt es etliche Studien und Publikationen darüber, dass schlechte Ernährung verantwortlich ist für sämtliche Krankheiten, die nicht durch einen Virus verursacht werden: Diabetes, Krebs, Gicht, Schlaganfälle, Herzinfarkte, Demenz etc.

Über 70 Prozent aller Krankheiten weltweit sind auf die Ernährung zurückzuführen.[1]

Auch psychische Leiden bleiben als Folge dessen nicht aus. Der Neurotransmitter Serotonin, durch welchen wir Glück und Freude empfinden, wird nicht im Gehirn produziert, sondern im Darm. Diese Produktion wird allerdings maßgeblich gestört, wenn wir eine Ernährung haben, die keine nennenswerten Nährstoffe liefert, was bei vielen Menschen heutzutage der Fall ist. **Die Folge ist eine Maske, der man den Namen Massendepression verpasst. Menschen, die traurig und lustlos auf ihrer Couch dahinvegetieren und denken, sie seien depressiv.** Wenn man es sich leisten kann, sucht man sich „professionelle Hilfe".

Hast du dich nicht mal gewundert, warum es mittlerweile so viele Nachweise dafür gibt, dass Ernährung Einfluss auf unsere Psyche hat und trotzdem kein einziger Arzt oder Psychiater die Frage stellt, was du denn isst, wenn du mit deiner schlechten Psyche in seiner Praxis sitzt? Wer profitiert denn davon, dass du zu deprimiert bist, um etwas aus deinem Leben zu machen?
Mit Sicherheit gibt es auch Depressionen, die ein Trauma zur Ursache haben, aber sollte man seine Patienten nicht erst auf eine gesunde Diät setzen, bevor man schwere Antidepressiva verschreibt, die durch ihre Nebenwirkungen dann auch noch weitere Krankheiten hervorbringen?[2]

1 https://www.ottonova.de/gesund-leben/ernaehrung/krankheiten-ernaehrung

2 https://www.alta-klinik.de/ratgeber/serotonin/#:~:text=Es%20gibt%20eine%20Reihe%20von,und%20den%20Schlaf%20zu%20verbessern

Aus Sicht der Unternehmer macht es durchaus Sinn: Sämtliche Lebensmittel werden mit Zucker und anderen Süchtigmachern vollgeladen, um ein maximal hohes Suchtpotenzial zu erreichen. Der Konsument kauft immer mehr. Nur schade, dass der Konsument so viele Nebenwirkungen davon tragen muss. Aber dafür gibt es ja Abhilfe durch die großen Pharma-Konzerne, die liebend gerne die Medizin für die Nebenwirkungen der völlig überzuckerten Ernährung bereitstellen. Kaum noch etwas bietet echte Nährstoffe, und die wenigen, die tatsächlich auf echte Lebensmittel zurückgreifen – Lebensmittel, die noch nicht durch die industrielle Maschinerie gelaufen sind – das sind die „Komischen" der Gesellschaft. Die Leute, die eine „Diät" machen, die auf Zucker, Laktose oder Gluten verzichten. Witze werden gemacht über die Menschen, die so „zimperlich" sind mit ihrer Ernährung. Ist es nicht erstaunlich, wie eine völlig gesunde Art, sich zu ernähren auf einmal zu einer Diät geworden ist, über die man sich lustig macht? Aber es macht ja nichts, dass man sich krank isst, denn wir haben die fortschrittliche Medizin. Gott sei es gedankt, die Medizin wird immer besser, sodass wir immer älter werden können. Schade nur, dass mittlerweile die meisten Leute schon bei Hälfte ihrer Lebensjahre in dauerhafter medizinischer Behandlung sind.
Ist es nicht absurd, dass wir in westlichen Ländern ganze Fernsehsendungen darüber haben, wie Menschen, die dieser Sucht zu stark nachgeben, versuchen, unter professioneller Aufsicht sich davon zu lösen, während in anderen Ländern die Menschen verhungern?

Es wäre einfach, die Gesellschaft über Lebensmittel in Bezug auf Krankheiten aufzuklären, nur würden dann sowohl die Lebensmittel als auch die Pharma-Giganten Verluste machen, und unsere Wirtschaft würde auf kurze Sicht einen gewaltigen Knick bekommen.

Es sind aber nicht nur Krankheitsbilder; auch unsere Möglichkeit zu denken wird eingeschränkt. Industrieller Zucker „verklebt" unsere Synapsen im Gehirn. Wir verlieren Denkvermögen proportional dazu, wie viel Zucker wir zu uns nehmen. Unser Gedächtnis, unsere

Auffassungsgabe, unsere Fähigkeit, logische Verknüpfungen herzustellen, wird jedes Mal eingeschränkt, wenn wir Zucker zu uns nehmen. Bei jedem Einkauf stellen wir uns anhand der Auswahl der Lebensmittel (die längst schon keine mehr sind) unbewusst die Frage: „Wie viel Prozent meiner Gehirn-Kapazität werde ich heute abgeben?“ [3]

Wenn doch im Internet für alle zugänglich und nachvollziehbar recherchierbar ist, dass verarbeitete Lebensmittel und Zucker verantwortlich für unsere Gesundheit, unseren Geisteszustand und unsere Fähigkeit zu denken sind, warum gibt es dann Länder, in denen Wasser teurer ist als ein Softdrink? Warum werden Cornflakes als Frühstück für Kinder vermarktet? Warum steht auf keiner Schokoladentafel „Achtung, macht stark süchtig.“ oder „Achtung, kann Krankheiten verursachen“? Wissenschaftler vergleichen die Abhängigkeit von Zucker mit der Abhängigkeit von Heroin und Kokain. Die Langzeitfolgen sind genauso schädlich, sie brauchen nur etwas länger, bis sie uns einholen. Und sie sind weniger offensichtlich.[4]

Und wenn du denkst, dass ich übertreibe, versuche mal eine Woche lang auf Zucker zu verzichten.

3 https://www.brain-effect.com/magazin/zucker-leistungsfaehigkeit#:~:text=Zucker%20und%20seine%20negativen%20Auswirkungen%20auf%20das%20Gehirn,-Eine%20Ernährung%2C%20die&text=So%20verschlechtert%20der%20Zucker%20dein,langfristig%20erhöhtem%20Zuckerkonsum%20und%20Alzheimer.

4 https://www.nau.ch/news/forschung/zucker-macht-ahnlich-suchtig-wie-harte-drogen-65588110

Die Ernährung ist eine Form, uns in unserer eigenen goldenen Matrix zu halten. Als Taktik reicht das längst nicht aus, um den Käfig zu verbergen. Eine falsche Ernährung macht uns zwar träge, dennoch müssen wir, insofern wir keiner existenziellen Bedrohung gegenüber stehen, unterhalten werden.

Im alten Rom gab es Gladiatorenkämpfe. Diese waren eine Veranstaltung, die von allen Bürgern des alten Roms aufgesucht werden konnte. Sie waren an sich sehr brutal und unmenschlich, aber ein Gladiator, der damals erfolgreich war, kann man relativ gut mit einem heutigen NBA-Spieler oder Fußballstar vergleichen. Aber warum gab es so etwas wie Gladiatorenkämpfe? Das Ziel dahinter war klar: Belustigung und Unterhaltung des Volkes.

Warum hat man sich damals die Mühe gemacht, eine gesamte Arena zu bauen, nur um Menschen aus Freude gegeneinander kämpfen zu lassen? Es soll die Menschen beschäftigen und vom Wesentlichen ablenken. Veranstaltungen wie Gladiatorenkämpfe gibt es nur innerhalb einer Gesellschaft, die überdurchschnittlich wohlhabend ist. Die Menschen sollen sich über Dinge Gedanken machen, die irrelevant sind, damit sie relevanten Themen des Daseins keine Aufmerksamkeit schenken und auf dem Stand bleiben, den sie mental und gesellschaftlich einnehmen. Gleichzeitig kosteten diejenigen, das ganze System zu ihren Gunsten aus, die es verstanden haben. Parallel an denen vorbei, die es zur Ablenkung konsumieren.

In der heutigen Zeit sind wir permanent von tausenden Gladiatorenkämpfen umgeben. Wir haben Fußball, Basketball, Baseball, die Olympischen Spiele usw. Darüber hinaus haben wir Fernsehen, Netflix, Kinofilme usw. Und wenn das alles noch nicht reicht und ich Gefahr laufe, auch nur zwei Minuten ohne eine Ablenkung leben zu müssen, hole ich mein Handy raus und checke Social Media. Ein Spektakel jagt das nächste – auch das ist Ausdruck der immerwährenden Sehnsucht nach Dopamin.

Wir durchleben alle einen stets chaotischen Alltag und geben unserem Kopf keine 30 Sekunden der „Langeweile", um Geschehnisse verarbeiten zu können, und wundern uns dann, warum unser Geist elendig vor sich hin blutet. Menschen gehen zur Arbeit und reden über die letzte Folge einer aktuellen Serie, anstatt sich Themen zu widmen, die tatsächlich Relevanz haben. Und damit meine ich nicht die Politik.

Es spielt keine Rolle, ob du zu einem Freundeskreis gehörst, der über die Politik schimpft oder sich über den neuesten Promi-Klatsch unterhält. Es hat keine Relevanz. Es ist Ablenkung.
Wenn du Freude daran hast, dir jeden Abend vor dem Fernseher anzuhören, was alles Schlimmes passiert ist auf der Welt, dann tue das, aber mach dir bitte bewusst, dass es Einfluss auf deine Psyche hat.
Und bevor ich meinen Aluhut wieder abnehme, noch eine Frage zum Thema Demokratie:

Denkst du wirklich, dass ein System, das gebaut wurde, uns faul, dumm und krank zu halten, uns erlauben würde, Entscheidungen nachhaltig beeinflussen zu können? Sind wir in unserer Demokratie nicht vielmehr Kinder, die sich entscheiden dürfen, ob sie lieber die Küche oder das Wohnzimmer putzen wollen…?

Es geht nicht darum, sofort Netflix zu löschen, den Fernseher aus dem Fenster zu werfen und sich nicht mehr über die Geschehnisse zu informieren. Vielmehr geht es darum, ein Bewusstsein dafür zu bekommen, wo unsere Energie hingeht.

Von klein auf wird uns beigebracht, gute Noten zu schreiben, einen sicheren Job zu finden und zu arbeiten, bis wir in Rente gehen.
Und wenn man genau hinhört, sind es diese Menschen, die sich anfänglich auf das Wochenende freuen, dann nur auf den nächsten Urlaub, bis sie irgendwann die Jahre bis zur Rente zählen, die sie kaum ausleben können, weil die ersten Krankheiten schon auf der Türschwelle stehen.
Das ist er, unser Käfig.

Er ist sicher. Er ist bequem. Er fordert einen nicht auf, selbstständig zu denken. Er möchte, dass wir einfach nur glücklich sind.

Warum sagen wir uns das immer wieder? Warum ist unsere Antwort auf so Vieles, dass wir einfach nur glücklich sein wollen?

Glücklich zu sein wird assoziiert mit „sich gut fühlen", demnach Schmerz zu vermeiden.

Paradox, denn erleiden wir nicht aufgrund dessen, womit wir Körper und Geist oktroyiert füttern, ständigen Schmerz und sehen diesen als ganz normal an? Wir erleben einen mentalen und körperlichen Dauerschmerz, obwohl wir uns nach dem Gegenteil sehnen.

Ich brauche den Schmerz, um über mich hinauszuwachsen.

Perspektivenwechsel. Ich brauche den Schmerz, um über mich hinauszuwachsen. Auch wenn ich in dem Moment nicht glücklich bin, bringt es mich weiter. Wenn ich mein Leben danach lebe, glücklich zu sein, lebe ich danach, Schmerz zu vermeiden. Wenn ich danach lebe, Schmerz zu vermeiden, lebe ich danach Wachstum zu vermeiden, und dann lebe ich in einem Käfig. Und wenn ich doch einmal Schmerz erfahren muss, weil es nun mal so im Leben ist und ich nicht glücklich bin, habe ich nichts in diesen Zeiten.

Dann ist alles dunkel, weil ich nur dafür lebe, glücklich zu sein. Zu versuchen konstant glücklich zu sein, ist wie ein Drogensüchtiger, der immer auf der Suche nach dem nächsten Kick ist. Und er redet sich selbst ein, dass wenn er nur jetzt seinen Kick hätte, er wieder glücklich ist. Bis der Kick kommt, wieder vorüberzieht und dieser Vorgang sich wiederholt, bis er irgendwann dahinscheidet. **Genau das bedeutet es, sein Leben danach auszurichten, glücklich zu sein. Man rennt panisch von Kick zu Kick und hasst die Zeiten, die dazwischen liegen.** Oder noch schlimmer: Man malt sich im Kopf fiktive Hindernisse aus, die dem eigenen Glück im Wege stehen:

Wenn ich nur endlich im Lotto gewinnen würde, wäre ich auch glücklich. Wenn ich nur endlich einen Partner hätte, wäre ich glücklich.

Und sie warten ihr Leben lang darauf, dass sich diese fiktiven Szenarien wie durch Zauberhand ändern. Warum nicht danach leben, stolz zu sein? Warum nicht danach leben, einen Mehrwert zu schaffen?

Albert Pine schrieb einmal:

„Was wir für uns tun, stirbt mit uns. Was wir für andere tun, ist und bleibt unsterblich.“

Warum nicht danach leben, *Unsterblichkeit* zu schaffen?

•

14. KONTROLLE & LUXUSPROBLEM GELASSENHEIT

BESTIMMT HAST DU SCHON EINMAL DIE REDEWENDUNG GEHÖRT „ETWAS MIT STOISCHER GELASSENHEIT ANGEHEN".

Ryan Holiday hat diesem Ausdruck ein ganzes Buch gewidmet.

Einer der bekanntesten Stoiker war der römische Herrscher Mark Aurel, der sich viel mit Themen wie Eigenverantwortung, Selbstwahrnehmung und Kontrolle beschäftigt hat. Allerdings möchten die Stoiker damit nicht ausdrücken, alles widerstandslos zu akzeptieren, Hauptsache man bleibt dabei entspannt. Es geht lediglich darum, keine Energie an Umstände zu verschwenden, die wir nicht ändern können. Sie bezeichnen es als „Amor Fati". Es bedeutet, die Situation zu akzeptieren, wie sie ist und dann das Bestmögliche daraus zu machen. Unter der Veranschaulichung, dass unser Mindset ein Filter ist, den unsere Umwelt durchquert, bevor sie eine Emotion auslöst, ist Amor Fati wie ein Filter über dem Filter und hat die Möglichkeit uns sehr viel Wut und Selbstmitleid zu ersparen.[5]

Eine andere Veranschaulichung dieser Situationen kommt von Reinhold Niebuhr, dem Verfasser eines der mittlerweile bekanntesten Gebete der Welt:

5 Holiday, Ryan: Der tägliche Stoiker, München 2017.

„Gott, gib mir die Gelassenheit, Dinge hinzunehmen, die ich nicht ändern kann, den Mut, Dinge zu ändern, die sich ändern lassen, und die Weisheit, das eine vom anderen zu unterscheiden.“ [6]

Jeden einzelnen Tag in unserem Leben verschwenden wir negative Energie an Umstände, die wir nicht ändern können.

Ich stehe im Stau und rege mich auf, dass es nicht weiter geht.
Ich möchte nur schnell etwas einkaufen und warte 20 Minuten an der Kasse.
Ich möchte nach Hause fahren und die Bahn fällt aus.

Wir kennen alle die Wut in diesen Situationen, aber wirklich ändern konnten wir sie noch nie.
Warum also nutzlose Energie verschwenden?
Jedes Mal, wenn wir uns in einer dieser Situationen aufregen, wird in unserem Gehirn das Stresshormon Kortisol ausgeschüttet.
Und wofür? Nur damit wir gestresst sind. Denn hilfreich ist es sicherlich nicht.
Nicht für den Moment. Nicht für das Ergebnis. Nicht für unsere Gesundheit.

In diesen Momenten lohnt es sich, einmal tief durchzuatmen und sich zu fragen: Wie kann ich das Beste aus der Situation machen?

Ich stehe im Stau und höre über die Anlage meinen Lieblingssong und genieße vielleicht die Sonne, wenn sie scheint.

6 https://www.wlb-stuttgart.de/sammlungen/handschriften/bestand/nachlaesse-und-autographen/oetinger-archiv/gelassenheitsgebet/#:~:text=Oetinger%2FWilhelm%3A%20Gott%20gebe%20mir,eine%20vom%20andern%20zu%20unterscheiden.

Ich stehe an der Kasse und beobachte meine Mitmenschen (oftmals sehr unterhaltsam).

Ich warte auf die Bahn und rufe einen Verwandten an, bei dem ich mich eigentlich öfter melden sollte.

Je häufiger wir es schaffen, aus diesen kleinen Stress-Momenten etwas Positives rauszuholen, desto stärker verändern wir unseren Filter ins Positive. **Wie bereits erwähnt: Mindset ist mehr als nur ein Schalter.**

Es ist ein tägliches Training, dass unsere Fähigkeit des „positiven Denkens“ und damit, positive Energie nach draußen zu senden, immer weiter steigern kann. Jemand, der kein 5 Kilo Gewicht hochheben kann, wird auch keine 20 Kilo heben können.

Wenn wir nicht in der Lage sind, selbst diesen kleinen Momenten etwas Positives abzugewinnen und Gelassenheit zu bewahren, wie sieht es dann erst bei einem tatsächlichen Schicksalsschlag aus?
Und wir kennen alle mindestens einen Menschen, der sich bei entsprechendem Verkehr zumindest so aufführt, als wäre es ein vernichtender Schicksalsschlag. Und wenn du keinen kennst, kannst du ja mal kurz in dich gehen und überlegen, ob nicht du derjenige bist.

Und selbst, wenn es sich nicht auf Verkehr bezieht, wobei anzumerken ist, dass Verkehr oder andere Verkehrsteilnehmer, insbesondere die, die einem die Vorfahrt nehmen, ein besonderer Umstand sind, was das Thema Gelassenheit angeht, kennen wir alle einen Menschen, der immer alles negativ sieht.

Für diese Menschen ist es eine Sportart, überall etwas zu entdecken, das einen stören könnte. Egal, wie schön ein Moment ist, sie finden immer etwas, das sie nervt.

Ihr Lieblingswort ist „aber“.

>> Ja, meine Kollegin ist nett, aber sie macht… <<

Und wenn sich ein Gespräch nicht darum dreht, was in ihrem Leben alles negativ ist, dann reden sie darüber, was im Leben anderer negativ ist. Wessen Ehe nicht funktioniert oder wessen Karriere gescheitert ist. Und eben diese Menschen schaffen es auch, bei jeder Kleinigkeit, die den ersten Funken Wut auslöst, sofort aus der Haut zu fahren. Es bleibt für mich ein großes Unverständnis, wie man sich das antun kann. Es ist doch masochistisch, sich dafür zu entscheiden, 800 Mal am Tag wegen irgendetwas sauer zu sein, nur weil man sich dafür entscheidet, in allem, was passiert, etwas Negatives zu finden.

Wieso tut sich das jemand freiwillig an? **Für Masochismus gibt es leider noch keine Wunderheilung, aber es gibt trotzdem ein Zauberwort, und das lautet: Dankbarkeit.** Auch für sie gilt, dass es keinen Schalter gibt. Wie alles andere ist auch die Dankbarkeit eine Fähigkeit, die es zu trainieren gilt:

Ich muss nicht zur Arbeit, ich DARF zur Arbeit: Es gibt genug Menschen, die keine Arbeit haben.

Ich muss nicht mit dem Auto zur Arbeit, ich DARF mit dem Auto zur Arbeit, denn es gibt genug Menschen, die kein Auto haben.

Ich muss nicht nach der Arbeit noch meine Kinder ins Bett bringen, ich DARF meine Kinder ins Bett bringen – es gibt so viele Menschen, die sich Kinder wünschen und keine haben.

Das erscheint einem zu Beginn etwas seltsam. **Es wirkt beinahe geheuchelt, aber es ist ein charmanter Gedanke, einfach mal alles positiv zu betrachten. Denn der Großteil all unserer Probleme ist die Konsequenz eines Luxus, an dem wir teilhaben dürfen.** Stau ist eine

Konsequenz des Luxus, ein Auto zu besitzen. Frühes Aufstehen ist die Konsequenz des Luxus, einen Job zu haben.
Ich behaupte nicht, dass alles Luxusprobleme sind oder dass uns keine schlimmen Dinge widerfahren oder dass es erstrebenswert wäre, als herzlose Maschinen durch unser Leben gehen und überhaupt nichts mehr zu empfinden.
Aber jedes Mal, wenn wir Wut oder Gereiztheit empfinden, geben wir einem anderen Menschen Kontrolle über uns – oder noch schlimmer, einem Ding. Ja, ich denke auch, dass es die Schuld des Tisches ist, wenn er sich brutal und böswillig gegen meinen kleinen Zeh schmeißt und bin dann sauer auf den Tisch. Aber nach einiger Zeit, ein bisschen Übung und Geduld, war ich nicht mehr sauer auf die Kassiererin, weil jemand an einer anderen Kasse, der nach mir kam, schneller drangekommen ist.

Unabhängig davon, wie fantastisch unser Filter funktioniert, haben wir alle Situationen, in denen wir uns aufregen, und das ist auch gut so! Aber innerer Frieden und Gelassenheit kommt auch daher, entscheiden zu können, was Wut in mir auslösen darf und was nicht.

Irgendwann in jungen Jahren habe ich herausgefunden, wozu mein Körper fähig ist, wenn ich wirklich wütend werde. Eine Person hatte mich auf einem so hohen Level wütend gemacht, dass ich sie quer durch den Raum geworfen habe und dass, obwohl ich unter normalen Umständen nicht mal einen Wasserkasten hätte hochheben können. Es ist nichts weiter passiert, da sie auf dem Sofa gelandet ist, aber danach hatte ich ein Problem, denn diese Person wusste nun genau, welche Knöpfe sie drücken musste, um Kontrolle über mein Verhalten zu erlangen und das in einem Ausmaß, dass ich es vor anderen Menschen nicht hätte verbergen können.

Heute weiß ich, dass es die Bestimmung meiner Schwester war, genau das zu tun und es tut mir auch nicht leid, dass sie ein paar Mal durch die Gegend geflogen ist. Trotzdem hat sich dieser Kontrollverlust eingeprägt und ich sollte noch sehr häufig daran denken. In den meisten Situationen habe ich oft genug Verantwortung übernommen, so dass ich kaum noch wütend werde.

Dennoch gibt es einen bestimmten Punkt, an dem ich entschieden habe, dass es zu meinen Werten passt, wütend zu werden, und das ist der Angriff auf Menschen, die mir am Herzen liegen. Nicht, dass es häufig der Fall wäre, aber ich habe mich bewusst dazu entschieden, dass dies Momente sind und auch bleiben, in denen die Version von mir zum Vorschein kommt, die in der Lage ist, andere durch einen Raum zu werfen.

Jordan Peterson sagte einmal:

„Du solltest ein Monster sein, ein absolutes Monster und dann in der Lage sein, es kontrollieren zu können."

Wut sollte man nicht unterdrücken oder zur Gänze auslöschen. Es reicht, zu lernen, entscheiden zu können, wann sie entstehen darf und wann nicht. Es geht auch nicht darum, sich seinem Schicksal zu unterwerfen oder sich gleichzeitig darüber zu beklagen, sondern es zu akzeptieren und dann das absolut Bestmögliche herauszuholen, was nur irgendwie möglich ist. Mach eine Sportart daraus, aus jedem nervigen Moment etwas herauszuholen, das lustig ist, gut tut oder spannend ist.

Meine persönliche Lieblingsmethode ist dabei Albernheit. In den Malen, in denen meine Brüder und ich schlecht gelaunt im Auto saßen, habe ich die Musik aufgedreht und so lange schief mitgesungen, bis sie entweder mitgemacht oder um Gnade gefleht haben. Beides hat zur Aufmunterung beigetragen, sowohl bei mir als auch bei ihnen. In Supermärkten würde ich allerdings davon abraten.
Etwas anderes, das ich gerne mache, wenn ich traurig oder wütend bin, ist, anderen Menschen Komplimente zu machen. Es ist beinahe beängstigend, wie viel ein nettes Wort anderen bedeuten kann.

An einem Abend, an dem es mir mal wirklich schlecht ging und ich wegen irgendetwas traurig war, ging ich in einen Laden, in den ich immer gehe, wenn ich Kleinigkeiten einkaufen muss und sagte der Dame an der Kasse, dass ich mich immer freue, wenn sie da ist, weil sie immer lächelt, egal zu welcher Zeit (Was auch stimmte, Komplimente sollten immer ehrlich sein!). Daraufhin hat sie angefangen zu weinen, weil sie privat gerade sehr viel durchgemacht hat und es das einzig Nette war, was sie seit Tagen gehört hat. Wir haben etwas geredet, sie hat sich mehrfach bedankt, und ich bin nach Hause gegangen, und uns beiden ging es danach besser.

Das war ein extremes Beispiel, und ich möchte betonen, dass es das einzige Mal war, dass jemand nach einem Kompliment, das ich gemacht habe, geweint hat. Aber es zeigt mir immer wieder, dass wir niemals in die Köpfe der Leute hinein sehen können, dass ein nettes Wort viel Wert hat und dass wir das Positive in jeder Situation oft auch einfach im Hervorrufen von positiven Emotionen bei anderen finden können.

Wie viele Momente haben wir wohl alle schon verloren, die wirklich hätten schön sein können, es aber nicht waren, weil wir uns dazu entschieden haben, traurig oder wütend zu sein? Die Kontrolle über unsere eigenen Emotionen ist ein Teil dessen, was uns von den Tieren unterscheidet. Aber wenn wir uns die Richtlinien unserer Gesellschaft dazu genauer ansehen, werden immer nur die Emotionen beziehungsweise Triebe als Beispiele hervorgezogen, die anderen körperlich schaden. Die Extrembeispiele.

Wie viele Momente haben wir wohl alle schon verloren, die wirklich hätten schön sein können, es aber nicht waren, weil wir uns dazu entschieden haben, traurig oder wütend zu sein?

Triebtäter, die gegenüber anderen Gewalt auslösen, werden mittels Strafverfolgung gemaßregelt, und schon von klein auf wird uns gesagt, dass wir unsere Triebe hinsichtlich Wut, Gewalt und Sexualität kontrollieren müssen, um unsere Mitmenschen

zu schützen und das ist auch absolut richtig! **Die Frage, die sich mir hierbei nur stellt, ist, warum wir bei den Extrembeispielen aufhören.** Jedem ist klar, dass man seine Wut nicht an seinen Mitmenschen in Form von Beleidigungen oder Gewalt auslassen sollte, dennoch tun es viele, nur auf einer subtileren Ebene. Sei es in Form eines genervten Untertons oder Unhöflichkeiten oder einem fehlenden Lächeln. All diese Kleinigkeiten, vor allem in Bezug auf Menschen, mit denen wir uns täglich umgeben, bleiben nicht nur in der Erinnerung anderer an uns haften, sondern haben auch einen direkten Einfluss darauf, wie andere Menschen sich selbst betrachten.
Die Art und Weise, wie wir andere behandeln, ist ein Spiegel dafür, wie wir eine Person sehen. Und die Häufigkeit, mit der wir uns schlecht behandeln lassen, ist ein Spiegel dafür, wie wir uns selbst sehen. Unterbewusst wissen wir das.

Das heißt, jede kleine negative Mikrohandlung setzt sich in dem Bild fest, das die Person über sich selbst hat. Sie füttert ihre Unsicherheiten und Ängste. Und auch wenn sich in einem Jahr keine Person mehr daran erinnern wird, was du ihr heute sagst, werden sie sich immer daran erinnern, wie sie sich in deiner Nähe gefühlt haben. **Wenn wir als Mensch, als absolut einziges Lebewesen dieser Erde, ein Bewusstsein für unsere Gefühle haben, ist es dann nicht sogar unsere Pflicht, täglich daran zu arbeiten, keine negativen Emotionen auf andere zu übertragen – beziehungsweise Kontrolle darüber zu gewinnen, sie überhaupt zuzulassen?**

Und wenn sie uns dann doch einholen, zumindest versuchen, sie in etwas Positives umzuwandeln, anstatt sie als Rechtfertigung für schlechtes Verhalten zu nutzen. Mal angenommen, du würdest heute sterben und stündest vor Gott und er würde dir erlauben, für ein letztes Jahr auf die Erde zurückzukehren, um für ein weiteres Jahr dein Leben, so wie es jetzt ist, weiter zu leben – wie würde sich der Bezug zu deinen eigenen Emotionen ändern? Wie würde sich dein Verhalten in Bezug auf andere ändern? Würdest du das letzte Jahr wie eine Abrissbirne leben, völlig ungeachtet dessen, was du andere Menschen fühlen lässt oder würdest du Nächstenliebe aus allen Poren fließen lassen? Wie oft würdest du deine Kinder umarmen, deine Eltern besuchen, deinen Freunden sagen, wie sehr du sie schätzt?

Negatives Verhalten wird nicht nur beeinflusst durch negative Emotionen, sondern auch durch die Annahme, dass wir noch eine Ewigkeit vor uns haben, es wieder gut zu machen.

Vermutlich der größte Irrtum.

•

WAS WAR DER SCHÖNSTE MOMENT IN DEINEM LEBEN? EIN MOMENT, DEN DU IMMER IN DEINEM HERZEN TRAGEN WIRST.

Die Chancen sind hoch, dass dieser Moment nichts mit Karriere oder dem eigenen Erfolg zu tun hatte. Wahrscheinlich war es einer deiner schönsten Momente, weil eine andere Person beteiligt war, die dir in diesem Moment sehr viel bedeutet hat.
Die Qualität unseres Lebens wird durch die Qualität unserer Beziehungen bestimmt. Und Qualität innerhalb unserer Beziehungen wird von uns selbst erschaffen. Alle Faktoren dieses Buches haben Einfluss auf unsere Persönlichkeit, unseren Selbstwert und auch auf die Beziehungen, die wir führen und eingehen.
Alle 36 Impulse beginnen bei der Beziehung zu uns selbst und haben von diesem Punkt aus eine Strahlkraft in die Lebensbereiche, in denen wir auf andere treffen.

Wenn wir die Beziehungen in unserem Leben optimieren möchten, ist es unabdingbar, dass wir unsere Mitmenschen verstehen können. Die kanadische Psychologin Teal Swan hat eine Analogie für das menschliche Verhalten innerhalb einer Beziehung:

Stelle dir vor, ein kleines Mädchen von drei Jahren bekommt einen Goldfisch geschenkt. Der Goldfisch befindet sich in einem kleinen Aquarium neben ihrem Bett und von Tag zu Tag liebt sie den Goldfisch immer mehr und mehr. Natürlich möchte das kleine Mädchen dem Goldfisch ihre Liebe mitteilen. Deshalb nimmt sie ihn aus dem Aquarium, drückt ihn und hält ihn ganz fest im Arm. Man muss kein Zoologe sein, um zu begreifen, dass der Goldfisch gerade nicht seinen besten Tag hat. Aber genau das tun wir tagtäglich in unseren Beziehungen. **Wir sind schon oft das kleine Mädchen gewesen, das Liebe zeigen wollte und die Liebe in einer Form zum Ausdruck gebracht hat, wie wir sie gerne empfangen würden.** Was im Umkehrschluss nicht heißt, dass die andere Person sie gerne auf diese Weise erhalten hätte. Ironischerweise fällt uns das bei Tieren sehr leicht.

Wir würden einem Hund nicht täglich sagen, dass wir ihn liebhaben, ohne ihn zu knuddeln, weil wir wissen, Hunde brauchen Körperkontakt. Sie wollen gedrückt und gekrault werden. Wir wissen auch, dass wir einem Fisch keinen Gefallen tun würden, wenn wir ihm auf dieselbe Art und Weise Liebe zeigen, wie bei unseren Hunden. Bei Katzen ist es etwas schwieriger, im Grunde aber auch egal, denn sie finden immer einen Weg, um undankbar zu sein.

Wir können das bei Tieren einschätzen, weil uns irgendwann mal in unserem Leben jemand erzählt hat, dass es so ist. Oder wir konnten beobachten, wie es jemand getan hat. **Bei Menschen war das nur bedingt der Fall. Wir haben, falls wir eine gute Erziehung genießen durften, irgendwo erfahren, was man nicht tun sollte, um keinen Menschen zu verletzen, aber nie hat uns jemand erklärt, was man tun kann, um Liebe zu zeigen.** Der gelehrte Weg, andere nicht zu verletzen, führt nicht selten ausgerechnet über die Selbstverletzung. Ironie pur, dass wir uns selbst vernachlässigen, um zu gefallen.

Erschwerend kommt noch hinzu, dass Liebe zu zeigen bei jedem individuell ist. Mittlerweile gibt es zahlreiche Psychologen, die die These aufgestellt haben, dass wir Liebe in der Form suchen, die uns in unserer Kindheit vorenthalten wurde. Vorausgesetzt, jeder unserer Mitmenschen hatte nicht ein- und dieselbe Kindheit, bedeutet das, dass jeder Liebe in einer anderen Form braucht. Einige Gemeinsamkeiten lassen sich aber dennoch finden.
Unabhängig davon, wie unser Leben bisher ausgesehen hat, sehnen wir uns alle nach einer Aufgabe und Wertschätzung für die Erfüllung

dieser Aufgabe. Und mit Aufgabe ist nicht gemeint, abends den Müll rauszubringen, sondern viel mehr ein Mehrwert für andere zu sein – durch das was wir tun und wer wir sind.
Wir streben danach, jeden Tag mit dem Gedanken ins Bett zu gehen, dass es im Leben anderer Menschen einen Unterschied macht, ob wir am nächsten Morgen aufwachen oder nicht. Und das Maß an Wertschätzung, das wir dafür erhalten, hat Einfluss auf die Erfüllung, die wir empfinden.

Wenn man sich Interviews von Menschen, die Selbstmord begehen wollten, aber überlebt haben, ansieht, fällt eines besonders auf: Jedes Mal, wenn die Frage aufkam, ob sie sich Gedanken darüber gemacht haben, wie es ihren Angehörigen damit ergeht, antworteten sie, dass sie davon ausgegangen sind, dass es sie nicht weiter belasten wird oder noch schlimmer, dass sie ihnen damit einen Gefallen tun würden. Oder sie hatten keine Angehörigen.
Das Wissen, dass und jemand anderes in seinem Leben braucht, hat also massiven Einfluss auf unser eigenes Wohlbefinden.

Das Fatale an der ganzen Sache ist, dass Wertschätzung ein sehr seltenes Gut ist, was oft in Vergessenheit gerät. Und weil wir so vieles für selbstverständlich annehmen, vergessen wir häufig, dass nichts selbstverständlich ist. Nur weil wir täglich ein Geschenk erhalten, ist es kein Grund, irgendwann aufzuhören, dafür dankbar zu sein – hin und wieder Dankbarkeit auch mal zu zeigen, verändert alles. Ganze Beziehungen zerbrechen daran, dass sich Menschen nicht genug wertgeschätzt fühlen.

Ganze Beziehungen zerbrechen daran, dass sich Menschen nicht genug wertgeschätzt fühlen.

Wenn es einen Indikator dafür gibt, woran die meisten Beziehungen zerbrechen – die meisten Freundschaften und die meisten Herzen – dann ist es mangelnde Wertschätzung. Unsere Seelen ächzen verzweifelt danach, weil wir selbst so häufig vergessen, sie anderen zu zeigen.

Wenn du selbst mal einen sehr schlechten Tag hattest, ziehe durch die Gegend und verteile Wertschätzung. Wenn die Frau an der Kasse fragt, ob du eine Payback Karte hast, sage „Ja“ und bedanke dich dafür, dass sie dich daran erinnert hat.
Wenn du bedient wurdest, betone einmal, wie schön es ist, wenn man so freundlich bedient wird, und du es zu schätzen weißt.
Wenn du siehst, dass sich jemand viel Mühe mit seinem Outfit gegeben hat, komplimentiere dies und gehe dann fröhlich deiner Wege.

Es wird dich verblüffen, wie die Augen deiner Mitmenschen leuchten und vor Wertschätzung strahlen. Denn sie ist so selten geworden. Zu sehen, mit wie wenig Aufwand man einem anderen Menschen ein Lächeln schenken kann, gibt sehr viel Freude zurück. Und egal, wie schlecht die Laune vorher war, unsere Spiegelneuronen im Gehirn werden es uns nicht ermöglichen, weiter schlecht gelaunt zu sein. **Die effektivste Heilung unseres Selbst entsteht durch das Heilen anderer.** Nicht nur deine Stimmung wird konstant besser werden, Menschen werden sich gerne mit dir umgeben, sie werden dich freundlicher behandeln, die Freundlichkeit der anderen wird sich wiederum auf deine Freundlichkeit auswirken, und du schaffst dir ein Energiefeld voller Freude und positiver Energie.

Wichtig hierbei ist, aufrichtig zu bleiben. Wenn es falsche Komplimente sind, durchschauen es andere Menschen. **Drücke Bewunderung für Dinge aus, die zu bewundern sind. Zeige Dankbarkeit für ein Verhalten, was du dir in anderen und dir selbst wünscht.**

Und gib Menschen das Gefühl wichtig und wertgeschätzt zu sein. In einer Welt, in der jeder auf sich selbst guckt, kannst du mit Wertschätzung das Leben von anderen Menschen unfassbar bereichern. Kaum ein Gefühl ist so schlimm, wie das Gefühl, nicht gewertschätzt zu werden, denn das führt häufig zu der Schlussfolgerung „nicht gut genug zu sein“.

Dabei ist jeder genug, wenn er es schafft, sich selbst zu lieben. Wir sind nicht da, um anderen zu genügen, sondern um selbst unser ganzes Universum zu sein, das wertschätzt, liebt und in Demut lebt.

•

16. ROLLENBILDER

TROTZ EINIGER GESELLSCHAFTLICHER VERÄNDERUNGEN IN DEN LETZTEN JAHRZEHNTEN WÜRDE ICH BEHAUPTEN, DASS SICH UNSER WUNSCH NACH ERFÜLLUNG IN EINEM ASPEKT UNTERSCHEIDET: UND ZWAR IM GESCHLECHT.

Männer brauchen eine Aufgabe auf existenzieller Ebene und Frauen auf zwischenmenschlicher Ebene. Männer möchten gebraucht und respektiert werden. Frauen möchten sich kümmern und geliebt werden.

Dieser Wunsch hat nichts mit alten oder modernen Rollenbildern zu tun, es ist das, was uns antreibt, was aber sehr häufig verloren geht oder von der Gesellschaft als falsch deklariert wird.

Männer schützen Existenzen, Frauen schützen Herzen. Und beide geben anderen dadurch einen unersetzlichen Mehrwert und ein hohes Maß an Sicherheit. Das eine ist nicht mehr wert als das andere. Das eine kann nur durch das andere existieren. Diese intrinsische Intuition ist ein Geschenk, das uns in die Wiege gelegt wird. Leider beraubt uns auch hierbei wieder einmal die Gesellschaft unserer größten Vorteile, denn wir entfernen uns immer mehr von unserer inneren Stimme. Die aktuelle soziale Schule erzieht Frauen in die absolute Unabhängigkeit, und sie glauben, es sei eine Charakterschwäche, einen Mann um Hilfe zu fragen.

Männer schützen Existenzen, Frauen schützen Herzen.

Der neu ausgeprägte Glaubenssatz:

>> Ich kann alles alleine und brauche dich nicht, aber ich will dich trotzdem. Und deshalb ist es mehr wert, als wäre ich auf dich angewiesen. <<

Aus Sicht der emanzipierten Frau macht das Sinn. Aus Sicht des Mannes macht es depressiv, denn er möchte gebraucht werden. Dafür haben Frauen einen natürlichen Instinkt, sich um ihre Lieben sorgen zu wollen und auf diese Art gebraucht zu werden.
Wenn es einem Mann nicht gut geht und er mit einer schweren Erkältung im Bett liegt (also jeder Erkältung), würde er eher eine Frau anrufen, die ihn umsorgt, als einen guten Freund. Die Fürsorge einer Frau gibt eine seelische Sicherheit, die von unschätzbarem Wert ist. Auf der anderen Seite, wenn man als Frau allein zu Hause ist und man sich durch etwas bedroht fühlt, ist die Wahrscheinlichkeit größer, einen Mann anzurufen als die beste Freundin.

Leider hat sich die Gesellschaft dahin entwickelt, einer Frau einzureden, sich dafür zu schämen, Schutz bei einem Mann zu suchen, sodass es mittlerweile Frauen gibt, die sich persönlich angegriffen fühlen, wenn man ihnen die Tür aufhält, weil sie im Stande sind, es selbst auch tun zu können. Ich frage mich, wie es dazu kam, dass die Stärke einer Frau danach bemessen wird, ob sie einen Mann besiegen könnte oder nicht.

Welcher Messlatte steht nun der Mann gegenüber, wenn Frauen in derselben Mannschaft sind? Eigentlich nur besser zu spielen, um weiterhin der „Stärkere“ zu bleiben. Aber wie soll das möglich sein?

Wenn man einen Mann und eine Frau in einen Boxring stecken würde und der Mann würde bei einer Frau genauso hart zu schlagen wie bei einem anderen Mann, hätte er zwar den Kampf gewonnen, aber zu welchem Preis? Also entweder gewinnt er und wird zu einem Frauenschläger oder er schlägt nicht zu oder weniger fest und verliert. Und hat dann noch den Stempel des zu weichen Mannes auf. Welche Art von Männern formt man denn damit? Die, die sich mit Gewalt über der Frau positionieren müssen oder die, die sich der Frau unterordnen. Und ohne Weiteres haben wir einen Kampf der Geschlechter – ohne Gewinner.

Das Interessante hierbei ist, dass sich Frauen trotzdem, öffentlich oder nicht, für den gewalttätigeren Mann entscheiden würden als für einen Mann, der sich unterordnet. Tagsüber die Feministin, die sich die Tür nicht aufhalten lässt und abends „Fifty Shades of Grey“ auf Netflix. **Es spielt keine Rolle, was in den kommerziellen Medien proklamiert wird, die Fiktion und die Fantasien sind das, was offenbart, was wirklich in den Köpfen der Menschen vor sich geht.** Und wenn die Hälfte aller Frauen öffentlich protestiert, „365 Days“, ein Film darüber, dass eine Frau von ihrem Verehrer entführt und festgehalten wird, damit sie sich in ihn verliebt, war einer der erfolgreichsten Netflix-Produktionen seiner Zeit.

Wenn eines dabei ganz deutlich ist, dann, dass eine Frau davon träumt, Kontrolle abgeben zu können. Leider ist nicht jeder Mann ein Multimillionär mit Riesenanwesen und eigener Fluglinie. Ist aber auch nicht notwendig, denn er steht sinnbildlich und in etwas übertriebener Darstellung für einen Mann, der einen geordneten Rahmen hat, in dem eine Frau sicher leben kann. Er ist selbstdiszipliniert, hat sein Leben im Griff und ist in der Lage, für seine Mitmenschen zu sorgen.

Und auch wenn Film und Fernsehen nicht den Eindruck machen, ist gar nicht so viel notwendig, um diese Art Mann zu sein. Es ist beinahe absurd, sich anzuhören, worüber sich Frauen in Beziehungen beklagen. Drei verschiedene Frauen haben mir, ohne, dass sie einander kannten, erzählt, dass sie ihren Partner regelmäßig daran erinnern müssen, sich die Zähne zu putzen. Andere erzählen, dass sie ihren Freund anflehen müssen, dass er auch mal anfängt, sich daran zu beteiligen, den Haushalt sauber zu halten oder zumindest seine eigenen Sachen wegzuräumen, woran er kein Interesse hat, weil es ihn persönlich nicht stört, wenn es dreckig ist.

Eine Frau, die innerhalb einer Beziehung die Rolle einer Mutter annehmen muss, fängt nicht an, ihren Partner als Mann zu betrachten, nur weil man irgendwann zusammen im Schlafzimmer ist.

Oder um es deutlicher zu sagen: Keine Frau fühlt sich zu ihrem Kind sexuell hingezogen.

Unsere Instinkte sind zeitlos, aber die Tätigkeiten mussten sich an den modernen Alltag anpassen. Die Arbeitsverteilung, dass der Mann das Geld nach Hause bringt und die Frau sich um Haus und Kinder kümmert, funktioniert nicht mehr in einer Zeit, wo es notwendig ist, dass beide arbeiten gehen. Das heißt „maskulin zu sein“ bedeutet mittlerweile auch Ordnung halten zu können, um einen Rahmen zu schaffen, in dem man leben möchte.

Ich glaube, kein Mann hat eine Vorstellung davon, wie sexy es ist, wenn er von sich aus die Spülmaschine ausräumt oder mal den Staubsauger in die Hand nimmt, anstatt sich nach dem Essen direkt vor die Playstation zu setzen.

Wenn du ein Mann bist, der abends mal wieder eine „romantische Zeit“ mit seiner Frau verbringen möchte, bringe die Wohnung auf Vordermann, die Kinder ins Bett, mach den Einkauf – was auch immer ansteht – und wenn deine Frau von der Arbeit kommt, sagst du Folgendes:

>> Schatz, die Kinder sind bei Verwandten. Die Wohnung ist geputzt. Ich habe uns Essen gemacht, heute kannst du den Kopf ausschalten, ich habe alles im Griff. <<

Und glaube mir, sobald du die Freudentränen deiner Frau weggewischt hast, wird sie automatisch zuerst den Nachtisch wollen. **Auch wenn es nach dem Gegenteil aussieht, war es noch nie so einfach, maskulin zu sein wie in der heutigen Zeit.**

Eine berufliche Perspektive, Initiative bei den Dingen, die erledigt werden müssen, und ein wenig mehr Selbstdisziplin. Denn aus Selbstdisziplin entsteht Selbstwert, und aus Selbstwert entsteht Selbstbewusstsein. Selbstbewusstsein beflügelt mich darin, weitere Herausforderungen anzugehen und zu meistern. Herausforderungen zu meistern, bildet meine Fähigkeit, Probleme zu lösen, und meine Fähigkeit, Probleme zu lösen, steigert den Mehrwert als Mann für mein Umfeld.

Ein Mann ist maskulin, wenn er seine Frau nicht zur Mutter werden lässt. Maskulin sein bedeutet, seiner Frau zu ermöglichen, ihren Kopf ausschalten zu können. Und maskuline Männer formen feminine Frauen.

Auch wenn der Ball zur Wiedervereinigung der Geschlechter auf der Seite der Männer liegt, geht es leider nicht anders. Eine feminine Frau würde durchaus dafür sorgen, dass ein Mann maskuliner wird, aber eine Frau, die ihr Leben mehr im Griff hat, als ihr Partner, dazu zu bewegen, Verantwortung abzugeben, ist fast unmöglich, denn es würde ein großes Gefühl der Unsicherheit auslösen. Eine Frau, die lange auf sich allein gestellt war, würde sich damit von jemandem „abhängig machen". Denn Unabhängigkeit ist keine Entscheidung, sondern das Ergebnis davon, zu oft auf Hilfe gehofft zu haben, ohne das welche kam.

In frühen Jahren lag es vielleicht am Elternhaus, aber mittlerweile liegt der Grund dafür auch darin, dass wir nicht mehr nach Hilfe fragen, weil Unabhängigkeit von der Gesellschaft als Tugend deklariert wurde. An sich spricht auch nichts dagegen, alleine zurechtzukommen. In den meisten Fällen ist es für einen bestimmten Zeitraum auch notwendig, aber es sollte niemals eine Dauerlösung sein, und auch wenn es Mut erfordert, ist es ein schönes Gefühl ein Problem an jemanden abzugeben, der es genauso gut oder sogar besser lösen kann, vorausgesetzt, man traut es dieser Person zu.

Unabhängigkeit ist eine Fähigkeit, die bewahrt, aber nicht verteidigt werden sollte. Wenn man einmal unabhängig war, wird man immer in der Lage sein, wieder unabhängig sein zu können.
Wenn du – als Frau – auf jemanden triffst, der dir die Sicherheit gibt, auf deine Unabhängigkeit zu verzichten, und wenn es nur vorüberge-

hend ist, dann genieße dieses Abgeben der Kontrolle. Es ist eines der wunderbaren Privilegien, die das Frau-Sein bietet und dir ermöglicht, deine Energie in die Herzen deiner Mitmenschen zu investieren, weil du einen Teil deiner existenziellen Sorgen abgeben kannst. Und das hat nichts damit zu tun, Schwäche zu zeigen. Im Gegenteil. Kontrolle abzugeben ist mutig und macht eine Frau verwundbar.

Eine Frau macht sich verwundbar, wenn sie ein Stück ihrer Unabhängigkeit abgibt, und ein Mann, wenn er eine Frau in sein Herz lässt.

Und Verwundbarkeit wird beidseitig oft als Schwäche ausgelegt. Männer kümmern sich um Existenzen, Frauen um Herzen. Eine Frau macht sich verwundbar, wenn sie ein Stück ihrer Unabhängigkeit abgibt, und ein Mann, wenn er eine Frau in sein Herz lässt. Und unsere Angst vor dieser Verwundbarkeit hat einen großen Einfluss auf unsere Erfüllung in Beziehungen.

Ein Mann, der viele Frauen hat, ist zu bewundern, weil es schwierig ist, als Mann viele Frauen für sich zu gewinnen.
Mag sein, aber ist es mutig? Oder zeigt es Stärke? Bildet es den Charakter, von Frau zu Frau zu wandern, ohne eine Bindung einzugehen? Oder bildet sich der Charakter dadurch, Verwundbarkeit zu zeigen und zu lernen, sich zu heilen, wenn man verletzt wird?
Eine Frau, die von Mann zu Mann geht, wird eher weniger bewundert, denn es ist einfach für eine Frau. Es ist wesentlich schwerer, einen Mann zu bewegen, ihr sein Herz zu öffnen.

Im Sinnbild dessen ist das Leben ein Schlachtfeld. Ein Mann hat von Natur aus die Gabe, gut mit Schwert und Schild umgehen zu können. Eine Frau hat von Natur aus die Gabe, zu heilen. Eine Frau, die durch ihr Schlachtfeld läuft, mit Schwert und Schild in der Hand, wird nie die Möglichkeit haben, Erfüllung in ihren Stärken zu finden. Und ein Mann, der allein seinen Weg geht, wird viel verbrannte Erde hinterlassen und vermutlich nicht weit kommen, denn er hat nie die Möglichkeit, seine Wunden heilen zu können.

Hierbei geht es nicht um Rollenverteilungen oder Hierarchien. Oder was wichtiger ist, auch nicht darum, dass es keine Frau gibt, die mit einem Schwert nicht genauso gut umgehen kann, wie ein Mann. Vielmehr geht es darum, seine Stärken richtig zu nutzen und gemeinsam in den Krieg zu ziehen, um möglichst weit voranzukommen.
Denn selbst, wenn eine Frau sehr gut mit dem Schwert ist, hat sie keine Möglichkeit zu heilen, wenn sie es nicht von Zeit zu Zeit aus der Hand geben kann.

•

17. WERTSCHÄTZUNG

WERTSCHÄTZUNG GEGENÜBER FREMDEN ODER MITMENSCHEN IN VERBALEN ÄUSSERUNGEN ZU ZEIGEN, KANN EINEN GROSSEN UNTERSCHIED IM LEBEN DES ANDEREN AUSMACHEN, KOSTET MICH IM WESENTLICHEN ABER KEINE MÜHE.

Die einfachste Form der Wertschätzung ist, den Menschen, denen wir begegnen, wohlgestimmt und freundlich gegenüberzutreten. Ein freundliches >> Dankeschön, ich wünsche Ihnen einen schönen Tag. <<, zu der Person, die mich beim Bäcker bedient, meine Mitmenschen nett zu begrüßen oder einfach ein simples Lächeln.
Die Tatsache, selbst einen schlechten Tag zu haben, sollte niemals als Ausrede dafür gelten, seine eigene Laune an anderen auszulassen. **Dies zu tun, sagt alles über den eigenen Charakter aus, jedoch nichts über den Tag, den man hatte.**

Aber nicht nur Fremden gegenüber ist Wertschätzung wichtig, sondern auch den Menschen, die bereits Teil unseres Lebens sind. Und das nicht nur mit Worten, sondern vor allem auch mit Taten. Auch genannt „sich Mühe geben."

Wenn „sich Mühe geben" ein Topf voller Energie ist, verteilen wir diese nur zu oft an den falschen Stellen. Instinktiv geben wir uns dann Mühe, wenn wir einen Menschen treffen, den wir überzeugen wollen, ein fester Bestandteil unseres Lebens zu werden. Und wir hören auf, uns Mühe zu geben, wenn wir wissen, dass diese Person in unserem Leben bleiben wird. Dabei sind es eigentlich die Personen, die in unserem Leben bleiben, komme was wolle, die die meiste Wertschätzung verdient hätten.

Dieses Paradoxon zeichnet sich allerdings nicht nur in unserem Privatleben ab, sondern in jedem Bereich. Mal angenommen, du bist ein Arbeitgeber und hast zwei Angestellte, auf deren Arbeit du verstärkt angewiesen bist. Der eine ist sehr loyal, und der andere geht immer mit dem Meistbietenden. Wem von beiden schenkst du automatisch, ohne darüber nachzudenken, mehr Aufmerksamkeit? Wem schenkst du mehr Beachtung? Bei wem gibst du dir mehr Mühe? Wer von beiden hätte sie aber eigentlich verdient?

Sehr oft investieren wir unsere Energie in alles, aber nicht in die, die in uns investieren. Wenn wir uns das bewusst machen und anfangen, nicht nur die zu wertschätzen, die wir haben wollen, sondern auch die, die geblieben sind, hat das großen Einfluss auf die Beziehungen, die wir bereits führen. Nicht, dass es etwas auszusetzen gibt daran, dass man sich Mühe gibt, jemand anderen für sich zu gewinnen – das ist ein absolut normaler und altbewährter Prozess, um eine Bindung aufzubauen. Nur darf man deshalb nicht die Bindungen vernachlässigen, die man bereits hat.

Wertschätzung in andere zu investieren, ist dann möglich, wenn man für sich selbst begriffen hat, wie wertvoll – voll an Wert – aktiv gelebte Wertschätzung ist. Alles geht von uns selbst aus. Wir selbst leben Wertschätzung vor allem dann, wenn wir ohne sie gelebt haben und es nun anders machen wollen. Das Erlebte prägt uns. Kennen wir Wertschätzung im Überfluss, haben wir noch einmal einen anderen Zugang dazu, sie aktiv zu verschenken. Wie auch immer die Ausgangslage oder die Grundprägung in unserem Leben ist, andere und sich selbst zu schätzen ist immer eine bewusste Entscheidung. Allerdings muss diese Entscheidung jeden Tag aufs Neue getroffen werden. Denn wie alles andere auch, ist es eine Fähigkeit, Wertschätzung zu verschenken, und Fertigkeiten müssen regelmäßig trainiert werden. Zu diesem Training gehört auch sich darüber bewusst zu werden, an wen man Wertschätzung verschenkt beziehungsweise in welche Menschen man investieren möchte.

Und für sein eigenes Wohlergehen auch darauf achten, seine Mühe in die Menschen zu investieren, die es auch zu schätzen wissen. Nicht jeder Mensch ist dafür geschaffen, in unserem Leben zu bleiben, und nicht jeder Mensch, den wir wollen, möchte auch uns. Und eines ist klar: **Wenn jemand meine Bemühungen nicht wertzuschätzen weiß, wird die Person das auch nicht tun, nur weil ich ihr mehr davon gebe. Bei jemandem, der nichts tut, um in unserem Leben zu bleiben, sollten wir uns nicht darum bemühen, ihn zu behalten.**

Nicht jeder Mensch ist dafür geschaffen, in unserem Leben zu bleiben, und nicht jeder Mensch, den wir wollen, möchte auch uns.

„Sich Mühe geben" ist wie ein Angebot. Ich biete dir an, Teil meines Lebens zu sein. „Sich zu viel Mühe geben" ist kein Angebot, sondern Bestechung. Es ist, sich in eine Position zu begeben, eine andere Person überreden zu müssen, Teil unseres Lebens zu werden. Es bedeutet, dass wir uns eingestehen, selbst nicht ausreichend zu sein. Als Folge benötigen wir Gesten der Gefälligkeiten oder Umwerbungen.
Im beruflichen Leben kann das nützlich sein. Wenn ich möchte, dass ein Mitarbeiter sich entscheidet für meine Firma zu arbeiten, und seine Möglichkeiten woanders genauso gut sind, nutze ich Gesten und Gefälligkeiten, um ihn davon zu überzeugen, dass er es bei mir besser hat. Ich biete ihm ein besseres Gehalt, mehr Flexibilität, einen Mietwagen usw. Im beruflichen Bereich vollkommen normal.

Im privaten Bereich, vor allem im romantischen, lässt es einen leider sehr unattraktiv wirken. Als ich jünger war und in ein Alter kam, in dem das andere Geschlecht auf einmal nicht mehr „ekelig" war, fing meine Mutter im Hinblick auf Beziehungen immer an dieses nervige Sprichwort zu benutzen: >> Willst du was gelten, mach dich selten. <<

Ich habe lange gebraucht, es zu verstehen. Es hat mich immer gestört, denn ich dachte mir, wenn ich jemanden mag, kann ich dieser Person das auch zeigen. Und trotzdem beobachtete ich ständig, wie andere

Mädchen oder Jungs, die „zu arrogant“ waren, einer anderen Person Avancen zu machen, seltsamerweise immer die waren, die die meisten Verehrer hatten.

Heute weiß ich, dass Arroganz in einem gesunden Maße auch dafür stehen kann, die absolute Selbstsicherheit zu haben, dass man selbst vollkommen ausreichend ist und es nicht nötig hat, sich Mühe zu geben, damit jemand den Wunsch hat, bei einem zu sein.

Ich behaupte nicht, dass das auf jeden arroganten Menschen zutrifft. Besonders in der heutigen Zeit, in der auf Social-Media Videos beworben werden, in denen Frauen, die 200 Kilo wiegen und keine berufliche Perspektive haben, lauthals verkünden, dass ihr zukünftiger Mann auf jeden Fall sechsstellig verdienen und 1,90m groß sein sollte.
Oder Männer, die man bitten muss, sich die Zähne zu putzen oder mal die Playstation auszumachen, davon sprechen, dass sie eine Frau verdienen, die sich unterordnet und den Haushalt macht.

Kleiner Kommentar dazu: Wenn man sich von jemand anderem wünscht, dass er den Haushalt macht, sollte man auch das Haus zur Verfügung stellen können.

Arroganz im ungesunden Maß führt auf lange Sicht oft zu einem Realitätsverlust. Aber in kleinen Mengen kann es sehr gesund sein, denn in unseren Köpfen entsteht ein Bild der Selbstsicherheit.

Arroganz im ungesunden Maß führt auf lange Sicht oft zu einem Realitätsverlust.

Welchen Personengruppen sagen wir am häufigsten Arroganz nach? Schönen Frauen und beruflich erfolgreichen Männern. Weil sie wissen, dass es egal ist, ob sie sich Mühe geben oder nicht – es gibt trotzdem genug Menschen, die bei ihnen sein wollen. Ob das nun richtig ist oder nicht, sei mal dahingestellt.

Das Streben und Buhlen lässt sich immer wieder perfekt an Marken verdeutlichen. Warum liefern sich Audi, Mercedes und BMW seit Jahren einen riesigen Wettkampf in der der Fernsehwerbung? Weil es (und jetzt empören wir mal eine andere Gruppe als die Links-Liberalen) im Grunde genommen völlig egal ist, welchen der drei Wagen ich fahre, sie unterscheiden sich nur im Image.
Hast du irgendwann mal eine Werbung von Bugatti oder Rolls-Royce gesehen? Und genau wie es Autos gibt, gibt es Menschen, die keine Werbung brauchen, weil diese Menschen ihren Wert kennen, ohne es anderen mitteilen zu müssen.

Ein Marketing-Verantwortlicher von Bugatti hat vor einer Weile mal gesagt, dass ihre Zielgruppe und Käufer keine Zeit hätten, Werbung anzusehen. Jetzt ist aber nun mal nicht jeder ein Bugatti. Was nicht verkehrt sein muss, denn ein Bugatti hat wesentlich weniger Käufer als ein Mercedes.
Aber jetzt stelle dir mal vor, Mercedes, die selbst ein fantastisches Image haben, würde anfangen, Mitarbeiter von Tür zu Tür zu schicken, um Werbung für die Marke zu machen. Und jeden zweiten Tag müsstest du einen Mercedes-Vertreter abwimmeln, um einem lästigen Verkaufsgespräch auszuweichen. Wie würde das Image der Marke dann aussehen?

Und genau das passiert mit uns, wenn wir uns zu viel Mühe geben. Ein gutes Maß an Werbung macht uns wettbewerbsfähig, aber zu viel lässt uns verzweifelt aussehen, was uns sofort unattraktiv macht. **Wir wirken abschreckend, weil wir Abhängigkeit ausstrahlen, und unsere Schwingung die Abwesenheit von etwas verkörpert, das wir uns wünschen.** Wir wollen anziehend sein und sind dabei konsequent auf das ausgerichtet, was nicht da ist. Und was gibt es als Folge? Mehr von dem, was wir nicht wollen.

Eine gesunde Einstellung ist das Wichtigste. Jemandem zu zeigen, was die Vorteile wären, Teil deines Lebens zu sein – und dann abzuwarten, ob ein Investment zurückkommt.

Werbung zu machen und gucken, ob derjenige „kauft", und nicht Werbung machen und, wenn er nicht „kauft", einen Vertreter losschicken, der dreimal die Woche Blumen vor die Tür stellt oder schnelle, anzügliche Dienstleistungen anbietet.
Hier ein kleiner Vermerk für meine verliebten Ladys: Einen Mann mit Sex dazu bringen zu wollen, sich zu binden, ist ungefähr so, als würde man jemanden mit 1.000 kostenlosen Probefahrten dazu bewegen wollen, ein Auto zu kaufen.

Wenn ich eine Beziehung eingehe, egal in welcher Form, braucht diese Beziehung Wartung und Pflege. Was würde passieren, wenn ich ein Auto, egal welcher Marke, kaufen würde und mir vornehme, nie wieder in meinem ganzen Leben mit diesem Auto in eine Werkstatt zu fahren? Blöde Frage – irgendwann geht es kaputt. Je nachdem, wie viel ich zu Beginn investiert habe, dauert es mal länger oder sogar sehr lange, aber irgendwann kommt der Tag, an dem es kaputt geht. Bis dahin hat das Auto mehrfach um Gnade gefleht, durch Servicemeldungen, Motorkontrollleuchten und nicht identifizierbare Geräusche.
Und wenn ich all das erfolgreich ignoriere, kommt der Tag, an dem es nicht mehr weiterfährt. Und genauso lächerlich wie das klingt, genauso sehen leider viele Beziehungen aus. **Viele investieren anfänglich sehr viel und vergessen dann die Pflege und Wartung.** Dabei ist es genau diese, die entscheidet, ob aus dem Auto ein zuverlässiger und hochpreisiger Oldtimer wird oder nach fünf Jahren ein Trickbetrug auf eBay Kleinanzeigen.
Und umso älter das Auto, desto aufwendiger die Pflege. Es ist bedeutend einfacher, ein Ersatzteil für einen Mercedes aus 2017 zu finden als für einen Mercedes aus 1970. Es ist einfacher, den alten Wagen zu entsorgen und sich ein neues Auto zu kaufen – deshalb gibt es so wenig gut gepflegte Oldtimer auf der Welt oder so viele Beziehungen, die in die Brüche gehen.

Menschen in Beziehungen ignorieren für 250.000 gefahrene Kilometer alle Warnsignale des Autos und entscheiden sich dann für einen

Neuwagen anstatt das Geld für die riesige Werkstattrechnung zu nutzen, die nötig ist, um den alten zu reparieren.
Wären sie hingegen regelmäßig in der Werkstatt gewesen, wäre die Rechnung niemals so groß geworden.

Wir sind alle Meister darin, große Mühen auf uns zu nehmen, um Menschen, die wir mögen, überzeugen zu wollen, Teil unseres Lebens zu sein. Unsere Beziehung brauchen dauerhaft Wertschätzung und nicht nur am Anfang. Wenn du in der Lage bist, deinen Mitmenschen das Gefühl zu geben, dass ihre Leistung, ihr Wert als Person, ihr Dasein von dir gesehen und geschätzt wird, minimierst du das Risiko, diesen Menschen jemals zu verlieren, auf das absolute Minimum.

Es ist eine Selbstaufgabe, sich jemandem trotz konsequenter Ablehnung anzubiedern. Wartung beginnt bei uns. Pflege dein inneres Korsett und deine Bedürfnisse, dann kann es auch mit der Außenwelt klappen.

MÜHE, LIEBE, GUTEN WILLEN, TROST, UNTERSTÜTZUNG ODER AUCH WERTSCHÄTZUNG KANN MAN AUF DIE VERSCHIEDENSTEN ARTEN ZUM AUSDRUCK BRINGEN.

Wir erinnern uns an das Bildnis mit dem Mädchen und dem Goldfisch. Ich kann jemand anderen mit Wertschätzung nahezu überschütten. Haben meine Bemühungen keine Form, die der andere versteht, ist es verschwendete Energie oder kann sich im schlimmsten Fall negativ auf das Wohlbefinden des anderen auswirken.

Jeder von uns ist auf seine ganz eigene Art und Weise gepolt. Die Prägungen – also die Gesamtsumme aller Eindrücke unseres Lebens – sind die Grundlage dafür, wie wir Wertschätzung zeigen. Haben wir sie nie kennengelernt und ein deutliches Mangelempfinden, kann von einem Übermaß bis zur Unfähigkeit alles dabei sein. Nicht nur, dass in solchen Fällen der andere nicht versteht, was wir wollen, wir selbst begreifen kaum, warum wir möglicherweise Ablehnung erfahren und uns in einer bestimmten Weise verhalten.

Jetzt haben wir als Mensch den einzigartigen, großen Vorteil, herausfinden zu können, was mein Gegenüber als wertschätzend empfindet – und zwar durch das Stellen von Fragen. Das mag banal klingen, ist aber häufig in Gesellschaften der größte Stolperstein.
Gerade im Hinblick auf Männer und Frauen könnten die Unterschiede nicht größer sein.

Autorin Vera Birkenbihl hatte als Leiterin des Instituts für hirngerechtes Arbeiten, dazu einst eine gute Veranschaulichung: Eine Frau sagt ihrem Mann, dass sie sich nicht geliebt fühlt. Er antwortet ihr, dass er alles,

was er tut – morgens aufzustehen, zur Arbeit fahren, die Wochenenden im Büro verbringen – FÜR SIE tut. Und sie antwortet: >> Ja, aber du sagst nie, dass du mich liebst. <<
Er interpretiert seine Handlungen als Ausdruck von Liebe. Sie fühlt sich vernachlässigt und sieht seine Bemühungen nicht. Beide haben eine eigene Vorstellung davon, wie Liebe verkörpert wird.

Ob sich meine Mitmenschen wertgeschätzt fühlen oder nicht, ist auch abhängig davon, ob sie meine Wertschätzung Ihnen gegenüber als solche verstehen oder nicht. Dies wiederum hängt von den Parametern ab, die in der Wertevorstellung und den verknüpften Ereignissen verankert sind. Nicht selten finden wir uns in einer Situation wieder, in der wir die Wertschätzung eines anderen nicht als solche wahrzunehmen vermögen.

Es ist paradox, aber Wertschätzung kann die Brücke zu einer lebenslangen Verbindung sein. Gleichzeitig kann sie ein Element der Spaltung sein, die unüberbrückbar scheint. Wer sich niemals mit ihr befasst, wird das Verhalten anderer möglicherweise nur diffus als unangenehm wahrnehmen und unterschwellig etwas bemerken, was er aktiv nicht kommunizieren kann. Ist man sich im Klaren darüber, welche Rolle Wertschätzung im eigenen Leben wirklich einnimmt, ist der Standpunkt meist unverrückbar. Eher trennt man sich von Menschen, statt weniger Wertschätzung in Kauf zu nehmen.
Wünsche ich einen Menschen, unabhängig davon, ob beruflich oder privat, dauerhaft in meinem Leben zu wissen, muss ich demnach herausfinden, was er als wertschätzend empfindet.

Und das kann ich, indem ich einfach danach frage, anstatt von meiner Erwartung auf die der anderen zu schließen. Einige Beispiele aus dem Leben:

Ich könnte meinen Angestellten fragen, was für ihn Indikatoren dafür sind, dass er gerne zur Arbeit kommt, und woran er selbst festmacht, ob er seine Arbeit gut macht.

Ich könnte meine Kinder fragen, in welchen Momenten sie wissen, dass ich sie liebe.

Ich könnte meinen Partner fragen, in welchen Momenten er sich am meisten geschätzt fühlt.

Es würde Missverständnissen vorbeugen, wenn wir einfach fragten. Umgekehrt, wenn wir uns in einer Situation nicht wertgeschätzt fühlen, haben wir auch die Möglichkeit zu fragen.

Ich kann auf meine Frau zu gehen und sie fragen, ob sie es zu schätzen weiß, was ich tue, wenn ich nicht das Gefühl habe, dass es nicht der Fall ist. Und wenn sie „Ja" sagt, kann ich fragen, wie sie mir das zeigt. Dann wird sie entweder feststellen, dass sie es lange nicht mehr gezeigt hat, oder sie wird mir erklären, wie sie es zeigt und ich könnte feststellen, dass ich es nicht wahrgenommen habe, weil ich es anders zeigen würde. Dann könnte ich ihr sagen, wie ich mir wünsche, dass sie es zeigt, und könnte mir anhören, wie sie es sich wünscht, dass ich es zeige.

Es ist so simpel, wie es sich anhört. **Egal, ob Beruf, Freundschaft, Familie oder Partnerschaft: Wir haben immer die Möglichkeit zu fragen. So lange es eine aufrichtige Frage und kein Vorwurf ist, werden wir eine Antwort erhalten. Und solange wir diese Antworten beherzigen, kann sich die Qualität unserer Beziehungen nur verbessern.**

Eine Antwort zu beherzigen setzt eine elementare Fähigkeit voraus, die sich jetzt jeder sehr groß auf die Stirn schreiben sollte: ZUHÖREN.

Worin liegt der elementare Aufgabenbereich eines Psychiaters? Richtig. Im Zuhören. Wie soll es uns möglich sein, unser Gegenüber zu verstehen, wenn wir nicht in der Lage sind, bis zum Ende zuzuhören. Entweder verarbeite ich das Gesagte oder überlege währenddessen schon, was ich als nächstes sagen könnte. Beides geht nicht.

Oder noch schlimmer: Ich denke darüber nach, wie lange die andere Person noch braucht, bis ich endlich reden kann.

Aktives Zuhören ist eine Fähigkeit, die man lernen und trainieren muss.

Möchtest du darin besser werden, die Menschen in deinem Umfeld zu verstehen und sie so zu behandeln, wie sie behandelt werden möchten, solltest du dir zukünftig jedes Mal eine gedankliche Ohrfeige verpassen, wenn du im Begriff bist, einen anderen Menschen zu unterbrechen. Aktives Zuhören ist eine Fähigkeit, die man lernen und trainieren muss. Wenn du mit der Annahme durch dein Leben gehst, du wüsstest, was der andere sagt und rechtfertigst damit, dein Gegenüber zu unterbrechen, wirst du niemals in der Lage sein, deine Mitmenschen wahrhaftig verstehen zu können.

Wie auch, wenn du dir selbst anmaßt zu wissen, was dein Gegenüber als nächstes sagen möchte. Darüber hinaus entstehen durch das wiederholte „Nicht-Zuhören" viele Probleme, die hätten vermieden werden können, wenn man zuverlässiger aufpassen würde, was die anderen von sich geben.

Trainiere diese Fähigkeit, indem du Gespräche führst, ohne zu antworten. Stelle nur Fragen, warte, bis der andere geantwortet hat, und stelle dann eine weitere Frage. Wenn du in der Lage bist, den Drang abzustellen, ein Gespräch nur zu führen, um selbst auch etwas sagen zu können, dauert es nicht lange, bis du zur intelligentesten Person im Raum geworden bist. Denn Menschen sind es nicht mehr gewohnt, so viel reden zu können.

Jeder hört sich selbst am liebsten reden. Die Freude darüber, dies endlich ungehemmt tun zu können, wird zu Unvorsichtigkeit führen und sie werden sehr viel über sich preisgeben – ohne es zu merken.
Es ist Ausdruck gesellschaftlichen Mangels, den wir flächendeckend in dieser unsäglichen Kommunikationskultur zur Schau stellen. Überall herrscht zu viel: Zu viel Information, zu viel Ablenkung, zu viel

Reiz. Erhalten wir nicht umgehend die Antwort oder die gewünschte Rückmeldung, springen wir zum nächsten Reiz, statt abzuwarten und hinzuhören, was zwischen den Zeilen transportiert wird. Auch dann, wenn nichts gesagt wird.

Nach einiger Zeit aktiven Trainings wirst du ein Wissen über dein Umfeld haben, wie kein anderer. Wissen ist die wahre Macht.
Und dieses Wissen ermöglicht es dir, Menschen besser einschätzen zu können, womit du sowohl dich als auch andere vor schlechten Entscheidungen bewahren kannst.
Aktives Zuhören ist in zwischenmenschlichen Beziehungen sowohl das Schutzschild als auch die Waffe.
Nichts geht jemals geräuschlos vonstatten. Wir haben nur verlernt, wahrzunehmen. Erst wer die Irrelevanz des Plapperns versteht, wird erkennen, wie maßgeblich Zuhören aus wahrem Interesse ist und welche Folgen es für das eigene Leben hat: **Man wird am Ende selbst gehört, weil man die Sprache seiner Mitmenschen erlernt.**

KAUM ETWAS IST LÄSTIGER ALS UNERBETENE RATSCHLÄGE. JEMAND HÖRT DIR ZWEI SÄTZE ZU UND GIBT DIR DANN EINEN TIPP, WAS DU BESSER MACHEN KÖNNTEST.

Toll, im Leben des anderen läuft gerade etwas schief und ich habe endlich einmal die Möglichkeit, wenn auch ungefragt, etwas Schlaues zu sagen.

Ein Großteil der Gespräche über „Probleme" laufen genauso ab. Und in 99,9 Prozent der Fälle ist die Person, die den Ratschlag erteilt, vollkommen unqualifiziert, einen Ratschlag zu geben.

Die Kunst, sich und andere richtig zu führen, besteht in der Selbstbeherrschung und Reflexionsvermögen, sich nicht immer als den Nabel der Welt im Leben anderer zu sehen.
Emotional intelligente Menschen widerstehen diesem Drang, sich ständig über andere zu erheben. Unser alltägliches Leben mag vordergründig von Logik und Weisheiten gelenkt sein, doch am Ende gelangen wir immer zu denselben Punkten, da die emotionale Intelligenz unser Führer ist. Die intelligenteste Form der Wahrnehmung ist in emotionaler Intelligenz begründet – eng verknüpft ist damit die Erkenntnis, andere so sein zu lassen, wie sie sind.
Wer sich seiner Gefühle bewusst ist, braucht nicht permanent von sich ablenken, um Macht zu empfinden, indem er andere ungefragt korrigiert. Nicht hinhören und nicht darauf achten, wie es dem anderen geht, ist jener Zustand, in dem es unerbetene Ratschläge hagelt.

Es sind die Menschen, die seit zehn Jahren Single oder viermal geschieden sind, die dir „Beziehungstipps" geben. Es ist der Freund, der seit 20 Jahren in derselben Firma arbeitet, der weiß, wie du dein Startup am besten hochziehen kannst. Es sind die Menschen, die in ihrem Leben 20 Jahre lang nicht einmal Sport gemacht haben, die auf einmal zu den bundesweit besten Fußballtrainern werden, sobald die Bundesliga angefangen hat.

Und niemals solltest du einen Menschen um einen Rat bitten, der in dem Bereich, zu dem du ihn etwas fragst, nicht da ist, wo du hinmöchtest.

Ja, wir lieben das Bedürfnis, endlich mal etwas Schlaues sagen zu können. Aber meistens denken wir nur, dass es etwas Schlaues sei, weil es von uns kommt. Die Menschen, die tatsächlich Experten auf einem Gebiet sind, warten darauf, dass sie gefragt werden – und erst dann geben sie einen Ratschlag, weil sie diesen aus eigener Erfahrung herleiten und begründen können. Und niemals solltest du einen Menschen um einen Rat bitten, der in dem Bereich, zu dem du ihn etwas fragst, nicht da ist, wo du hinmöchtest.

Meine Oma, die 50 Jahre verheiratet ist und ihr Leben lang liebende Mutter und Hausfrau war, werde ich zu jedem Beziehungsthema konsultieren, aber ich frage sie nicht nach einem Investment-Tipp.
Einen dreimal geschiedenen, millionenschweren Businessmann bitte ich um Business-Ratschläge, nicht aber um seinen Rat zu Beziehungen.

Und wenn jemand auf dich zukommt, der nicht da ist, wo du hinmöchtest und dir einen „Ratschlag" gibt, hör nicht hin!
Und wenn dieser Ratschlag eine Kritik ist, dann hör erst recht nicht hin. Nimm Kritik grundsätzlich nur von jemandem an, den du auch um Rat fragen möchtest und würdest! Ist an einer geäußerten Kritik etwas dran, was zutreffen könnte, dann hole dir eine zweite Meinung ein, von jemandem, der bereits da ist, wo du hin möchtest. Sollte die Kritik tatsächlich stimmen, kannst du dir für deine ideale Entwicklung direkt einen Verbesserungsvorschlag mitnehmen, denn die Person hat es selbst erlebt und erfolgreich gelöst, denn sie ist in dem Bereich, die Version, die du sein möchtest.

Und zögere nicht, die Menschen darauf hinzuweisen, welchen Unsinn sie mit unerbetener Kritik begehen. Mittlerweile, wenn jemand mit den Worten: „Darf ich dir einen Tipp geben?“ auf mich zukommt, sage ich „nein“. Es war noch nie einer darunter, der mir in irgendeiner Hinsicht ein Vorbild war. Denn die Menschen, die meine Vorbilder sind, musste ich aktiv nach ihrem Feedback fragen. Ein Experte weiß, dass man jemandem nur etwas beibringen kann, der von sich aus bereit ist, etwas lernen zu wollen.

Und glaube mir, deine Vorbilder werden mehr als bereit sein, dir zu helfen, denn du konsultierst sie in einem Bereich, mit dem sie sich zum einen sehr lange beschäftigt haben und darüber hinaus dann auch noch die Möglichkeit haben, auf einem Podest jemand anderem davon zu erzählen, der dann auch noch interessiert ist. Was könnte für das eigene Ego schmeichelhafter sein?

Für die Selbstkontrolle ist es ein guter Indikator, sich einmal zu beobachten und zu gucken, wo man ungefragt Tipps verteilt. Eine logische Konsequenz aus dieser Form der Reflexion ist es, diese unliebsame Art danach auch einzustellen.
Denn selbst, wenn du mit deinem Tipp richtig liegst und es eigentlich genau das ist, was der andere braucht, wirst du deinem Gegenüber damit nicht weiterhelfen – im Gegenteil, es fehlt dabei die Glaubwürdigkeit.

Es gibt viele Erfahrungen im Leben, die wir selbst machen müssen. Es hilft nichts, wenn Wissen von außen an uns herangetragen wird. Die Wirkung verpufft augenblicklich, weil der zündende Moment in uns fehlt. Leeres Wissen in Form von Mahnungen oder Vorträgen kennt jeder. Nahezu jeder hat zudem schon erlebt, wie ergebnislos die Bemühungen anderer bleiben, wenn die Impulse zu diesem Wissen nicht aus uns entspringen. Der zündende Funke kann nicht erzwungen werden.

Stell dir vor, du erzählst jemandem, dass es dein Ziel, ist abzunehmen, und er gibt dir den großartigen Tipp, dass du am besten auf Zucker verzichten solltest. Jetzt wiegt er aber leider 180 kg. Natürlich hat er recht. Jeder weiß, dass man mehr abnimmt, wenn man keinen Zucker isst. Dafür muss man kein Ernährungsexperte sein, aber auf der anderen Seite wissen wir auch, dass diese Person der letzte Mensch ist, der etwas zum Thema gesunder Ernährung sagen sollte.

Was passiert jetzt mit dem Tipp? Unser Unterbewusstsein schiebt ihn in eine „Wie auch immer"-Schublade. Automatisch blenden wir das Thema „Zucker" erst einmal aus. Nicht weil der Tipp schlecht war, sondern weil die Person, von der er kam, so unterqualifiziert ist, dass es unsere Entscheidung hinsichtlich der Umsetzung negativ beeinflusst und wir den Verzicht auf Zucker mit einer Person assoziieren, die 180 kg wiegt. Du tust deinem Umfeld also keinen Gefallen damit, ungefragt Dinge zu kommentieren. Belehre dich erst einmal selbst in den richtigen Augenblicken und werde zu der Person, zu der du selbst aufblickst und als Folge dessen dann andere, die dich um Ratschläge bitten. Gerade in Bezug auf Kritik hat es immer einen gegenteiligen Effekt, wenn Menschen den ungebetenen Oberlehrer geben, die unglaubwürdig erscheinen, denn es löst eine Trotzreaktion aus. Diese Trotz-Menschen haben wir ein Leben lang um uns herum. Einer meiner ersten Trotz-Menschen war meine Mutter, die mir mit einer Zigarette im Mund erörtert hat, warum Rauchen ungesund ist. Einer meiner späteren Trotz-Menschen war ein Geschäftspartner, der mir Vorträge darüber gehalten hat, dass ich zu aufbrausend sei und selbst bei jeder Kleinigkeit an die Decke ging und die emotionale Gelassenheit eines Chihuahuas mitbrachte. Er hatte recht damit, dass ich aufbrausend bin, aber meine Reaktion war mit Sicherheit keine Einsicht, sondern ein sehr gediegenes

Fange doch bitte bei dir selbst an.

Meine Einsicht kam, als ich einen sehr gelassenen Menschen kennengelernt und ihn um eine Hilfestellung gebeten habe.

Daher kann ich nur jedem Trotz-Menschen mit auf den Weg geben, dass andere Menschen keine Projektionsbausteine für Verbesserungen sind, für die man selbst zu bequem ist. **Und auch wenn dich jemand zu einem Thema befragt und du den aufrichtigen Wunsch hast, dieser Person zu helfen, verweise auf jemanden, den du für qualifiziert hältst.** Wenn du die Single-Freundin bist, die alle nach Beziehungstipps fragen, verweise lieber auf jemanden, der tatsächlich schon lange in einer Beziehung ist. Damit hilfst du viel mehr, als wenn du die Möglichkeit ausnutzt etwas Schlaues zu sagen, um dich für einen kurzen Moment erhaben zu fühlen. **Wir sind dann erhaben, wenn es uns egal ist und wir das Bestreben nicht mehr in uns haben.**

•

20. ZWISCHEN DEN ZEILEN

MENSCHEN VERRATEN DIR ALLES, WAS DU ÜBER SIE WISSEN MUSST, ES IST NUR OFTMALS NICHT DAS, WAS SIE DIR SAGEN.

Es gibt einen Satz, der dir, wenn du ihn beherzigst, in jedem Gespräch, das du jemals mit jemandem führen wirst, alles über die Person verraten wird, egal, ob sie das selbst weiß oder nicht:

Unsicherheiten sind laut. Selbstbewusstsein ist immer leise.

Wir – als Menschen – haben alle ein Bild im Kopf, das zeigt, wie wir gerne wären. Wir erinnern uns an den kleinen Engel, der auf unserer Schulter sitzt. Und dieses Bild möchten wir nach außen transportieren, um es in die Köpfe unserer Mitmenschen zu übertragen. Wenn wir diesem Ideal allerdings nicht entsprechen, können wir es unserem Gegenüber nicht durch Taten zeigen, und dann reden wir darüber. Wenn du dich mit jemandem unterhältst und er sagt etwas wie: >>Ich bin ein Typ, ich bin immer ehrlich und direkt.<<
Warum ist dieser Mensch mit hinreichender Wahrscheinlichkeit niemand, der immer ehrlich ist? Weil jemand, der immer ehrlich ist, einfach ehrlich ist. Er kündigt es nicht an oder muss anderen davon erzählen, weil er sich sicher sein kann, dass andere Menschen es entweder schon wissen oder es dann erfahren, wenn er ehrlich ist. Es bedarf keiner Mitteilung.

Wenn ich dir in einem entspannten Gespräch x-fach betone, wie harmonisch mein Leben ist, wirst du das zumindest unbewusst nach kurzer Zeit hinterfragen. Die Vehemenz und Frequenz killt dabei die Glaubwürdigkeit der Aussagen.

Ein Mensch, der erfolgreich ist, hat es nicht nötig, anderen zu erzählen, wie erfolgreich er ist (es sei denn, er ist Motivationscoach und muss seine Seminare voll bekommen). Wenn uns also jemand davon erzählt, wie erfolgreich sein letztes Quartal, Jahr, Karriere etc. war, wissen wir was genau? Dass es alles war, aber nicht erfolgreich. Erfolg zeigt sich von alleine, und wenn er nicht da ist, muss ich über ihn sprechen.

Wenn du diesen Satz verinnerlichst, wirst du die Menschen, denen du begegnest, wesentlich besser einschätzen können.Denn dann bist du an einem Punkt, wo du Menschen nach ihren Taten beurteilst. Worte lügen, Taten können das nicht.

Es wird kaum eine Situation geben, in der es jemand für notwendig hält, dir die offensichtliche Realität zu erklären. Warum auch? Sie spricht für sich. Alles, was für sich selbst sprechen kann, muss nicht ausgesprochen werden und ist damit Teil der Realität.

Alles, was für sich selbst sprechen kann, muss nicht ausgesprochen werden und ist damit Teil der Realität.

Warum sollte ich jemandem erzählen, dass der Himmel blau ist, wenn derjenige auch einfach nach oben gucken kann? Warum sollte ich jemandem immer wieder sagen, dass ich ein ehrlicher Mensch bin, wenn derjenige das ohnehin feststellen wird? Warum sollte ich wiederholt erwähnen, dass ich nicht gerne schlecht hinter dem Rücken anderer spreche, wenn ich es ohnehin nicht tue? Warum muss ich dir versprechen, dich immer nett auszuführen, wenn ich dich sowieso nett ausführe?

Menschen haben nur dann ein Mitteilungsbedürfnis, wenn etwas nicht real ist. Umgekehrt ist dies, wenn du es verinnerlicht hast, ein wunderbares Werkzeug, um deine eigenen Luftschlösser aufzudecken. Denn oftmals, wenn wir Luftschlösser erklären, verkaufen wir dieses Schloss nicht nur anderen, sondern auch uns selbst. Beobachte deine Kommunikation und achte darauf, an welchen Punkten in deinem Leben du ein Mitteilungsbedürfnis hast.

Wenn du das Bedürfnis danach hast, anderen zu erzählen, wie viel Stress du hast und dass du immer arbeitest – stimmt es wirklich, oder lässt du die Arbeit nur oft liegen und bist deshalb gestresst? Wieso musst du anderen erzählen, wie glücklich du als Single bist? Wieso musst du ein T-Shirt für 500 Euro tragen, um anderen zu zeigen, dass du viel Geld hast? Wieso betonst du ständig, wie wichtig dir Sport ist? Wieso sprichst du davon, dass du endlich abnehmen willst, wenn du es bereits tun könntest? Wieso redest du davon, dass sich Frauen untereinander mehr unterstützen sollten, anstatt es einfach zu tun?

Wenn eine Frau zu mir kommt und mir erzählt, wie wichtig sie es findet, dass Frauen sich gegenseitig unterstützen sollten, laufe ich weg. Irgendwann innerhalb meiner beruflichen Laufbahn hatte ich zwei Kolleginnen, die ständig über „Frauen-Power" gesprochen haben. Die eine wollte ein Event planen (was im Übrigen nie stattgefunden hat), um den Zusammenhalt unter den wenigen Frauen in der Firma zu stärken, die andere hat eine WhatsApp Gruppe mit dem Titel „Women in Business" gegründet.

Beide haben hinter dem Rücken der jeweils anderen öffentlich übereinander hergezogen, und kurz danach habe ich beide abends zusammen in einem Restaurant essen sehen.

Die zwei anderen Frauen in der Firma haben nicht ein einziges Mal das Wort „Frauenpower" in den Mund genommen und es waren genau diese Frauen, die abends mit mir in einem Zoom-Meeting saßen, um berufliche Tipps untereinander auszutauschen. Und das Interessante dabei ist, die ersten beiden Frauen gehen wirklich davon aus, sie unterstützen andere Frauen, weil sie über „Frauenpower" reden.

Worte lügen. Sie belügen andere und im schlimmsten Fall sich selbst.
Es sind die Taten, innerhalb derer sich die Realität manifestiert.

•

TATEN SPRECHEN FÜR SICH. DAS, WAS WIR TUN, BILDET UNSERE REALITÄT. NICHT UNSERE WÜNSCHE, NICHT UNSERE LUFTSCHLÖSSER UND SCHON GAR NICHT DIE WORTE EINES ANDEREN.

Wünsche kann ich nur mit Worten ausdrücken, aber um sie zur Realität werden zu lassen, müssen Taten folgen. Unsere Wünsche bilden aber nicht unseren Standard, sondern das, was wir selbst tun und akzeptieren – in uns selbst und in den Taten eines anderen.

Ein Beispiel: Du sagst, dein Standard ist ein Partner, dem du wichtig bist. Und dann gehst du eine Beziehung mit jemandem ein, der dir sagt, dass du ihm wichtig bist.
Die Beziehung sieht aber so aus, dass dein Partner keine Treffen vereinbart, sich keine Zeit für dich nimmt und, wenn überhaupt, nur weil er gerade nichts anderes zu tun hat. Und du akzeptierst dieses Verhalten. Dann ist dein Standard nicht ein Partner, dem du wichtig bist, sondern einfach die Tatsache, einen Partner zu haben, egal, ob du ihm wichtig bist oder nicht. Der Standard ist das, was wir bereit sind zu akzeptieren. **Alles andere redest du dir ein, um nicht aktiv Veränderung durchleben und angehen zu müssen. Unser Gehirn toppt als Grundlage alles, was man sich vorstellen kann. Jeder Gedanke, jede Handlung, die ein Mensch ausübt oder denkt, verändert das Gehirn.**

Wenn du sagst, dass du ein Entrepreneur bist und ein passives Einkommen aufbaust, du am Ende des Monats aber wieder nur Netflix geguckt und auf der Couch gesessen hast, ist dein Standard nicht der eines Entrepreneurs. Wenn du sagst, dass du nur noch Freunde möchtest, die sich gegenseitig nach vorne bringen und ambitioniert sind, du aber wie-

Einen Standard aufzubauen, heißt erstmal auf das zu verzichten, was dem Standard nicht entspricht.

der das ganze Wochenende in der Kneipe nebenan gefeiert hast, dann ist das dein Standard. Einen Standard aufzubauen, heißt erstmal auf das zu verzichten, was dem Standard nicht entspricht. **Je höher der Standard ist, desto länger ist der Verzicht und umso mehr muss ich dafür tun. Denn jeder Standard hat Anforderungen, die erfüllt sein müssen.** Wenn ich sage, ich habe hohe Standards, heißt es *„Nein"* zu sagen, wenn mich jemand spontan nachts zu sich nach Hause einlädt, und den Abend dann allein zu verbringen, weil die Taten des anderen nicht meinem Standard entsprechen.

Wenn mein Standard sein soll, erfolgreich zu werden, muss ich die ersten Wochen, Monate, vielleicht sogar Jahre auf das verzichten, was ich lieber tun würde, um die Anforderungen zu erfüllen, die nötig sind, um den Standard zu erreichen. Das süße Leben beginnt dann, wenn ich die vermeintlichen Unannehmlichkeiten, die für meinen Erfolg erforderlich sind, zu schätzen lerne und sie als normal wahrnehme. Sie werden anhand meines Mindsets zu den Stellschrauben, die ich gerne betätige, um mich zu entwickeln.

„Sehr erfolgreiche Menschen sagen „Nein" zu fast allem."
Warren Buffet

Einen hohen Standard aufzubauen, heißt auf der einen Seite, sehr häufig *„Nein"* zu sagen und gleichzeitig mit Taten an sich selbst oder seinen Zielen zu arbeiten, um dem eigenen Standard auch selbst entsprechen zu können. Verzicht ist nur der eine Teil, wenn keine Taten folgen, ist der Verzicht allerdings ein Dauerzustand. Frust kommt über das Nichts-Tun auf. Dauerhaft zu verzichten und nichts zu erreichen, lähmt. Und jede Menge Desillusionierung steckt in diesem Zustand. Unser Standard ist eine Messlatte mit zwei Enden.
Wenn ich sage, mein Standard ist ein Nebengewerbe für ein zweites Einkommen und ich verzichte dafür auf die Wochenenden mit Freun-

den, fange aber nicht an, an diesem Gewerbe zu arbeiten, dann bin ich nur jemand, der dauerhaft allein zu Hause sitzt und seine Ressource verplempert und seine Vision mit Füßen tritt.

Als Frau kann ich aus meinem Sein heraus sagen, dass mein Standard ein Mann ist, der sportlich ist und sechsstellig verdient. Auf der anderen Seite aber steht eben dieser Mann mit seinen eigenen Standards für eine Frau. Ein Mann, auf den diese Beschreibung passt, gehört zu den obersten 1 Prozent. Er hat die Möglichkeit, sich eine Frau aus den oberen 1 Prozent auszusuchen. Wenn ich nicht dazu gehöre und nichts dafür tue, dazuzugehören, bleibe ich alleine, bis ich bereit bin, meinen Standard zu senken.

Wenn ich einen Standard setze, verzichte ich so lange auf mein gewünschtes Ziel, bis ich den Anforderungen meines Standards gerecht werde, und erst dann wird der Standard zur neuen Realität, fernab von Tagträumereien und Wunschdenken über den fabelhaften Zustand.

Wenn dem Standard Taten folgen, ist das ein absolut sinnvolles Konzept. Wenn nicht, kann es einen Zustand dauerhafter Frustration oder Einsamkeit hervorrufen. Mein Standard sollen 1.000.000 Euro in meinem Aktiendepot sein, monatlich spare ich dort nur 5 Euro rein. Vermutlich wird es eine Weile dauern, bis dieser Standard Realität wird, und ich bin bis dahin jedes Mal genervt, wenn ich den Stand meines Depots überprüfe. **Wenn mein Standard ein Victoria's Secret- Model als Frau ist, ich aber die Hälfte meines Daseins vor dem Fernseher verbringe, wird Einsamkeit das „Modell" meiner gelebten Realität sein.**
Ein Standard sollte deshalb sehr gut gewählt sein, denn er bringt Anforderungen mit sich und Konsequenzen, wenn diese nicht erfüllt werden.

•

22. BEQUEMLICHKEIT IN BEZIEHUNGEN

BEQUEMLICHKEIT BEEINFLUSST UNSEREN ERFOLG, UND DIE QUALITÄT DES ERFOLGES IST ABHÄNGIG VON DEN BEZIEHUNGEN, DIE WIR FÜHREN.

Bequemlichkeit bestimmt aber nicht nur unseren Erfolg, sie ist oft auch ein Indikator dafür, ob wir qualitativ hochwertige Beziehungen führen können oder nicht. Denn nicht selten machen wir den Fehler, die Eigenschaften und Verhaltensweisen eines anderen danach zu beurteilen, inwiefern sie unsere Bequemlichkeit angreifen, ohne die Qualität wahrzunehmen, die hinter dieser Eigenschaft steht.

Denn Fakt ist: Ein Mensch, der wirklich aufrichtig an unserem Wohlergehen interessiert ist, möchte, dass wir das Beste aus uns herausholen, unser Potenzial ausschöpfen und das beste Leben leben können, das uns möglich ist. Ein Mensch, der uns aufrichtig und selbstlos liebt, wünscht sich mehr für uns – auch in Zeiten, in denen wir das selbst nicht sehen können. Dahinter steckt jedoch immer eine fürsorgliche Absicht.

> Ein Mensch, der uns aufrichtig und selbstlos liebt, wünscht sich mehr für uns, auch in Zeiten, in denen wir das selbst nicht sehen können.

Die meisten kennen die Situation, dass wir bestimmte Verhaltensweisen unserer Eltern erst als Erwachsene verstanden haben. Dass wann immer unsere Eltern uns gezwungen haben, unsere Hausaufgaben zu machen, sie das nicht aus Boshaftigkeit taten, sondern, weil sie wollten, dass wir etwas dazu lernen. Wenn sie uns sagten, dass wir abends zu Hause sein sollten, bevor es dunkel wird, sie es nicht sagten, weil sie uns keinen Spaß gegönnt haben, sondern damit wir sicher wieder zu Hause ankommen.

Als Kinder haben wir das nicht immer gesehen.

Und manchmal tun wir das heute noch nicht.

Denn häufig sind wir genervt von den Verhaltensweisen der Menschen, die uns nahe stehen, obwohl eigentlich nur Fürsorge das Motiv ist.

Zunächst sollten wir uns die Frage stellen, ob wir achtsam auf alles blicken, was wir uns selbst zumuten. An erster Stelle steht in der Bedeutsamkeit neben der Beziehung zu uns selbst das Verhältnis, das wir zu anderen pflegen. Schnell halst man sich Dinge auf, die wir ziemlich einfach handhaben können, die aber nicht sein müssten. An erster Stelle: Beziehungen, die uns nichts bringen.

Zwei häufig genannte Auslöser von Streitigkeiten unter jungen Paaren sind Eifersucht und Kontrollzwang.

- Szenario 1: Der Freund hat Kontakt mit einer anderen Frau und die Freundin macht zu Hause „Stress", weil sie eifersüchtig ist.

Wir bewerten die Eifersucht als eine negative Eigenschaft, weil sie in dem Moment, wo sie zum Tragen kommt, unsere Bequemlichkeit angreift. Der Mann sieht aus seiner Sicht kein Problem darin, mit einer anderen Frau Kontakt zu haben, vorausgesetzt er macht keine romantischen Gesten gegenüber besagter Frau. Und im Fall dessen, dass die andere Frau mit ihm flirtet, sind es für ihn schmeichelhafte Interaktionen, die sein Ego nähren.
Für ihn ist es ein störender Faktor, sich mit der Eifersucht seiner Freundin auseinanderzusetzen. Aber auf der anderen Seite der Eifersucht, steht die Angst jemanden zu verlieren. Jemand ist dann eifersüchtig, wenn wir dieser Person wichtig sind.

Was wäre denn die Alternative?

Wenn ich meine Freundin in eine Situation bringe, in der sie sich Sorgen machen könnte, dass eine andere Frau versucht mit mir zu flirten, und sie ist nicht eifersüchtig, gibt es dafür drei Erklärungen:

1. Sie hat absolut keine Unsicherheiten und ist zu 100 Prozent selbstbewusst. Ein Zustand, den jemand durchaus erreichen kann. Jedoch ist es keine Grundvoraussetzung, die man an einen anderen Menschen stellen sollte, insbesondere dann nicht, wenn Gefühle im Spiel sind.

2. Du bist als Mann vollkommen außerhalb ihrer Liga und sie weiß, dass du niemals jemand finden würdest, der besser als sie wäre. Spricht jetzt nicht unbedingt für deinen Wert als Mann, ist aber schon wahrscheinlicher als die erste Möglichkeit.

3. Du bist ihr egal.

Es ist stressig, mit seinem Partner Diskussionen über Eifersucht zu führen oder Kompromisse einzugehen, um dem Partner geistigen Frieden zu schenken, aber im Grunde genommen, signalisiert sie den eigenen Wert, den wir für jemand anderen haben.

- Szenario 2: Ich bin als Frau in einer Beziehung und möchte jetzt mit meinen Freundinnen feiern gehen.

Jetzt bin ich in der unbequemen Situation, mit meinem Mann zu Hause darüber zu diskutieren, weil dieser als Unterdrücker meines freien Willens nicht möchte, dass ich Spaß außerhalb seiner Einflusssphäre habe. Was würde es bedeuten, wenn er nicht diskutierte?

Betrachten wir die Situation einmal von außen. Du gehst in einen Club mit ein paar anderen Frauen. Die Wahrscheinlichkeit ist groß, dass ihr euch aufstylt und sehr gut zurechtgemacht seid. Dann geht ihr nachts durch die Gegend und lauft vielen anderen Männern über den Weg, die alle unter Alkoholeinfluss stehen. Und dein Mann denkt nicht mal daran mit dir darüber zu debattieren, wo du hingehst, mit wem du unterwegs bist, wen ihr trefft oder wie du nach Hause kommst.

Wie wichtig ist dein Wohlergehen deinem Mann in diesem Szenario? Was ist dir lieber: eine unbequeme Diskussion bezüglich deiner Sicherheit oder, dass deine Sicherheit deinem Mann egal ist?

Es gibt viele Symptome von Unsicherheit, die wir als negativ ansehen. Kein Kind freut sich darüber, dass es früher als seine Freunde zu Hause sein muss, wenn irgendwo eine Party stattfindet. Rückblickend weiß man es zu schätzen, dass man Eltern hatte, die sich Sorgen gemacht haben, und dass es etwas Schönes ist.

Wie bei allem gibt es auch hier Grenzen, die vertretbar sein müssen, wo Verhalten nicht mehr aus einer nachvollziehbaren Verlustangst heraus resultiert, sondern aus einem krankhaften Zwang. Es ist schön, Eltern zu haben, die sich sorgen und einem sagen, man sollte nach Hause kommen, bevor es dunkel wird. Es ist ein Problem, Eltern zu haben, die einen nach der Schule bis zum nächsten Morgen ins Zimmer einsperren. Aber unabhängig davon, wie schön, stark oder erfolgreich jemand ist – wenn es um Beziehungen geht, haben wir alle von Zeit zu Zeit Unsicherheiten.

Das sollte auch so sein, um geerdet zu leben. Daher lohnt es sich, nicht jede Unsicherheit als „Red Flag“ abzustempeln und den eigenen Kopf durchzusetzen, sondern sich ab und zu einfach mal zu überlegen, wie man seinem Partner entgegenkommen kann, besser mit diesen Unsicherheiten zurechtzukommen.

Ein anderer Faktor, der unsere Bequemlichkeit angreift, ist die Kritik unter Freunden. Wir wollen uns alle mit Menschen umgeben, die ehrlich sind, und weichen auf der anderen Seite jeder Form von Kritik aus. Kritik ist einer der unangenehmsten Zustände, die wir unserem Ego antun können, es ist also vollkommen natürlich, dass wir diesen Zustand nur zu gerne vermeiden wollen.

Wir wollen uns alle mit Menschen umgeben, die ehrlich sind, und weichen auf der anderen Seite jeder Form von Kritik aus.

Hierbei geht es nicht um Menschen, die hinter unserem Rücken schlecht von uns sprechen oder uns in einem Streit alle Dinge des letzten Quartals aufzählen, die wir falsch gemacht haben.
Es geht darum, dass wir für unser Wachstum Menschen in unserem Leben brauchen, die uns für unser Verhalten zur Verantwortung ziehen, wenn wir unsere Fehler selbst nicht erkennen können.
Und dass wir selbst ein Mensch sind, der sich nicht vor einem Konflikt scheut, einen Freund auf ein Verhalten hinzuweisen, was ihm langfristig schaden könnte.

Der überwiegende Teil von dem, was ich jemals über Freundschaften gelesen habe, ist der, dass man seine Freunde unterstützen soll und ihnen den Rücken freihält, komme, was wolle.

Zu 99 Prozent halten wir jemanden aber nicht den Rücken frei, sondern bestätigen ihn in allem, was er sagt und tut.

Meine Freundin beschwert sich über ihren Mann, ich stimme ihr zu, er macht alles falsch, sie hat etwas Besseres verdient. Mein Kumpel ist heute wieder nicht zum Sport gegangen, weil er sehr viel Stress hat, ich bestätige ihm seinen Stress, erzähle ihm, dass ich auch Stress habe. Ich sehe, wie mein Freund jemand anderen schlecht behandelt, und sage nichts, weil er mein Freund ist und ich zu ihm halten muss.

Und nach gesellschaftlichen Gewohnheiten, wäre das dann die Art und Weise jemandem den „Rücken frei zu halten“.

Das Schöne an Freunden ist doch, dass sie die Möglichkeit haben, von außen einen Blick auf unser Leben haben zu können und damit zumindest teilweise genug emotionalen Abstand haben, als dass ihnen Dinge auffallen, die wir nicht sehen können.

Wenn ich aufrichtig möchte, dass es meiner Freundin mit ihren Ehe-Problemen besser geht, bin ich ihr doch keine Hilfe, wenn ich mit ihr über ihren Mann herziehe. Nur weil es ihr in dem Moment vielleicht besser geht, trage ich als „Freundin" nachhaltig dazu bei, ihrer Ehe zu schaden.

Eigentlich sollte es die Aufgabe eines Freundes sein, auch mal sagen zu können: >> Ja, er hat *xy* gemacht, aber du hast vorher *abc* gemacht. Das hättest du nicht tun sollen.<<

Das ist wesentlich unbequemer, als meiner Freundin einfach zuzustimmen, aber somit habe ich die Möglichkeit, meiner Freundin ihr eigenes Verhalten einmal von außen zu schildern. Einer der Gründe, warum wir in Streitigkeiten nur zu häufig den Fehler beim anderen suchen, ist, weil wir uns nicht vorstellen können, dass die andere Person durch unsere eigenen Taten verletzt wird. Einfach, weil es nicht unsere Absicht war. Menschen, die wir lieben, verletzen wir nicht mit Absicht. Genauso umgekehrt. Ein Mensch, dem viel an uns liegt, würde uns nicht mit Absicht schaden wollen, aber wir werden durch unsere eigene emotionale Befangenheit zu sehr geblendet, um das erkennen zu können.

Gerade, wenn es darum geht, dass sie vielleicht selbst einen Fehler macht, den sie nicht sehen kann. Es geht hierbei nicht um Handlungsanweisungen, sondern darum, meinen Freund auf etwas aufmerksam zu machen, was er selbst nicht sehen kann. Und darin liegt ein sehr wichtiger und elementarer Unterschied.

1 Jemandem eine Handlungsanweisung zu erteilen, bedeutet zu sagen:

>> Du hast etwas Besseres verdient, du solltest ihn verlassen. <<

2 Jemanden auf etwas aufmerksam zu machen, bedeutet; sagen zu können:

>> Hast du denn etwas getan, um ihm entgegenzukommen? <<

Unter keinen Umständen sollten wir jemandem sagen, was er zu tun hat. Egal ob Probleme, Beziehungen, Ziele usw. Aber wenn ich als Freund nicht in der Lage sein kann, jemanden auf eine unangenehme Wahrheit aufmerksam zu machen, die der andere nicht sehen kann, kann ich dann wirklich behaupten, meinen Freunden den Rücken zu stärken?

Bin ich dann in mir gefestigt und integer? Deine Meinung über den Umstand anderer muss nicht zu ihrer Realität werden, aber sie könnte jene Impulsgabe sein, die eine Veränderung in der Tiefe stattfinden lässt. Es könnte jeder Funke sein, den es zur Veränderung als Anstoß brauchte. Was passiert also, wenn wir aus Feigheit nichts tun, was den anderen voranbringt? Für den Moment haben wir dann unsere Bestimmung verfehlt.

Jacqueline Woodson hat einmal gesagt:

„Jede noch so kleine Freundlichkeit wandert wie eine Welle in die Welt."

Auch der kritische Blick ist Teil einer freundlichen Welle, wenn deine Freundin die Anregung für diesen Moment benötigt. Und es ist selbstverständlich, dass ich hier nicht die zuvor ungefragten und unqualifizierten Meinungen beschreibe.

Wir brauchen diese Art von Freund in unserem Leben. Denn dieser Freund weiß, dass uns etwas in unserem Verhalten zurückhält, und möchte, dass wir daran arbeiten, um weiter voranzukommen. Es ist ihm nicht wichtig, dass wir wütend werden oder ihn nicht mögen, denn unser Erfolg und Wohlergehen ist ihm wichtiger als die Tatsache, dass wir eventuell streiten könnten. Ist das nicht die schönste Form der Selbstlosigkeit, die unter Freunden zu finden ist?

Lassen wir unser Ego sich danach im Stillen ausweinen, wenn es sein muss, genießen den Moment ehrlicher Freundschaft und bedanken uns für die Ehrlichkeit.

Einen aufrichtigen Freund erkennt aber nicht nur daran, ob er uns auf unseren blinden Fleck hinweist, sondern auch daran, ob er sich über unsere Erfolge freut.

Es gibt sehr viele „Freunde", die immer da sind, wenn es einem schlecht geht, die aber nur mit jemandem befreundet sein können, in Phasen, in denen es ihnen besser geht als ihren Freunden. **Ihr Ego verkraftet es nicht, wenn jemand, der aus derselben Position heraus gestartet ist wie sie, ein besseres Leben führen kann.**
Ein echter Freund ist in allen Zeiten an unserer Seite. Wenn es uns schlecht geht, wenn es uns gut geht und für die metaphorische Ohrfeige, uns unser eigenes Verhalten einmal von außen zu zeigen.

•

23. EIGENSCHAFTEN

WIR SPRECHEN ANDEREN MENSCHEN UND UNS SELBST GERNE EIGENSCHAFTEN ZU. JEMAND IST AMBITIONIERT, NETT, LOYAL, EIFERSÜCHTIG ODER NACHTRAGEND.

In unserem Sprachgebrauch tun wir so, als hätten diese Eigenschaften immer dieselbe Ausprägung, dass die Frage, ob jemand loyal ist oder nicht, eine „Ja-oder-nein-Frage“ ist. Doch jede Eigenschaft in sich ist viel komplexer als die bloße Behauptung, dass sie vorhanden ist. Zwei Menschen können beide „nett“ sein, aber einer ist netter als der andere. Das heißt, es zählt nicht nur die Frage, ob eine Eigenschaft vorhanden ist, sondern auch in welcher Ausprägung. Und die Ausprägung meiner Eigenschaften wird beeinflusst von dem Menschen, der mir gegenübersteht. Zu dem Kollegen, den ich mag, bin ich netter als zu dem, den ich nicht mag. Umgekehrt formuliert bedeutet das, dass die Art und Weise, wie ich mich selbst verhalte, Einfluss auf die Eigenschaften anderer Menschen hat. Andernfalls würde es bedeuten, dass wir uns jedem Menschen gegenüber immer gleich verhalten würden. Wir wären immer gleich loyal, gleich eifersüchtig, gleich nett. Aber das sind wir nicht.

Eigenschaften sind viel mehr ein Spektrum und der Bereich in dem wir uns auf diesem Spektrum bewegen, spiegelt unsere Umwelt wider. Wenn wir eine Eigenschaft wie Loyalität als Teil unserer Persönlichkeit in uns tragen, steht am Anfang des Spektrums beispielsweise minimal loyal und am anderen Ende maximal loyal. **Die Frage sollte demnach nicht lauten, ob jemand loyal ist, sondern wie sehr ausgeprägt jemandes Loyalität ist.**

Einer der ältesten Sätze in der Persönlichkeitsentwicklung ist von Jim Rohn und lautet wie folgt:

„Du bist der Durchschnitt der fünf Menschen, mit denen du die meiste Zeit verbringst.“

Auf der einen Seite adaptiere ich bestimmte Verhaltensmuster, auf der anderen Seite adaptieren andere von mir. Das macht jede zwischenmenschliche Interaktion zu einer Bewegung in unserem Spektrum der Eigenschaften. Denn was passiert, ist nicht, dass ich Eigenschaften dazugewinne oder verliere, sondern, dass die Interaktionen mit meinen Mitmenschen dazu führen, dass sich der Punkt verschiebt, auf dem ich mich innerhalb eines Eigenschaften-Spektrums bewege.

Das heißt, wie sich Menschen mir gegenüber verhalten, ist etwas, das ich aktiv beeinflussen kann. Denn wie ich andere Menschen behandle, beeinflusst die Ausprägung der Eigenschaften, die meine Mitmenschen haben. Behandle ich jeden Menschen sehr nett und liebenswert, bringe ich automatisch meine Mitmenschen in eine Richtung, sich mir gegenüber auch netter zu verhalten. Das heißt, ich beeinflusse aktiv, ob bzw. wie nett jemand ist. Bedeutet im Umkehrschluss, dass das Verhalten, das ich in einem anderen Menschen erfahre, ein Spiegel dessen sind, wie ich mich gegenüber diesem Menschen verhalte, plus einer unbekannten Komponente aller bisherigen zwischenmenschlichen Interaktionen, die dieser Mensch jemals erfahren hat.

Das heißt, wir beeinflussen mit unserem eigenen Verhalten die Ausprägung der Eigenschaften unserer Mitmenschen, aber es gibt immer einen Ausgangspunkt für jede Eigenschaft, den wir nicht beeinflussen können, denn dieser war schon da, bevor wir die Person trafen.
Wenn wir einen neuen Menschen kennenlernen, ist er immer an einem bestimmten Punkt auf seinem „Eigenschafts-Spektrum“ angesiedelt – ebenso wie man selbst.

Basierend auf den Vorerfahrungen, die dieser Mensch bisher gemacht hat in seinem Leben. Wir lernen zum Beispiel einen neuen Kollegen kennen, und dieser ist auf seiner Skala der Eigenschaft „Hilfsbereitschaft“ nahe dem Bereich „maximal hilfsbereit“.
Wir nehmen seine Hilfsbereitschaft in Anspruch, erwidern sie aber nie, und das eine Mal, wo er uns um einen Gefallen bittet, lassen wir ihn hängen. Wie verändert sich seine Hilfsbereitschaft uns gegenüber zukünftig?

Und wo startet er auf seiner Skala, wenn er nach uns neue Kollegen kennenlernt? Wenn er uns gegenüber dann nicht mehr hilfsbereit ist, sprechen wir ihm dann Hilfsbereitschaft als Eigenschaft ab? Oder erkennen wir, dass unser eigenes Verhalten seine Bereitschaft, Hilfe zu leisten, geschwächt hat?

Jede Eigenschaft eines jeden Menschen, den wir kennenlernen, hat ein Spektrum. Und der Punkt, auf dem sich jede Eigenschaft innerhalb dieses Spektrums befindet, ist geprägt durch vorherige Erfahrungen mit anderen Menschen, demzufolge auch durch uns als Konsequenz für die Menschen, die nach uns kommen.

Wir haben daher aber auch die Möglichkeit, Menschen „positiv“ innerhalb ihrer Spektren zu beeinflussen. Und die Reichweite, innerhalb derer wir diese Spektren beeinflussen können, ist abhängig davon, wie wichtig wir einem Menschen sind.
Warum haben Eltern einen wesentlich größeren Einfluss auf die Eigenschaften eines Kindes als dessen Lehrer, wobei die meisten Kinder mittlerweile mehr Zeit mit ihren Lehrern als mit den Eltern verbringen? Wer ist dem Kind wichtiger? Wer verschiebt maßgeblich die Punkte innerhalb der Eigenschafts-Spektren? Wann ändert sich das? Im Teenageralter. Wer fängt dann an, dem Kind wichtig zu werden? Die Freunde.

Und die Reichweite, innerhalb derer wir diese Spektren beeinflussen können, ist abhängig davon, wie wichtig wir einem Menschen sind.

Das heißt im Teenageralter wird das Verhalten und die Eigenschaften eher durch die Freunde beeinflusst als durch die Eltern. Und so weiter.

Deshalb ist es wichtig, dass wir einen hohen Standard haben, wenn es um die Menschen geht, denen wir nahestehen.
Unsere Eigenschaften sind die Schachbretter unserer Mitmenschen. Umgekehrt hinterlassen wir bei jeder Interaktion eine Spur in den Spektren eines anderen, egal ob positiv oder negativ.

Wenn du dir also mehr von einer Eigenschaft in einem deiner Mitmenschen wünschst, überlege, wie du dein Verhalten ändern kannst, um das Spektrum deines Mitmenschen in die Richtung zu beeinflussen, die du für wünschenswert erachtest.

Angenommen, du bist ein Arbeitgeber und wünscht, dass deine Mitarbeiter dir oder deinem Unternehmen gegenüber loyal sind. Es könnte hilfreich sein, sich einmal zu überlegen, was man in seinem eigenen Verhalten ändern kann, anstatt die Verantwortung bei den Mitarbeitern zu lassen und davon auszugehen, dass jeder loyal auf die Welt kommt. Bewährt haben sich zum Beispiel Perspektive und Wertschätzung. Wenn ich meinen Mitarbeitern zeigen kann, dass sie mit der Arbeit für mich ihren Wünschen, Zielen und Freiheiten näherkommen, habe ich bereits die halbe Miete.
Dafür muss ich aber ein gewisses Maß an Interesse daran zeigen, worin jeder einzelne Mitarbeiter Erfüllung finden würde, und vor allem gilt es, aktiv zuzuhören. Sich wirklich und ehrlich zu interessieren, ist grundlegend.

Entweder ich frage einzeln ab, oder in einer bestimmten Größe lasse ich die Mitarbeiter durch einen Beirat oder Ähnliches vertreten. Danach muss ich mein Verhalten danach ausrichten, dass meine Mitarbeiter sich wertgeschätzt fühlen, denn Loyalität hat immer eine emotionale Komponente, die nicht Respekt, Ehrlichkeit oder Geld ist. Es ist immer „Liebe“. Nicht im romantischen Sinne, sondern im assoziativen Sinne.

Ich liebe es, dort zu arbeiten.
Ich liebe meinen Chef.
Ich liebe meine Kollegen.

Wenn jemand zur Arbeit geht und seine Arbeit eigentlich hasst und nur dorthin geht, um seine beruflichen Ziele zu erreichen, wird er mit dem Nächstbesten gehen, der diese Ziele annähernd oder auf gleicher Ebene erfüllen kann, ohne mit der Wimper zu zucken.
Wenn er allerdings in einem Zustand ist, dass er sich gehört fühlt, dass er das Gefühl hat, dass seine Arbeit wichtig ist und dass er anderen und dem Unternehmen wichtig ist, wird er sehr lange überlegen, falls er überhaupt darüber nachdenkt, zu gehen.
Umgekehrt, wenn er zwar respektiert und wertgeschätzt wird, aber keinerlei Perspektive für seine Zukunft sieht, wird er irgendwann an dem Punkt kommen, diese Wertschätzung für Perspektive zu opfern, falls er ein ehrgeiziges Naturell ist.
Damit könnte ich nicht jeden Mitarbeiter zum Bleiben bewegen, aber ich könnte mit meinem Verhalten als Arbeitgeber die Ausprägung der Eigenschaften, die mir wichtig sind, positiv beeinflussen. Ich mache meine Mitarbeiter daher „loyaler".

Es ist einfach, einen Mitarbeiter zu entlassen, anstatt ihn zu fördern, wenn er nicht meinen Anforderungen genügt.
Es ist einfacher, meine Mitarbeiter zu einem teuren Restaurant einzuladen, als sich ihre Verbesserungsvorschläge anzuhören.
Es ist einfach zu sagen, dass einige Menschen loyal sind und andere nicht. **Wesentlich einfacher, als den Fehler in unserem eigenen Verhalten zu suchen.**

24. ALLE ANDEREN · WIR SIND VIELE

JEDER VON UNS HAT MEHRERE VERSIONEN VON SICH SELBST.

Die Version, die wir Menschen zeigen, die wir flüchtig kennen.
Die Version von uns, die gute Freunde kennen.
Eine Version für unseren Partner.
Eine Version für die Familie.

Aber vor allem gibt es eine Version von uns, die wir gerne wären, aber nicht sind. Erzählen wir über uns, sprechen wir nur selten von der Version, die wir sind, sondern eher über die Version, die wir gerne wären. Nicht nur, weil wir andere glauben lassen wollen, dass es stimmt, sondern eher, weil wir es selbst glauben möchten. Es ist nahezu unmöglich, Selbstreflexion perfekt zu beherrschen, um ein glasklares Bild über sich selbst zu erhalten.

Dieses Bild sitzt tief in unserem Unterbewusstsein – geprägt durch alle Erfahrungen, die wir bisher in unserem Leben gemacht haben.
Unser Unterbewusstsein wird jedoch gespiegelt in unseren Mitmenschen. Denn wir nehmen unsere Mitmenschen durch unsere eigene Brille wahr. Das, was wir an uns selbst am meisten lieben, ist die unterbewusste Anziehung, die uns zu neuen Freundschaften lenkt, wenn wir diese Punkte in einem anderen Menschen sehen. Und das, wo wir die größten Unsicherheiten verspüren, ist genau der Punkt, der uns bei anderen zuerst auffällt und wo wir Erleichterung verspüren, wenn andere in diesem Punkt schlechter dastehen als wir selbst. Oder der uns positiv auffällt, je nachdem, wie wir gepolt sind.
Ein guter Punkt für ein interessantes Selbst-Experiment, ob ich einen gesunden Selbstwert habe oder nicht:

Jeder Mensch hat Unsicherheiten. Und der Aspekt, der uns bei uns selbst am meisten verunsichert, ist der Aspekt, der uns bei anderen zuerst auffällt.

Wenn dir dieser Aspekt vermehrt positiv auffällt in Form von Bewunderung, hast du einen stabilen Selbstwert, der zulässt, dass andere glänzen, selbst in Bereichen, wo du unsicher bist oder es vielleicht selbst nicht tust. Wenn dieser Aspekt in anderen vermehrt negativ auffällt und Freude hervorruft, spricht es eher gegen einen gesunden Selbstwert. Wenn eine deiner Unsicherheiten beispielsweise deine Figur, dann ist es ein großer Unterscheid, ob dir oft schöne Figuren bei anderen auffallen und du diese bewundern kannst, oder ob du darauf achtest, wessen Figur „schlimmer" aussieht als deine, und dich darüber freust. Aber es ist nicht nur ein Zeichen bezüglich unseres Selbstwertes, sondern auch eine deutliche Veranschaulichung unserer inneren Einstellung in eine positive oder negative Richtung.

Ein Mensch, der sich selbst attraktiv findet, erkennt sofort die Attraktivität anderer Menschen.

Ein Mensch, der sich nicht schön fühlt, bemerkt sofort, was an anderen nicht schön ist.

Ein Mensch, der nur an sich denkt, bemerkt sofort, wenn jemand anderes egoistisch ist, weil dieser andere auch nur an sich denkt. Ein selbstloser Mensch würde Egoismus in anderen kaum bemerken, weil er auch an das Wohlergehen der anderen Person denkt.

Unsere Mitmenschen sind ein direkter Spiegel unserer eigenen unterbewussten Selbstwahrnehmung. Wie wir daher über andere sprechen, sagt wesentlich mehr über uns selbst aus als über die andere Person. Und dies gilt nicht nur bei uns selbst, sondern auch bei anderen:

Angenommen, du sitzt beim Essen mit einem potenziellen Geschäftspartner. Und dieser ist der Chef eines kleinen Unternehmens und beklagt sich darüber, dass in seinem Unternehmen nur Idioten arbeiten.

Was sagt uns das?

Wer führt die Bewerbungsgespräche?
Wer stellt die Mitarbeiter daraufhin ein?
Wer ist für die Einarbeitung zuständig?
Wer ist für die Weiterbildung zuständig?

Also entweder ist dieser Chef nicht in der Lage, Bewerber zu beurteilen, und stellt nur Idioten ein, oder er behandelt jeden, nachdem er den Arbeitsvertrag unterschrieben hat, wie einen Idioten, bis jeder Mitarbeiter sein Verhalten daran angepasst hat.
Darüber hinaus wissen wir, dass er vermutlich kein Gefühl für Selbstreflexion zu haben scheint. Wenn wir demnach mit diesem Mann Geschäfte machen und es passiert ein Fehler, würde er den Fehler bei uns suchen, bevor er sein eigenes Verhalten in Frage stellt.

Ein anderes Beispiel:

Du hast ein Date mit einem Mann, der dir erzählt, wie eifersüchtig seine Ex-Freundin war und wie sehr ihn das gestört hat, weil es sehr oft vorkam, dass wegen dieses Themas gestritten wurde.
Was möchte er damit erreichen?
Dass du dich darauf einstellst, nicht eifersüchtig zu sein, um nicht so zu werden, wie seine ehemalige Partnerin.
Was sollte uns das eigentlich sagen, wenn ihre Eigenschaft ein Spiegel seines Verhaltens ist?
Dass er sich innerhalb der Beziehung sehr oft in eine Position gebracht hat, wo andere Frauen mit ihm hätten flirten können, oder er seiner Partnerin nicht genug Sicherheit gegeben hat und sie sich deshalb oft unsicher gefühlt hat.
Bevor du das nächste Mal damit antwortest, dass du selbst niemals eifersüchtig bist, stelle lieber die Frage, in welchen Situationen sie eifersüchtig war und wie häufig das vorkam.
Immerhin kennst du an dieser Stelle nur seine Perspektive.

Eine letzte Situation, die wir alle wahrscheinlich schon sehr häufig hatten:

Ein „Freund" kommt auf dich zu und erzählt, dass Person *xy* hinter deinem Rücken schlecht über dich gesprochen hat. Niemand mag dieses Gefühl, da wir als natürlicher Trieb gemocht werden wollen.

Jetzt kannst du dich über Person *xy* aufregen oder dich fragen, wie dein „Freund" sich verhalten hat, dass Person xy sich derart wohlgefühlt haben muss, bei ihm schlecht über dich zu sprechen, und was er dieser Person darauf geantwortet hat.

In jeder Aussage, die jemand über das Verhalten eines anderen tätigt, stecken fünf weitere Aussagen über seine eigene Einstellung.

In jeder Aussage, die jemand über das Verhalten eines anderen tätigt, stecken fünf weitere Aussagen über seine eigene Einstellung.
Das Verhalten unserer Mitmenschen ist ein direkter Spiegel zu dem, wie wir uns selbst verhalten. Nicht, wie wir glauben zu sein, nicht, wie wir uns wünschen zu sein, nicht, wie wir sind, aber immer, wie wir wahrgenommen werden.

Es gibt einen Gedanken, der ein maximal rot leuchtendes Warnsignal im Spiegel unseres Verhaltens darstellt:

„Alle anderen sind…"

Alle Frauen sind schlecht.
Alle Männer sind Schweine.
Alle Mitarbeiter sind Idioten.
Alle meine Freunde sind dumm.

Wenn du einer oder mehreren Eigenschaften in deinen Gedankenmustern und Grundannahmen sehr häufig im Leben begegnest, ist die Wahrscheinlichkeit sehr hoch, dass der Fehler bei dir liegt.

Es ist eine gefährliche Annahme, davon auszugehen, dass es irgendein Problem gibt, bei dem die Ursache bei *allen anderen* liegt.
Zeigen sich die oben genannten Punkte als Erfahrungen in deiner Realität, hast du ein Problem in dir. Niemand kann mit völliger Gewissheit sagen, wie Selbstsabotage aussieht. Deutlich ist jedoch, dass sie sich an Erlebnissen und Ergebnissen unserer Beziehungen zeigt. Was Menschen als gesund für eine Situation erachten, kann in einem anderen Zusammenhang unangenehme Auswirkungen mitbringen.
Sich im Gejammer über Probleme zu verlieren, ist so ein Ding, mit dem wir unser Leben, ohne es aktiv zu bedenken, sabotieren. Die Lebensqualität sinkt, wenn wir uns im eigenen Zustand des Leids suhlen. Oder ausruhen, das ist noch schlimmer.

Nicht nur unsere Probleme kommunizieren wir lieber, indem wir über andere sprechen, sondern auch unsere eigenen Grenzen und Erwartungen. In einem vorherigen Kapitel hatten wir die Thematik des unbedingten Entäußerungsdrangs. Wenn ich das Bedürfnis habe, etwas über mich selbst mitteilen zu müssen, in diesem Fall eine Eigenschaft, ist die Wahrscheinlichkeit, dass das der Wahrheit entspricht, sehr gering.
Wenn ich darauf hinweisen muss, dass ich ein ehrlicher Mensch bin, wäre ich das gerne, bin es aber nicht.
Wenn Menschen aber tatsächlich ausdrücken möchten, dass Ehrlichkeit ein wichtiges Thema für sie ist, beziehen sie das auch auf andere. Das könnte sich wie folgt anhören: „Mein früherer Partner war mir gegenüber unehrlich, das ist ein sensibles Thema für mich, sollte ich ich jemals beim Lügen erwischen, werde ich gehen."

Das, was tatsächlich zutrifft, kommunizieren wir nicht, indem wir über uns reden. *Ich bin ehrlich.* Sondern wir sprechen über andere: *Er war unehrlich. Wenn du unehrlich bist…*

Menschen erzählen dir alles, was du über sie wissen musst, es ist nur nie das, was sie direkt sagen. Aber wenn man die beiden Grundsätze verinnerlicht, dass wenn Menschen über sich sprechen, sie über Ideale

sprechen, die sich noch nicht in der Realität manifestiert haben, und dass wenn sie über andere sprechen, sie eigentlich über sich selbst reden, wird man kaum noch belogen.

Menschen glauben das, was sie glauben wollen. Wenn sie jemanden mögen, wollen sie die Versprechen glauben, auch wenn sie leer sind. Mögen sie jemanden nicht, stellen sie grundsätzlich alles in Frage, was die Person sagt.

Die Wahrheit liegt in dem, was ein Mensch tut und was er über andere sagt.

•

25. ERGÄNZUNG · GEGENSTÜCKE UND POLARITÄT

STELLT MAN SICH EINE EIGENSCHAFT ALS SPEKTRUM VOR, STEHT AM EINEN ENDE NICHT NUR DIE MINIMALE ODER MAXIMALE AUSPRÄGUNG DIESER EIGENSCHAFT, SONDERN AUCH JEWEILS EIN DIREKTES GEGENSTÜCK.

Angenommen, wir hätten die Eigenschaft „empathisch" als Spektrum. Dann wäre die eine Seite „minimal empathisch" und die andere Seite „maximal empathisch". Aber alles hat sein Gleichgewicht, bedeutet, dieses Spektrum hat mindestens ein Gegenstück. Ein häufig auftretendes Gegenstück zu Empathie ist emotionale Instabilität, da empathische Menschen nicht nur die eigenen Emotionen spüren, sondern auch die ihrer Mitmenschen nachempfinden. Auf der einen Seite steht demnach nicht nur „maximal empathisch", sondern auch „minimal emotional stabil". Für alles, was wir sind, können wir etwas anderes nicht sein.

Die Person, die wir anrufen, wenn wir ein Problem haben, die, die Nerven behält und eine gute Organisation hat, neigt zu einem erhöhten Kontrollzwang, denn Kontrolle ist notwendig, um etwas im Griff zu behalten. Der Freund, der immer lustig drauf ist, ein Freigeist und überall gute Stimmung verursacht, ist selten pünktlich und meistens chaotisch. Ein hohes Maß an Intelligenz geht oft mit wenig Geduld einher. Welche Eigenschaft man auch betrachtet, es gibt immer eine „positive" und eine „negative" Seite.

Ob eine Seite als positiv oder negativ wahrgenommen wird, hängt von verschiedenen Faktoren ab. Nicht nur von der eigenen persönlichen Einstellung, sondern auch vom Umstand, in dem die Eigenschaft gebraucht wird.

Kreativität kann eine hervorragende Eigenschaft sein, aber nicht, wenn ich mich kreativ als Herzchirurg austobe. Rationalität und Distanz können sehr gut innerhalb von Geschäftsstrategien funktionieren, in der Kindererziehung wird es schwieriger. Die Umgebung, beziehungsweise das Anforderungsprofil der Umgebung, hat also direkten Einfluss darauf, wie eine Eigenschaft wahrgenommen wird. Und ob sie als positiv oder negativ bewertet wird, richtet sich eher danach, ob sie in der jeweiligen Umgebung zielführend ist oder nicht.

Und diese beiden Ebenen der Betrachtung sind proportional zueinander ausgeprägt. Das bedeutet, dass die großartigsten und beeindruckenden Menschen, denen wir begegnen, mit Sicherheit die Schwierigsten sein werden.
Denn eins sollte klar sein: **Großartige Menschen sind immer anstrengend.** Großartig sein bedeutet, dass mindestens eine oder mehrere Eigenschaften extrem zielfördernd ausgeprägt sind. Bedeutet aber auch, dass es ein direktes Gegenstück am anderen Ende gibt, das auch extrem ausgeprägt ist. Nehmen wir beispielsweise den „klassischen" Unternehmer, der sehr rational und logisch agiert, dadurch in schweren Phasen gelassen bleiben kann, seine Entscheidungen nicht durch Emotionen beeinflussen lässt und großen Erfolg mit seinem Unternehmen vorweist, dann wird diese Person das in privaten Beziehungen nicht einfach abstellen können. Emotionslosigkeit und Distanz könnten dann Probleme hervorrufen oder anstrengend für die Mitmenschen sein.

Wenn wir uns Interviews von den besten Sportlern dieser Welt ansehen, reden sehr viele über das Thema Selbstdisziplin: wie oft sie beim Training sind, immer als Erster auf dem Platz oder in der Halle waren, zu 100 Prozent fokussiert sind, nichts kommt ihrer Routine in die Quere usw. Wir bewundern sie dafür, denn ihr Fokus und ihre Selbstdisziplin sind großartig.

Jetzt versetzen wir uns einmal in die Position der Frauen und Kinder dieser Sportler.

Wie kompromissbereit ist dieser Sportler in Bezug auf Zeit mit der Familie, wenn nichts seiner Routine in die Quere kommt?

Wie viel Spaß kann man mit ihm haben, wenn er überhaupt mal Freizeit hat?

Welches Maß an Fürsorge kann man erwarten, wenn der Fokus an erster Stelle stehen muss, damit derjenige da sein kann, wo er ist?

Wie viele haben schon die Frauen dieser Sportler am Spielfeldrand stehen sehen und sich gewünscht, tauschen zu können, ohne den Preis zu kennen, den man für „großartig" zahlen muss? Wenn wir uns mehr von einer Eigenschaft in einem anderen Menschen wünschen, ist es wichtig, dass wir uns des Preises bewusst werden. Wenn ich mir als Mann eine loyale Frau wünsche, die in guten und in schlechten Zeiten an meiner Seite steht, wird das keine Frau sein, die zu allem „Ja und Amen" sagt und eine Handtasche als Ersatz für gemeinsame Zeit akzeptiert. Wenn ich mir als Frau den ambitionierten Entrepreneur wünsche, kann ich nicht erwarten, dass er jeden Abend neben mir auf dem Sofa sitzt, um sich zusammen einen Film anzuschauen.

Wir sind Meister darin, uns selbst zu belügen, wenn es um das Idealisieren von Eigenschaften geht, mit dessen Kehrseite wir noch nie persönlich in Berührung gekommen sind. Wenn wir uns mehr von einer Eigenschaft in einem anderen Menschen wünschen, sollten wir bereit sein, mit der anderen Seite zurechtzukommen und diese genauso schätzen wie die Seite, die wir haben möchten.

Denn die großartige Seite kann nur durch den Mangel in einer anderen Seite existieren. Die Polarität ist es, die einen Zustand spürbar oder auch wertvoll macht. Die Abwesenheit von etwas lässt uns Begehren spüren, Ablehnung oder Willen. Freude und Wertschätzung steigen, wenn wir Verlust und die Lücke kennen.

Auf der einen Seite des Spektrums steht „empathisch“.
Dort steht aber auch: „emotional instabil“, „irrational“.
Auf der anderen Seite steht: „unempathisch“.
Dort steht aber auch: „logisch“, „rational“, „objektiv“.

Jedes Mal, wenn wir an einer negativen Eigenschaft arbeiten, verlieren wir auch ein Stück einer positiven Eigenschaft.

Jedes Mal, wenn wir an einer negativen Eigenschaft arbeiten, verlieren wir auch ein Stück einer positiven Eigenschaft. Denn wenn ich mich innerhalb des einen Spektrums bewege, bewege ich mich auch auf dessen Gegenstück. Bevor wir einen „Fehler“ ausbessern, sollten wir uns fragen, ob die Nachteile dieses Fehlers größer sind als die Vorteile, die wir verlieren. Nicht nur, dass der Wunsch nach bestimmten Eigenschaften in meinen Mitmenschen die Akzeptanz der anderen Seite fordert, diese andere Seite bringt auch Anforderungen mit sich.

Wenn ich als Partner einen empathischen Menschen möchte, muss ich selbst viel Stabilität und Sicherheit geben können, um meinem Partner genug Halt zu geben, damit er weiter empathisch sein kann.
Wenn ich jemanden möchte, der logisch und gut durchdacht Entscheidungen trifft, muss ich in der Lage sein, meine Gefühle gut kommunizieren zu können, da es meinem Partner sehr schwerfallen wird, sich in mich hineinversetzen zu können. Es ist denkbar, dass der Preis für den rationalen Halt zum Beispiel weniger Emotionalität als Gegenpol ist.

Wozu wir – als Menschen – in Konfliktsituationen tendieren, ist jemanden auf unsere Seite des Spektrums ziehen zu wollen.

>> Sei doch mal vernünftig << oder >> Denk doch auch mal an andere. <<

Diese Aussagen wirst du, wie auch viele andere, schon einige Male gehört haben. Wenn wir dieses Verhalten langfristig beibehalten, ist der andere Part dieser zwischenmenschlichen Beziehung gezwungen, sich auf dem Spektrum in meine Richtung zu bewegen und umgekehrt. Das bedeutet, beide Parteien verlieren als Preis für weniger Konflikte den Teil, der sie einzigartig und besonders macht. Und dann entsteht eine bequeme Mitte mit weniger Konflikten, aber auch mehr Gleichgültigkeit und kaum Diversität. Die Momente, in denen wir das Gefühl haben oder hatten, uns selbst verloren zu haben, sind die Beziehungen, in denen uns jemand anderes wichtig genug war, um den Weg über das gesamte Spektrum in seine Richtung zu gehen.

Wenn wir anderen Menschen begegnen, einem Pärchen oder besten Freunden, bei denen wir das Gefühl haben, es ist eigentlich ein und dieselbe Person, nur doppelt, dann sind dies Menschen, die sich auf vielen Ihrer charakterlichen Spektren auf demselben Punkt befinden. Danach suchen wir uns Freunde aus. Weil wir uns einem anderen Menschen nicht erklären müssen, er versteht uns, weil er da ist, wo wir sind. Dieses Verständnis ist wichtig für unser Wohlbefinden und unsere emotionale Gesundheit. Wir brauchen Menschen, denen wir uns nicht bei allem erklären müssen.

Auf der anderen Seite kann ich auch eine gesunde Beziehung zu jemandem aufbauen, ohne ihn bei Konflikten auf meine Seite ziehen zu wollen, ich muss meine Seite nur verständlich kommunizieren und Verständnis entwickeln, wenn mein Gegenüber seine Seite kommuniziert. Ich kann von jemandem, der unempathisch ist, nicht erwarten, dass er von sich aus überlegt, wie ich mich fühle, denn wenn er das können würde, wäre er nicht unempathisch.
Umgekehrt kann ich von einer empathischen Person nicht erwarten, dass sie das einfach abstellen kann, nur weil ich nicht nachvollziehen kann, warum sie emotional reagiert.

Wenn wir lernen unsere Bedürfnisse und Eigenschaften zu kommunizieren und Verständnis dafür zu entwickeln, dass die Art, wie wir denken und handeln, nicht die einzig richtige ist, können wir Beziehungen führen, die ein sehr großes Spektrum an Eigenschaften mit sich bringen.

Das ist nicht zwingend wichtig für alltägliche Beziehungen, in denen man eine schöne Zeit haben möchte, es wird aber wichtig in Beziehungen, in denen man Probleme von außen lösen muss. Denn dann habe ich einen anderen Menschen in meinem Team, der alle meine charakterlichen „Schwachpunkte" ausgleicht. Das sind die Teams, die zusammen in den Krieg ziehen können und immer gewinnen. Einer ist kontrollsüchtig, organisiert, und macht den Schlachtplan.
Einer hat ein riesiges Ego, läuft aber mit dem Schwert vorne ran. Und der emotional Irrationale läuft mit einem Erste-Hilfe-Kasten hinterher. Die logische Partei stellt denjenigen in ein Unternehmen ein, der am gewinnbringensten ist. Und die emotionale Partei kümmert sich darum, dass derjenige gerne dort arbeitet.

Wir beurteilen Menschen häufig nach unserem Platz auf dem Spektrum und machen davon abhängig, ob wir jemanden mögen oder nicht. Häufig sind es aber die Menschen, die wir am wenigsten verstehen, die uns das geben können, was uns ergänzt und unbesiegbar macht – vorausgesetzt wir finden eine Lösung, um mit den daraus resultierenden, unvermeidbaren Konflikten zurechtzukommen.

•

26. AUTHENTIZITÄT

WENN ES DARUM GEHT, PROBLEME VON AUSSEN ZU LÖSEN, GIBT EIN MENSCH, DER AUF SEINEM SPEKTRUM AM WEITESTEN VON UNS ENTFERNT IST, UNS DIE MÖGLICHKEIT, UNSERE AUTHENTISCHSTE VERSION ZU SEIN.

Mal angenommen, ich bin ein sehr ehrgeiziger, rationaler und ambitionierter Unternehmer. Ich treffe Entscheidungen, agiere zahlen-, beziehungsweise gewinnorientiert und schrecke nicht davor zurück, auch mal einen Schritt zu weit zu gehen, um der Konkurrenz Angst einzujagen. Und das ist, was mich antreibt. In dieser Rolle fühle ich mich am wohlsten. Ich bin zwar nicht sonderlich mitfühlend oder empathisch, aber das ist eine Rolle, in der ich aufblühe und authentisch sein kann und die mein Unternehmen langfristig nach vorne bringt. Ich arbeite am liebsten und am effizientesten alleine in meinem Büro. Jetzt komme ich in die Situation, Mitarbeiter einzustellen.

Hieraus ergeben sich zwei Möglichkeiten:

Entweder ich versuche mein Bestmögliches, verständnisvoller und mitfühlender zu werden, Wertschätzung ausdrücken zu können und den Menschen ein gutes Gefühl zu vermitteln, was mir schwerfällt und Unbehagen auslöst, weil ich mich am wohlsten fühle, wenn ich allein arbeite. Oder ich finde einen Menschen, der sehr empathisch ist, gerne mit Menschen zusammenarbeitet und instinktiv auf das Wohle aller achtet, und betraue diesen Menschen mit meinen Mitarbeitern.
Dieser Mensch ist in vielen Punkten in seinen Eigenschaften das genaue Gegenteil von mir selbst, und genau das erlaubt es mir, authentisch bleiben zu können beziehungsweise in einer Version von mir bleiben zu können, in der ich mich am wohlsten fühle.

Wir sind dann authentisch, wenn wir in einem Umfeld sind, in dem wir unsere Stärken nach unserem Wertesystem zu unserem oder jemandes anderen Vorteil nutzen können. In dem Moment, wenn wir vor Problemen oder Herausforderungen stehen, wenn wir gezwungen sind, unsere größten Vorteile und Eigenschaften ein Stück weit aufzugeben und uns auf unserem Spektrum in eine andere Richtung zu bewegen, werden wir unauthentisch(er). Ein Zustand, der auf Dauer dazu führen kann, dass wir uns selbst weniger erkennen, akzeptieren oder lieben können. **Wir brauchen daher ein Umfeld, egal ob familiär oder beruflich, in dem wir unsere Seite des Spektrums so nutzen können, dass ein positiver Outcome entsteht.**

Ich kann natürlich anfangen, an meinen Schwächen zu arbeiten, aber warum sollte ich das tun? Egal, wie lange ich an meinen Schwächen arbeite, ich werde niemals so gut sein wie jemand, der es gerne macht und dort seine Stärken findet. Wirklich erfüllend wird es dann, wenn ich nicht meine Stärken und Schwächen meinem Umfeld anpasse, sondern umgekehrt. Kein Mensch, der auf seinem Gebiet Herausragendes geleistet hat, würde über sein Gebiet oder seine Funktion sagen, dass er es nicht gerne macht. Der erste Schritt, ist sich in ein Umfeld zu begeben, wo ich meine Stärken zu meinem Vorteil nutzen kann, und im nächsten Schritt, mich mit Menschen zusammentue, die mit ihren Stärken meine Schwächen kompensieren, sodass ich ihnen damit ein Umfeld schaffe, wo sie ihre Stärken zu ihrem Vorteil nutzen können. Erfüllung in dem, was wir tun, finden wir in der Version von uns, die ihren Vorteil zu ihrem Vorteil nutzen kann.

Wirklich erfüllend wird es dann, wenn ich nicht meine Stärken und Schwächen meinem Umfeld anpasse, sondern umgekehrt.

Wichtige Komponenten sind hierbei allerdings Verständnis und Kommunikation. Denn es ist wesentlich wahrscheinlicher, dass Konflikte entstehen, wenn ich mich mit Menschen zusammen tue, die das genaue

Gegenteil von mir vertreten. Es verlangt viel mehr Kommunikation, als, wenn du einen Mitmenschen hättest, der genauso eingestellt ist wie du.

Aber wenn du deine Schwächen an eine Person auslagern kannst, die genau dort ihre Stärken findet, kannst du weitaus mehr Herausforderungen meistern, ohne an Authentizität zu verlieren. Das ist nicht unbedingt die beste Wahl, um Freundschaften zu knüpfen oder dir Menschen zu suchen, mit denen du einfach nur eine gute Zeit haben möchtest. Aber um Herausforderungen zu meistern, Probleme zu beseitigen oder seinen Horizont zu erweitern, ist es sehr sinnvoll. **Wie sonst sollte man seine Perspektive erweitern, wenn nicht durch jemanden, der die Welt anders betrachtet als wir selbst?**

•

27. KOMMUNIKATION · DER SCHLÜSSEL ZU ALLEM

KOMMUNIKATION IST DER SCHLÜSSEL ZU ALLEM. BESONDERS IN DEN SITUATIONEN, WENN WIR ES MIT MENSCHEN ZU TUN HABEN, DIE EINE ANDERE PERSPEKTIVE ALS WIR HABEN. WICHTIG HIERBEI IST, DASS WIR NICHT ANFANGEN, UNSERE PERSPEKTIVE ALS DEN EINZIG WAHREN KELCH DER GEWISSHEIT ZU BETRACHTEN.

Kennst du Menschen, mit denen du einfach keine Lust hast, zu diskutieren, weil es keine Rolle spielt, wie viele Beweise du ihnen vorlegst, sie halten trotzdem an ihrer Meinung fest? **Sie gehen in eine Diskussion, um zu gewinnen, nicht um die eigene Perspektive zu erweitern.** Eine sehr anstrengende und nervige Angelegenheit und allem voran der Tod jedes Persönlichkeitswachstums. Wie desillusioniert und arrogant können wir sein, zu glauben, dass wir durchs Leben gehen können und immer zu allem die „richtige" Meinung haben, falls es das überhaupt gibt? Hüte Dich vor diesem Glaubenssatz. Jede Meinung ist eine Zusammensetzung aus Erfahrungen, Glaubenssätzen und Wissen unseres bisherigen Lebens. Die Meinung unseres Gegenübers auch. Wenn wir uns in einer Diskussion befinden, erfahren wir oftmals nur die Meinung des anderen, nicht aber aus welchen Bausteinen sie sich zusammensetzt. Es ist von zentraler Bedeutung: Aus diesen bildet sich ein Ergebnis, und dieses Ergebnis ist unsere Meinung.

Wenn wir ein anderes Ergebnis haben als unser Gegenüber, geht es nicht darum, den anderen von unserem Ergebnis zu überzeugen oder warum unser Ergebnis mehr Sinn macht, sondern darum, unsere eigenen Bausteine, um die unseres Gegenübers zu erweitern und dann das Ergebnis neu zu berechnen.

Dies erweitert nicht nur unseren Horizont, sondern schafft auch ein anderes Verständnis für unsere Mitmenschen. Greifen wir das Ergebnis von jemand anderem an, verfällt diese Person automatisch in eine Abwehrhaltung. Denn wir zweifeln nicht an seiner Meinung, sondern an seiner Fähigkeit, seine Bausteine zusammenzählen zu können. Wenn wir zu verstehen geben, dass wir aufrichtig daran interessiert sind, wie sein Ergebnis entstanden ist, verliert er seine Abwehrhaltung und fängt an, ehrlich zu erklären, vorausgesetzt, wir geben ihm die Möglichkeit, indem wir uns die Erklärung anhören, ohne ihn zu unterbrechen, um das Gesagte verinnerlichen.

Innerhalb der Kommunikation machen wir alle gerne den Fehler davon auszugehen, dass unser Gegenüber dieselbe Startposition wie wir hat. Das ist völlig natürlich, denn es ist die einzige Ausgangslage, die wir haben. Allerdings wird sich diese Position nicht verändern, wenn wir nicht anfangen, unserem Gegenüber Fragen zu stellen. Fragen sind der Schlüssel für eine gute Kommunikation. Gerade dann, wenn ich besonders sympathisch erscheinen möchte. Wenn wir jemanden dazu bringen wollen, uns zu mögen, erzählen wir das über uns, wovon wir glauben, dass es für die andere Person am interessantesten ist, übersehen dabei aber völlig, dass andere Menschen auch interessant sein wollen. Jeder hört sich gern am liebsten selbst reden. **Je mehr Fragen wir stellen, desto sympathischer erscheinen wir, denn wir geben der anderen Person die Möglichkeit, über sich selbst und ihre Ansichten zu erzählen.**

Tim Krasenbrink sagte dazu mal Folgendes:

„Sympathie funktioniert nur, wenn es nicht um dich geht.“

Fragen geben uns daher nicht nur ein genaues Bild dazu, wie sich die Meinung der anderen Person zusammensetzt, sie lassen uns darüber hinaus auch noch sympathischer wirken und erweitern unseren Horizont um die Ansichten eines anderen Menschen, wenn sie für uns nachvollziehbar sind.

Eine andere Hürde der Kommunikation ist die zwischen Männern und Frauen. Wohl eine der größten Hürden der Kommunikation jemals und für immer. **Zwei gleichgeschlechtliche Menschen könnten vermutlich mittels Pantomime besser kommunizieren als Mann und Frau mit Wörtern.** Nicht weil die eine Partei intelligenter oder fähiger ist als die andere, sondern weil wir unsere Bausteine anders zusammensetzen und bewerten. Männer betrachten ihre Bausteine lieber logisch und isoliert, Frauen lieber emotional mit Einbezug ihrer Mitmenschen. Ein „sozialer" Baustein ist eine Komponente, die für einen Mann tendenziell schwerer zu fassen ist, demnach ein Baustein, den ihm die Frau geben muss.

Der einzige Grund, warum es so selten Märchen in der Realität gibt, ist der, dass im Märchen unerwähnt bleibt, dass die Prinzessin dem Prinzen Bescheid gibt, gerettet werden zu müssen. Diese fehlende Information verbaut funktionierende Beziehungen sowohl geschäftlich als auch privat zwischen Männern und Frauen schon seit Jahrhunderten.
Frauen sind biologisch bedingt eher empathische Wesen, Männer eher logisch ausgerichtet. Diese Stärke macht Frauen weniger rational in ihren Entscheidungen und erschwert es Männern, sich in andere hineinzuversetzen.

Beispiel: Eine Frau sitzt mit ihren Freundinnen zusammen und beschwert sich darüber, dass ihr Mann ihr keine Aufmerksamkeit schenkt und lieber Zeit mit seinen Freunden verbringt. Genau in dem Moment ruft ihr Mann an und fragt sie am Telefon, ob es in Ordnung ist, wenn er am Wochenende mit seinen Freunden zum Golfen geht. Die Frau sagt ihm, dass es in Ordnung ist, legt genervt auf und sieht sich darin bestätigt, dass ihr Mann keine Zeit mit ihr verbringen möchte und beschwert sich weiter.
Sie kommuniziert ihre Wünsche dritten Parteien, nicht aber der Person, die sie erfüllen müssten weil diese Person von sich aus Zeit mit ihr verbringen wollen sollte, ohne dass sie ihm das explizit sagen muss.

Jetzt könnte man sagen, aus Perspektive eines Mannes, dass es alle Probleme lösen würde, wenn Frauen anfangen, ihre Bedürfnisse direkt zu kommunizieren.

Dann würde aber Folgendes passieren:

Sie sagt ihrem Mann, dass sie sich mehr Zeit wünschen würde. Der Mann möchte diesem Wunsch nachgehen und verbringt darauf das gesamte nächste Wochenende mit ihr. Und das gesamte Wochenende schwebt im Kopf der Frau der Gedanke, dass ihr Mann nur so viel Zeit mit ihr verbringt, weil sie ihn darum gebeten hat, und nicht, weil er das möchte. Im Wesentlichen ist das die Kernproblematik, warum es Frauen schwerfällt, emotionale Bausteine zu kommunizieren. Es ist die Angst, dass die eigenen Wünsche an Wert verlieren, wenn man sie kommuniziert. Es ist einfach, seinem Mann zu sagen, dass man sich Blumen wünscht, aber jeder Blumenstrauß, der dann kommt, ist eine Erinnerung daran, dass er das nur tut, weil man ihn darum gebeten hat. Dies ist die Sichtweise aus den Augen einer empathischen, emotionalen Person.

Wie wäre diese Situation, wenn man sie etwas rationaler aus Sicht des Mannes betrachtet:

Einer der Freunde des Mannes hat vorgeschlagen, Golfen zu gehen, er mag Golfen. Er hat seine Frau gefragt, ob es in Ordnung ist, sie hat „Ja" gesagt. Der Mann geht golfen. Ende.

Der einzige Unterschied zwischen Märchen und Realität ist ein Handschuh.

Niemals würde er auf die Idee kommen, dass seine Frau mehr Zeit mit ihm verbringen möchte. Warum auch? Sie leben zusammen. Sie sieht die emotionale Komponente, und er sieht die Inhaltliche. Diese unterschiedliche Betrachtungsweise ist mit eine der größten Abbruchkanten innerhalb der Kommunikation und spiegelt sich in allen Bereichen wider, in denen Männer und Frauen an einem Strang ziehen müssen.

Es ist schwierig, aber nicht unlösbar. Der einzige Unterschied zwischen Märchen und Realität ist ein Handschuh. Denn es wäre eine fehlerhafte Annahme zu glauben, dass die Initiative vom Mann ausgeht, wie es häufig gewünscht und dargestellt wird. Wenn vor hundert Jahren eine Frau wollte, dass ein Mann „den ersten Schritt macht", hat sie einen Handschuh „verloren", den er aufheben und ihr zurückgeben konnte. Ob ein Mann interessiert war oder nicht, zeigte sich daran, ob er den Handschuh aufgehoben hat. Das ist heute immer noch so. Der Spielball des Kommunikationsfeldes liegt hier also auf Seiten der Frau. Nicht um Männern Initiative abzusprechen, aber in Bezug auf emotionale Intelligenz liegt die Stärke und das Verständnis auf Seiten der Frau, demzufolge auch die Verantwortung, sie verständlich zu kommunizieren.

Wenn eine Frau aus dem vorherigen Szenario den Wunsch hat, mit ihrem Mann mehr Zeit verbringen zu wollen, kann sie einen Handschuh fallen lassen und gucken, ob ihr Mann ihn aufhebt.

Das könnte wie folgt aussehen:

>> Hey Schatz, ich würde gerne mal ein neues Hobby ausprobieren, hättest du eine Idee für etwas, was uns beiden Spaß machen würde? <<

Hebt er den Handschuh auf, macht er Vorschläge oder ist offen für ihre Vorschläge, wenn nicht, lehnt er ab, weil er keine Zeit hat oder ähnliches.

Für den Fall, dass er ihn aufhebt, hat die Frau ihr emotionales Bedürfnis erfüllen können, ohne die Angst haben zu müssen, dass er das nur tut, um ihr einen Gefallen zu tun. Wenn nicht, wäre das wohl der Zeitpunkt eine professionelle dritte Partei als Beratung zu konsultieren.
Wenn du dir Blumen wünschst, kaufe dir selbst einen Strauß, sorge dafür, dass er ihn sieht und lass einfließen, wie sehr du Blumen magst und dass sie dir Freude bereiten.

Eine Frau kann einen Baustein von sich aus emotional behaften. Männer tun sich da schwer und brauchen die emotionale Komponente als extra Information. Die Blume ist der Baustein und dass sie dir persönlich Freude bereiten, ist eine emotionale Information, die man dem Mann geben muss.

Eine Frau kann ihren Mann mit dieser Kommunikation zu sehr viel „Initiative“ bewegen, wenn sie versteht, dass der Mann auf nichts von allein kommt. Das hat absolut keine Wertigkeit, denn die Stärke eines Mannes, Situationen rational einschätzen zu können, ist mindestens genauso wichtig.

Der Schlüssel liegt darin, zu verinnerlichen, dass Männer ausschließlich Verhalten bewerten können, aber nur sehr schlecht, woher dies kommt. Wenn eine Frau einen Mann „bestraft“, indem sie gleichgültig ist oder ihn ignoriert, steht ein Mann vor einer sehr großen Anzahl an möglichen Gründen.
Am Anfang wird er sehr viel Kapazität damit verbringen, versuchen herauszufinden, welcher der Gründe zutreffen könnte, aber mit der Zeit verliert er die Geduld dafür, und dann entsteht Gleichgültigkeit auf beiden Seiten.

Die weibliche Annahme, dass, wenn ein Mann sie lieben würde, er wissen würde, warum sie sauer ist, ist das älteste Märchen unserer Zeit. Männer brauchen jede emotionale Komponente als extra Information.

>> Ich bin wütend, weil (…) vorgefallen ist, das hat meine Gefühle verletzt, weil (…). Es wird vermutlich keine Absicht gewesen sein, weil ich nicht davon ausgehe, dass du möchtest, dass ich mich schlecht fühle. Habe ich etwas getan, dass dieses Verhalten bei dir ausgelöst hat, oder wünschst du dir etwas von mir, damit es nicht mehr vorkommt? <<

Geschäftlich oder privat, die Initiative muss hier von Seiten der Frau kommen. Es ist viel Verantwortung, aber andersherum funktioniert es nicht. Die Fähigkeit des weiblichen Gehirns, sich in andere Menschen hineinversetzen zu können, ist eine biologisch bedingte Fähigkeit.

Das macht Frauen nicht schlechter oder besser als Männer und umgekehrt. Genau dieser Mangel ermöglicht es einem Mann, logisch auf eine Situation zu blicken, denn er ist nicht so stark empfänglich für die Emotionen seiner Mitmenschen, welche den Entscheidungsprozess beeinflussen könnten. Das bedeutet nicht, Männer seien von Grund auf egoistischer sind und die Emotionen anderer bewusst ausschließen, man muss sie ihnen nur einmal mitteilen.

Das, was ein Mann allerdings für eine gut funktionierende Kommunikation immer beherzigen muss, ist das Verständnis für etwas, was er nicht immer nachvollziehen kann. Die irrationalen Momente einer Frau sind die, die es möglich machen, dass sie auch empathisch und fürsorglich handeln kann. In dem Moment, in dem ein Mann diese Empathie und Fürsorge einer Frau empfängt, sollte er mit sich selbst eine Vereinbarung eingehen, verständnisvoll und stoisch zu reagieren, wenn er auf emotionaleres Verhalten trifft, das für ihn logisch nicht nachvollziehbar ist. Alles ist ein Gleichgewicht, ich kann nicht das eine haben wollen, ohne das andere in Kauf zu nehmen.

Selbstverständlich gibt es auch empathische Männer und logische Frauen. Realistisch betrachtet, sollte man hierbei allerdings die letzten Jahre der gesellschaftlichen Entwicklung in Bezug auf einige feministische Bewegungen kurz ausblenden und sich einmal Gedanken dazu machen, ob es nicht einen evolutionären Sinn hat, Empathie der Spezies zu geben, die auch dazu befähigt ist, in ihrem Körper neues Leben zu erschaffen, und Emotionalität nicht als Beleidigung zu sehen. Und auf Seiten der Männer sich nicht über die „emotionale Frau“ lustig zu machen. Jeder, der eine liebevolle und fürsorgliche Mutter hatte, hatte auch einen Vater, der von Zeit zu Zeit an seiner Ratlosigkeit verzweifelt ist.

Frauen, die sich gerne kümmern, befinden sich in einem sehr authentischen Zustand. Aber nur weil es biologisch betrachtet in dieser Konstellation wahrscheinlicher ist, heißt es nicht, dass es immer der Fall ist. Es ist genauso möglich, sich in anderen Funktionen authentisch zu fühlen. Deshalb sollten wir niemals jemanden auf Grund seiner Authentizität verurteilen, nur weil es nicht zu unseren Spektren passt.

Unsere Authentizität ist die reinste und damit sensibelste Form unseres Seins.

Ein Mann, der den aufrichtigen Wunsch hat, bei seinen Kindern zu Hause zu bleiben, sollte das nicht aufgeben, weil die Gesellschaft ein anderes Rollenbild vorgesehen hat.
Eine Frau, die es liebt, anderen eine Freude zu bereiten und sich um ihre Mitmenschen zu kümmern, sollte sich nicht durch ihr halbes Leben durch eine Ellbogen-Branche durchkämpfen müssen, weil die Gesellschaft ihr sagt, sie muss eine erfolgreiche Karriere haben, um eine richtige Frau zu sein.

Es gibt mit absoluter Sicherheit biologische Veranlagungen in die eine oder andere Richtung, aber es gibt auch immer Ausnahmen, Kindheitstraumata, Erziehung. Unser Charakter, unsere tiefsten Sehnsüchte und Wünsche, unsere Eigenschaften, sind nicht abhängig von gesellschaftlichen Rollenbildern, Vorgaben oder politischen Bewegungen und sollten niemals danach ausgerichtet werden. Höre auf deine natürlichen Instinkte und versuche, dein Umfeld danach zu schaffen, dass du deinen Vorteil zu deinem Vorteil nutzen kannst, um in voller Authentizität leben zu können. Ansonsten wirst du dein Leben danach richten, Erwartungen von anderen gerecht zu werden und niemals erfahren, wie es sich anfühlt, in etwas Erfüllung zu finden, was du wirklich liebst.

•

28. INTENTIONEN

DER BERÜHMTE ERSTE AUGENBLICK. WAS SIEHST DU? DIE ÄUSSERE HÜLLE EINES MENSCHEN. UND DENNOCH SCHWINGT DA ETWAS MIT, WAS WIR AUGENBLICKLICH WAHRNEHMEN. WIE WÄRE DAS WOHL, WENN WIR STATT DES KÖRPERS DIE MOTIVATION ANDERER SEHEN KÖNNTEN? WAS WÄRE DIE ERSTE EIGENSCHAFT, DIE ANDERE AN DIR ERKENNEN WÜRDEN?

Das Gute an Eigenschaften ist, dass wir sie in der Reflexion betrachten können. Es ist kein verborgener Zustand, der sich niemals erschließt. Zugegeben, manchmal braucht es etwas Mut, um ganz ehrlich zu sich zu sein. Erkennen wir bei dieser Wahrheit das Wie, können wir uns im nächsten Schritt dem tieferen Prozess widmen – zum Beispiel, woher unsere Eigenschaften stammen.

Wenn du verstehst, woher deine persönlichen Eigenschaften stammen, bist du in der Lage, sie effektiver zu kommunizieren. Allerdings ist es nicht möglich, Menschen nur nach ihren Eigenschaften zu beurteilen. Denn der wahre Charakter eines Menschen zeigt sich nicht in seinen Eigenschaften, sondern in den Intentionen, die hinter den Eigenschaften stehen. Das sind Werte, die Motivation, hinter unseren Eigenschaften. Manchmal sind diejenigen, die distanziert oder kalt erscheinen, diejenigen mit dem größten Herzen. Es gibt Menschen, die hilfsbereit sind, weil sie Erfüllung im Wohlbefinden anderer finden, und da sind jene hilfsbereiten Menschen, die für soziale Anerkennung alles tun würden. Die erste Person würde alles geben, um ihren Freunden zu helfen, die zweite Person würde ihre Freunde verkaufen, um ein bisschen Anerkennung zu bekommen.

Eltern, die ihre Kinder verwöhnen, machen dies, weil sie das Beste für ihre Kinder wollen, genauso wie Eltern, die sehr streng sind, das Beste für ihre Kinder wollen.

In der Retrospektive ist uns das alles klar, so, wie es rückblickend immer deutlicher als im Moment selbst der Fall ist.

Oft übersehen wir aufrichtig gute Intentionen, weil sie nicht in einer Eigenschaft zum Ausdruck gebracht werden, mit der wir sie ausdrücken würden. Wenn Eltern aus Fürsorge ihren Kindern mitteilen, dass sie zu Hause sein sollen, bevor es dunkel wird, wird dies aus Sicht des Kindes nicht immer als Fürsorge verstanden. In der Retrospektive ist uns das alles klar, so, wie es rückblickend immer deutlicher als im Moment selbst der Fall ist.

Das liegt oft natürlich auch daran, dass sich der „wahre Charakter" eines Menschen erst später offenbart, aber im Wesentlichen sind wir meistens viel zu sehr damit beschäftigt, die Art und Weise einer Eigenschaft nach unserem Maßstab zu bewerten und zu verurteilen, als dass wir auch nur ein paar Minuten damit zu bringen, uns zu überlegen, woher diese Eigenschaften stammen.
Es lohnt sich daher, einen zweiten Gedanken darauf zu richten, einmal zu überlegen, warum jemand sich so verhält, wie er es tut. Ein unschlagbarer Indikator dafür ist, zu beobachten, wie jemand mit anderen Menschen umgeht. Insbesondere mit Menschen, von denen derjenige nichts möchte.

Denn jeder in unserem Leben möchte etwas von uns. Sei es Liebe, Freundschaft, Geld, Geborgenheit u.a. Wie sich jemand gegenüber Menschen verhält, von denen er nichts möchte, zeigt uns, wie er sich uns gegenüber verhalten wird, wenn er von uns nichts mehr möchte oder wir ihm nicht das geben, was er haben will. Wir haben alle gerne den Gedanken, etwas Besonderes zu sein und übersehen daher nur zu gerne, was passiert, wenn wir es für jemanden nicht mehr sind.

Er hat seinen Geschäftspartner betrogen, aber mit mir wird er das nicht machen, denn ich liefere ihm keinen Grund dazu.

Sie ist in ihrer letzten Beziehung fremdgegangen, aber bei mir wird sie das nicht tun, denn ich bin besser als der Letzte.

Sie hat mir gerade ein Geheimnis von einer anderen Person erzählt, was ich eigentlich nicht wissen darf, sie muss mir wirklich vertrauen, deswegen wird sie meine Geheimnisse für sich behalten.

Diese Gedanken vernebeln uns tagtäglich den Kopf. Warum sollte jemand, der dir ein Geheimnis von einer anderen Person erzählt, nicht auch dasselbe mit deinen Geheimnissen machen? Weil du so besonders bist?

Bevor du Menschen in dein Leben lässt, wirf einen sehr genauen Blick darauf, wie sie sich anderen Menschen gegenüber verhalten. Wir können eine Eigenschaft als Zustand beeinflussen, wenn wir diesem Menschen wichtig genug sind, aber nur, wenn die Basis für diese Eigenschaft bereits vorhanden ist, und wir sollten uns vorher sehr genau überlegen, ob uns jemand diese Arbeit wert ist.
Einen Menschen, der in jeder seiner früheren Beziehungen fremdgegangen ist, werde ich vielleicht temporär zu einem „loyaleren" bekommen und dann betrügt er mich erst nach fünf Jahren statt nach einem, aber damit habe ich fünf Jahre verloren.

Jeder Mensch, der in unserem Leben sein möchte, hat eine bestimmte Intention: Geschäft, Beziehung, Freundschaft, eine schöne Zeit – die Liste ist endlos. Und wir verhalten uns danach, unsere Intention erfüllen zu können. Das sind aber nicht die Momente, in denen sich unser wahrer Charakter zeigt. Dieser zeigt sich in unserem Verhalten gegenüber einem Menschen, für den wir keine Intentionen haben, und erst dann offenbart sich, wo unsere Werte liegen.

Wie behandeln wir einen Menschen, bei dem es uns vollkommen egal ist, ob er Teil unseres Lebens ist oder nicht?

Wie behandeln wir den oder die Ex-Partner?

Wie behandeln wir die Fremde auf der Straße?

Wie behandeln wir einen Menschen, in dem wir keinen Nutzen für uns selbst sehen?

Wie groß ist der Unterschied in unserem eigenen Verhalten in Bezug auf Menschen, die uns nützen, gegenüber unserem Verhalten, wenn uns jemand keinen Nutzen bringt?

Unser wahrer Charakter zeigt sich genau dann. Wie behandeln wir einen Menschen, der uns keinen Nutzen bringt? Alles Freundliche, was darüber hinausgeht, ist lediglich eine Fassade aus Manipulation, um andere Menschen zu beeinflussen, Teil meines Lebens zu sein.

Einen wahren Gentleman erkennt man daran, dass er auch Gentleman ist, wenn er eine Frau nicht attraktiv findet. Ein loyaler Freund nimmt deine Geheimnisse mit ins Grab, auch wenn ihr nicht mehr befreundet seid. Ein freundlicher Mensch grüßt den Chef und den Mitarbeiter am Empfang auf dieselbe freundliche Weise.

Es gibt nur wenige Menschen, denen wir sehr nahestehen, die uns ein ganzes Leben lang begleiten. Die Wahrscheinlichkeit ist sehr hoch, dass wir für die meisten Menschen, denen wir begegnen, einmal in eine Position rücken, in denen sie keine Intention, in unserem Leben mehr haben. Ist das der Fall, werden wir denselben Stellenwert haben, wie die Menschen vor uns und während uns, die nicht mehr Teil des Lebens der anderen Person sind. Und wir werden genauso behandelt werden. Auch unser Verhalten und unsere Eigenschaften sollten wir immer auf die tatsächlichen Werte überprüfen.

Ein Phänomen unserer Zeit ist es, dass Bewegungen und Begriffe entweder künstlich stilisiert werden oder inflationär propagiert, bis sie niemand mehr beachtet. Dadurch geschieht es, dass wir abstumpfen und den Sinn dafür verlieren, was durch wen verbreitet wird. Hinzu kommt, dass wirklich wichtigen Inhalten die zentrale Wertigkeit verloren geht und alles schwammig wird. Leider auch das, was für uns alle zur Entwicklung unseres Selbst zentral wäre. Wesentliche Punkte geraten leider arg in Mitleidenschaft. **Mit am häufigsten ist die „Selbstlosigkeit" in uns selbst fehlinterpretiert.** Diese wiederum steht in direkter Verknüpfung zu anderen Begriffen, die entweder wechselwirksam oder synonym gebraucht werden. Ohne hinterfragt zu werden, versteht sich.

Ein sehr modernes und oft verwendetes Wort in der aktuellen Social-Media-Kultur ist der „Narzisst". Ein Mensch, der nur an sich selbst denkt. Was häufig auffällt, ist, dass Personen (meistens Frauen), die sich selbst als selbstlos betrachten, sehr viel für einen Mann tun, der Mann aber nichts für sie tut und irgendwann als Narzisst abgestempelt wird. Es gibt aber einen großen Unterschied zwischen Selbstlosigkeit und Reziprozität. Bin ich selbstlos, erwarte ich keine Gegenleistung und kann demzufolge auch nicht wütend oder enttäuscht sein, wenn von der anderen Person nichts zurückkommt. Reziprozität bedeutet, dass ich mittels guter, hilfsbereiter oder großzügiger Taten jemanden dahingehend manipulieren möchte, mir auch etwas Gutes tun zu wollen. Kann man durchaus machen, gibt einem aber nicht das Recht, wütend zu sein, wenn es nicht funktioniert.

Wenn ich viel in einen Menschen investiere, dieser Mensch aber nicht bereit ist, in mich zu investieren, ignoriere ich das und investiere weiter, ist dieser Mensch kein Narzisst oder Egoist. **Ich bin dann schlichtweg dämlich.** Das finden wir aber nicht nur im Fall des modernen Narzissten, sondern in sehr vielen zwischenmenschlichen Beziehungen, in denen wir geben, um zu bekommen. Sei es soziale Anerkennung, Freundschaft, Liebe.

Wir bezeichnen den anderen als Egoisten, weil er nur auf sich guckt, ihn können wir aber gar nicht sehen, weil wir selbst zu beschäftigt damit sind, auf uns zu gucken und auf das, was wir schon alles gegeben haben.

Selbstlosigkeit ist so hoch angesehen, dass wir uns vor uns selbst schämen, wenn wir zugeben, nicht selbstlos zu sein, wo wir doch in Wahrheit immer hoffen, dass irgendwann mal etwas zurückkommt. Selbstlosigkeit als solche ist ein Irrglaube, denn selbst, wenn wir nicht darauf hoffen, dass egal, was wir Gutes tun, es von einem anderen Menschen zurückkommt, sagen wir uns selbst, dass wir „Karmapunkte" sammeln und dass das Universum sich jede gute Tat merkt, die irgendwann zu uns zurückkommen wird. **Das Schöne dabei ist, dass es auch so passiert. Wir ernten das, was wir säen. Aber das, was wir geben, kommt selten von den Menschen zurück, denen wir es gegeben haben.** Es ist nichts Verwerfliches daran, etwas Gutes tun zu wollen, in der Hoffnung, dass etwas Gutes zurückkommt, solange man nicht erwartet, dass es von derselben Person zurückkommt, der man etwas Gutes getan hat. Es gibt sie nicht, die „Selbstlosen". Sogar wenn ich nur dann etwas Gutes tue, weil es mir Freude bereitet, dann mache ich es, weil es mir Freude bereitet. Es ist also demnach nicht nur Selbstlosigkeit, sondern zumindest ein Teil Egoismus. Und das ist nichts, wofür man sich schämen sollte. Es sollte vielmehr um diesen Grundzustand gehen, dass wir gerne gut sein möchten und uns, gelöst von einer Erwartungshaltung und einem Ergebnis, auf das wir uns versteifen, irgendwie verhalten. Das ist nicht nur wesentlich entspannter, sondern auch energetisch als Dauerzustand rein.

Und bis wir in diesen idealen Zustand der absolut freundlichen Gleichgültigkeit kommen, in dem wir „einfach nur gut" sind, wäre es vielleicht wichtig zu erwähnen, dass manchmal nicht die Intentionen einer Tat zu betrachten sind, sondern die Tat an sich. Wenn ich mir mein höchstes Selbst, meine Vorbilder, meine bessere Version von mir anschaue und feststelle, dass sie „einfach nur gut" ist, ist es völlig in Ordnung, einfach mal so zu tun, als wäre man so, und sich entsprechend zu verhalten.

Spielt es für die Person, deren Leben ich durch eine gute Tat bereichere, wirklich eine Rolle, warum ich diese gute Tat ausübe, insofern ich keine Gegenleistung verlange? Eigentlich ist es ihr egal. **Eine gute Tat ist eine gute Tat. Vollkommen unabhängig davon, ob meine Beweggründe egoistischer Natur oder selbstlos sind. Am Ende finde ich, ist Selbstlosigkeit die schönste Form von Egoismus.**

Trotzdem hilft die Frage nach dem „Warum" Klarheit zu schaffen. Nicht nur, um andere Menschen besser einschätzen zu können, sondern auch um Klarheit über mein eigenes Verhalten zu gewinnen. Warum verhalte ich mich, wie ich es tue?
Sicher, eine gute Tat bleibt eine gute Tat, aber die meisten unserer Taten sind einfach Taten, die wir tun, ohne uns zu fragen, wieso. Jede Tat hat eine Absicht. Welche Absicht, hängt von uns selbst ab. Wenn man es ganz grob zusammenfasst, kann man die Absichten in zwei Sparten einteilen: Die erste Art der Absicht bereitet mir jetzt Vergnügen, und die andere bringt mich weiter. Das funktioniert völlig unabhängig davon, ob andere Menschen involviert sind, und im idealen Fall einer Absicht trifft beides zu.

Wenn ich einem Menschen eine Freude mache, bringt mich das innerhalb der Beziehung zu diesem Menschen weiter und es bereitet mir eine Freude.

Wenn ich diesem Menschen beim Umzug helfe, bringt mich das innerhalb der Beziehung zu diesem Menschen weiter, bereitet mir in dem Moment aber kein Vergnügen.

Wenn ich meinen Freund belügen würde, dass ich beim Umzug verhindert bin, weil ich arbeiten muss, würde mir das in dem Moment Erleichterung verschaffen, mich in der Beziehung zu meinem Freund jedoch nicht weiterbringen.

Wenn ich hingegen tatsächlich arbeiten muss, ist das eine Absicht, die mich beruflich weiterbringt.

Diese Ketten von Absichten kann man unendlich lange weiterspinnen. Grundsätzlich lässt sich aber sagen, dass eine Tat mir entweder Freude bereitet oder mich weiterbringt oder beides.

Es hilft daher die Taten, die man selbst täglich tut, einmal in diese Kategorien einzuordnen und sich zu überlegen, warum ich etwas tue oder nicht tue und was sich wirklich dahinter verbirgt. Ist es immer noch meine Absicht, oder habe ich mich einfach nur daran gewöhnt? **Manchmal sind wir so festgefahren in unserem Alltag, dass wir außer Acht lassen, dass wir etwas tun, was uns vielleicht mal Freude bereitet hat, es aber schon lange nicht mehr tut, wir es aus Gewohnheit aber weiter fortführen. Oder dass wir die Taten, die uns weiter bringen, aber keine Freude bereiten, bewusst nach hinten schieben.**

•

29. DEMUT VERSTEHEN

KENNST DU DAS SPRICHWORT „KLEINE SÜNDEN BESTRAFT DER LIEBE GOTT SOFORT."? LASSE UNS DAS FÜR DIESEN ABSCHNITT ETWAS ABWANDELN:

„Überheblichkeit straft der liebe Gott sofort."
Volksmund

Nicht nur sofort, auch noch danach und bis an unser Lebensende.

Überheblichkeit ist nicht nur das Gefühl, besser zu sein als etwas oder andere. Es ist auch die Annahme, etwas schon zu „wissen" oder zu „können". Darüber hinaus ist es aber auch der Vorreiter vieler Nachwirkungen, die der Entwicklung schaden.
Du wirst unvorsichtig, bequem, achtest weniger auf dein Umfeld und verlierst das Streben nach Verbesserung, denn in deiner Wahrnehmung bist du bereits besser.

„Wer aufhört, besser zu werden, hat aufgehört, gut zu sein."
Philip Rosenthal

Wir kennen alle Menschen, die schon einmal der Sternenkrankheit zum Opfer gefallen sind. Dass sie alle wieder runterkommen, ist sicher. Die Frage, die sich hierbei lediglich stellt, ist, wie hart der Aufprall sein wird. Überheblichkeit ist ein Virus, der auf der ganzen Welt sein Unwesen treibt. Denn tief in uns haben wir alle den Wunsch, etwas Besonderes sein zu wollen. Überheblichkeit bestärkt diesen inneren Antrieb. Sie bläht uns auf und lässt uns höher erscheinen, als wir eigentlich sind. Überheblichkeit ist der Feind, der uns klein halten möchte. Überheblichkeit ist Benzin für unser Ego, und es ist unser Ego, das uns daran hindert, Herausforderungen anzunehmen, aus Angst davor zu scheitern. Dieser Zündstoff hindert uns daran, aufrichtige Beziehungen zu führen, um negativen Feedback auszuweichen, und er lässt nicht zu, dass wir Verantwortung für unser eigenes Handeln übernehmen, weil wir uns dafür eingestehen müssten, einen Fehler gemacht zu haben. **Uns selbst gegenüber müssen wir keine Fehler eingestehen, wir müssen sie unserem Ego gegenüber eingestehen.** Dass wir als Menschen Fehler machen, ist ein Naturgesetz. Jeder macht Fehler. Es ist das Natürlichste der Welt.

Gleichzeitig ist es eines der größten Hindernisse der Menschheit, konstruktiv mit Fehlern umzugehen. Eine weitere Ablenkung – man sieht anderen bei ihren Fehlern zu, statt konstruktiv zu helfen, indem man eine gesunde Fehlerkultur lehrt. Gleichzeitig duldet man, dass sich Menschen aufgrund von Fehlern bekriegen, andere sich in ihrem Weltbild, fehlerfrei zu sein, überheben und den Nächsten kleinhalten. **Diejenigen, die wie die Beobachter der Gladiatorenkämpfe die Mechanismen verstehen, scheinen am weitesten von einem gesunden Umgang mit Fehlern entfernt – Überheblichkeit pur.**

Wären wir mit uns selbst allein, gäbe es keine Überheblichkeit, denn es wäre keiner vorhanden, dem wir uns überlegen fühlen könnten. Es ist der Vergleich mit anderen Menschen, der uns überheblich macht. Unser Ego würde ohne den Vergleich zu anderen Menschen nicht existieren.

Wir leben alle mit einem Ego, und nur weil wir das wissen, heißt es nicht, dass wir es im Griff haben. Denn nur zu oft sind es genau diese speziellen Dinge, von denen wir denken, dass wir sehr viel über sie wissen, wo uns die Überheblichkeit blendet. Die meisten Verkäufer verlernen das Zuhören, weil sie denken, sie wüssten alles über Kommunikation. Die meisten Lehrer hören dann auf, Schüler zu sein, wenn sie mit dem Unterrichten anfangen.

Die meisten Lehrer hören dann auf, Schüler zu sein, wenn sie mit dem Unterrichten anfangen.

Es ist der Moment, in dem wir in einem Bereich mehr wissen als andere, wo wir aufhören uns in diesem Bereich selbst zu hinterfragen. Das passiert den Besten, das passiert mir, und das passiert uns allen.
Es gibt allerdings einige Möglichkeiten, der Überheblichkeit den Wind aus den Segeln zu nehmen:

- Möglichkeit 1: Neue Herausforderungen

Es ist nahezu unmöglich, als „blutiger Anfänger" überheblich zu sein und zu bleiben. Lerne eine neue Sportart, eine neue Fähigkeit, eine Sprache, egal, was es ist. Überlege dir, was du schon immer können wolltest, aber nie gelernt hast, weil du dich als Anfänger nicht blamieren wolltest.

Wenn du das Gefühl hast, du bist größer als alle deine Feinde, sind deine Feinde nicht groß genug. Die erfolgreichsten Menschen leben am Rande ihrer eigenen Fähigkeiten. Wenn du keine Fehler mehr machst, dann, weil du den Rahmen deiner Fähigkeiten nicht mehr erweiterst.

Hochmut entsteht, wenn du aufhörst, Fehler zu machen. Was in sich selbst der größte Fehler ist.

Denn wir gewöhnen uns nur zu gerne an diesen Zustand, und wenn dann etwas nicht so läuft, wie wir uns das vorgestellt haben, suchen wir den Fehler bei anderen und nicht bei uns selbst.

Kein Mensch, der in dem erfolgreich ist, was du anfängst zu lernen, wird sich über dich lustig machen, dass du auf dem Gebiet ein „Anfänger" bist. Denn sie waren selbst mal ein Anfänger. Es sind die Menschen, zu denen keiner aufsieht, die keine Richtung haben, keine Ziele und kein Streben nach etwas Größerem, die ihre geistige Kapazität dafür nutzen, sich über andere lustig zu machen.

Wenn wir etwas wagen, was nur wenig Menschen sich trauen auszuprobieren, ergibt sich ein Prozess in unserer Umgebung, der ungefähr wie folgt aussieht:

1. Anfänger: Menschen ohne eigene Ziele machen sich über dich lustig.

2. Fortgeschritten: Du wirst besser, und Menschen, die du überholen könntest, reden dir ein, dass das, was du machst, nicht dein Ding ist, um dich klein zu halten.

3. Besser: Du hast Disziplin und Passion für das, was du tust, und machst es gerne, auch an Tagen, wo du es lieber nicht machen würdest. Menschen werfen dir vor, dass du dich für etwas Besseres hältst, weil du deine Prioritäten auf deine Ziele ausrichtest.

4. Erfolgreich: Die einen bewundern und beklatschen dich, und die anderen hassen und beleidigen dich.

Die meisten kommen nie zu 4., weil ihr Ego mit 1. nicht zurechtkommen würde.

- Möglichkeit 2: Lehrer werden, aber Schüler bleiben.

Selena Gomez sagte mal in einem Interview:

„Wenn du der schlauste Mensch in einem Raum bist, bist du im falschen Raum."

Wenn du stetig das Gefühl hast, dass dich jeder deiner Freunde anruft, wenn sie Probleme haben, und du keinen hast, den du anrufen würdest, erweitere dein Umfeld um Menschen, die besser als du sind. Es füttert das Ego, besser zu sein als deine Mitmenschen, der Alpha zu sein an jedem Stammtisch, und alle hängen gebannt an jedem Wort, das du sagst. Alle stimmen dir zu, keiner wagt es, dich zu unterbrechen. Wenn dein Ego es nicht aushält, nicht der Beste in einem Raum zu sein und von anderen zu lernen, die dir voraus sind, ohne dich persönlich angegriffen zu fühlen, kannst du dir jetzt selbst die Hand reichen, dein Wachstum hast du erfolgreich auf Eis gelegt. Denn so werden Tyrannen geboren.

Einen Tyrannen erkennt man sehr leicht an dem Umstand, dass sich keiner traut, ihn zu kritisieren. Er hat seine treuen und loyalen Gefolgsleute, aber irgendwie haben sie alle immer dieselbe Meinung wie er. Keiner möchte gerne zum Tyrannen werden, gleichzeitig sind aber wir auch kein Freund von Kritik. Der Schlüssel liegt hierbei allerdings nicht in der Kritik, sondern darin, Menschen in unserem Leben zu haben, die in der Lage sind, uns für unser Verhalten zur Verantwortung zu ziehen.

Am einfachsten funktioniert das, wenn ich sicherstelle, dass ich Menschen in meinem Leben habe, die nicht von mir abhängig sind. Denn selbst wenn sich ein Mensch in meinem Umfeld, der von mir abhängig ist, traut, mich für mein Verhalten zur Verantwortung zu ziehen oder zu kritisieren – was kaum einer macht, weil keiner die Hand beißen möchte, die einen füttert – kann ich dazu neigen, es als undankbar zu betrachten, was die Wahrnehmung der „Kritik“ negativ beeinträchtigt. Wenn ich allerdings einen Menschen habe, der frei von Abhängigkeit ist oder zu dem ich in einigen Bereichen sogar aufschauen kann und der mir auch mal eine unangenehme Wahrheit mitteilt, kann ich diese unabhängig als Information verarbeiten, und es hilft mir, mein Verhalten reflektieren zu können. Und dem Feedback von jemandem, zu dem wir aufschauen und den wir bewundern, bemessen wir eine ganz andere Gewichtung bei, als wenn es von jemandem kommt, der in unserem „Verantwortungs-Rahmen“ liegt.

Jeder verliert irgendwann die Fähigkeit zur Selbstreflexion, wenn man keinen mehr hat, der einem die Perspektive von außen gibt. Wir lieben es alle, der zu sein, der anderen etwas beibringt, aber Hochmut können wir nur vermeiden, wenn wir jemand bleiben, der lernt.

- Möglichkeit 3: Vergleiche dich nicht mit anderen.

„Wahrhaft edel ist nicht, sich seinen Mitmenschen überlegen zu fühlen, sondern wer sich seinem früheren Ich überlegen fühlt.“
Ernest Hemingway

Wir glauben alle gerne, dass wir es selbst am schwersten haben. Andere haben es schwer, aber keiner hatte es so schwer wie ich. Aber Probleme sind subjektiv. Jeder denkt über sich, dass er es selbst am schwersten hat, wenn er sich mit seinem Umfeld vergleicht. Nicht mit den Menschen, die von Unicef am anderen Ende der Welt gezeigt werden, aber jeder von uns ist in seinem Umfeld die Person, die es am schwersten hat. Wir denken das gerne, weil wir sehr nah vor unseren eigenen Problemen stehen und gar nicht genug Informationen haben, um die Gegebenheiten unserer Mitmenschen „bewerten“ zu können.

Deshalb macht es auch keinen Sinn, sich mit anderen zu vergleichen. Auch nicht, um Demut zu üben. Denn wer sich mit anderen vergleicht, um sich vor Augen zu führen, dass es immer noch viele Menschen gibt, die besser sind, vergleicht sich automatisch auch mit all denen, die nicht besser sind. Das ist keine Demut, das ist Überheblichkeit gegenüber einer Gruppe und ein Minderwertigkeitskomplex gegenüber einer anderen Gruppe von Menschen.

Es ist wichtig zu wissen, dass man heute besser ist als gestern, aber noch wichtiger ist die Gewissheit, dass man noch nicht so gut wie morgen ist.

•

30. ZU DEINEN GUNSTEN

WENN DU ANFÄNGST, DICH WEITERZUENTWICKELN, WIRST DU IMMER HÄUFIGER PHASEN HABEN, DIE SEHR DUNKEL SIND.

Das Leben ist wie die Sequenz auf einem Monitor, der den Herzrhythmus anzeigt. Es geht hoch und runter. Eine gerade Linie bedeutet den Tod allen Empfindens.
Wenn du anfängst nach mehr zu streben, werden deine Ziele größer, damit deine Erfolge und damit auch deine Hochphasen. Im Umkehrschluss aber auch deine Tiefphasen. Alles ist im Gleichgewicht.
Das Universum möchte dich damit aber nicht bestrafen, es formt dich zu der Version, die du für das sein musst, was du dir vom Universum gewünscht hast. Auch das ist Ausdruck der Polarität, die uns umgibt.

Stelle dir vor, du gehst durch dein Leben und trägst mit beiden Händen ein Tablett über deinem Kopf. Auf diesem Tablett sind ein paar Steine, die es dir erschweren, von A nach B zu laufen. Diese Steine symbolisieren das Gewicht unserer Probleme, unserer Herausforderungen, unserer Streits, all die Bürden, die wir eigentlich nicht haben möchten und die unser Leben „anstrengender" machen.

Das Tablett der meisten Menschen ist mit ein paar Kieselsteinen beladen. Diese Kieselsteine werden im Laufe der Jahre immer mal wieder durch ein paar andere ersetzt. Dann kommt mal wieder einer oben drauf, und dann fliegt wieder einer runter. In dem Moment, in dem du sagst, dass du mehr vom Leben möchtest, sendest du ein Signal an das Universum, und es fängt an, dir mehr Steine auf dein Tablett zu legen. Je größer deine Ziele, desto größer die Steine.

Das Universum macht es aber nicht, um dich zu bestrafen, sondern um dich auf das vorzubereiten, was du haben möchtest. Denn das Universum weiß: Alles hat sein Gleichgewicht. Das, was du dir wünscht, hat eine direkte Kehrseite, mit der du zurechtkommen musst, damit du nicht kaputt gehst und dann wieder das verlierst, was du haben wolltest. Damit ist nicht gemeint, dass es uns von sich aus die Arbeit auflädt, damit ist gemeint, dass es uns die äußeren Umstände erschwert, unter denen wir arbeiten müssen. Es ist wie ein imaginärer Test an dich selbst. Sei dir gewiss, dass niemals etwas geschieht, was zu groß für dich sein könnte, auch wenn manche Ergebnisse erdrückend scheinen könnten. Es zeigt sich nur das, was als Gleichgewicht zu dem, was du wünschst, zu werten ist und was vor allem von dir gelöst werden kann.

Ein ganz banales Beispiel:

Stelle dir vor, du möchtest einen Marathon laufen. Du möchtest ihn aber nicht nur laufen, du möchtest ihn gewinnen. Jetzt fängst du von dir aus an zu trainieren und auf einmal ist das Wetter jeden Tag miserabel. Jeden Tag gießt es wie aus Eimern, es ist immer nass, du fällst ständig hin und du denkst dir, wie unfair das ist. Du setzt dir einmal ein Ziel, und das Leben macht es dir so schwer zu trainieren. Der Fokus rückt auf die ganzen anderen Menschen, die woanders leben, die es nicht so schwer haben, wenn sie trainieren möchten. Die morgens den Strand entlanglaufen können, es ist warm und es scheint die Sonne. Irgendwann gewöhnst du dich aber an den Regen und lernst, auch bei Nässe laufen zu können. Und jetzt kommt der Tag des Marathons. Du fährst hin, stellst dich auf, und auf einmal fängt es an, in Strömen zu regnen. Jetzt machst du den dritten Platz, weil du den Menschen voraus bist, die unter einfacheren Bedingungen trainiert haben, die du vorher beneidet hast.

Und hättest du nicht während des Trainings öfter mal einen Tag ausgesetzt, weil du sauer gewesen bist, weil es unfair ist, dass es ständig regnet, hättest du sogar den ersten Platz gemacht.

Die meisten Menschen setzen sich ein Ziel oder äußern einen Wunsch und sind sofort frustriert, weil das Universum anfängt, sie auf diesen Wunsch vorzubereiten. Der erste Stein landet auf ihrem Tablett, und sie schmeißen sofort alles hin, weil sie sauer auf das Leben sind, weil andere es einfacher als sie zu haben scheinen.

Zur Erinnerung: Wir betrachten das Treiben der Welt aus uns heraus. Alles entspringt unserer Perspektive, weil wir nur unsere Gefühle live und in Farbe fühlen können. Wir haben eine Vorstellung über die Gefühle anderer, jedoch begreifen wir nur uns.

Jede erfolgreiche Person, die du siehst, hat eine Liste voll mit Opfern, die sie erbringen musste, um diesen Erfolg zu erreichen, die kein anderer bereit wäre zu bringen. Das ist das Gleichgewicht. Wenn es nicht so wäre, wäre jeder Mensch erfolgreich und keiner. An jedem Stein auf deinem Tablett hängt ein Ballon mit einem Wunsch. Je größer deine Wünsche, desto schwerer deine Steine.

Jeder bekommt nur so viele Wünsche, wie er Steine tragen kann. Deshalb gibt es tatsächlich Menschen, die es „leichter" haben als du. Das liegt aber nicht daran, dass das Universum sie lieber hat als dich. Das liegt daran, dass ihre Ziele kleiner sind als deine. **Du kannst mit jedem Stein also stolz auf deine Ambitionen sein.**

Jeder bekommt nur so viele Wünsche, wie er Steine tragen kann.

Das, was für sie ihr „Endziel" ist, ist für dich nur ein Meilenstein auf dem Weg zu einem höheren Potenzial, was durchaus dazu führen kann, dass sie es leichter erreichen als du, weil du auf etwas vorbereitet wirst, was größer ist. Daher ist es wichtig, sich sehr gut zu überlegen, ob man ein Ziel wirklich erreichen möchte oder nicht. Jedes Ziel hat seinen Preis. Und manchmal bedeutet es auch, dass du eine halbe Ewigkeit mit ein und demselben Stein auf deinem Tablett von A nach B laufen musst, damit dieser Stein zum Erfolg wird.

Erfolg in dem Sinne ist wie ein Heliumballon, der an deinen Stein gebunden ist, je größer der Ballon, desto schwerer der Stein, der den Ballon am Wegfliegen hindert. **Deshalb ist es unabdingbar, für dich zu wissen, dass das Universum dich liebt.**

Denn nur dann hast du genug Vertrauen, zu wissen, dass die Anstrengung belohnt wird. Es gibt kein Versagen, es gibt nur Aufgeben. Das Universum möchte dein Bestes, es würde nie zulassen, dass du es nicht bekommst. Du wirst langfristig nicht scheitern. Menschen scheitern nicht, sie geben auf.
In diesem Moment fällt es uns schwer, das zu glauben.
Wenn erfolgreiche Menschen davon erzählen, dass man nicht aufgeben soll, denken wir uns alle, dass sie leicht reden haben, da es bei ihnen ja offensichtlich funktioniert hat. Aber auch sie hatten diese dunkle Phase mit einem sehr schweren Steinen auf ihrem Tablett und haben es unter Schmerzen festgehalten. Auch sie wussten nicht wie lange noch. Und das ist der Punkt, an dem die Letzten scheitern.

Die letzte Gruppe, die ihre Ziele nicht erreicht, scheitern nicht, weil sie keine Arbeit investiert hat, sondern weil sie zu früh aufgehört hat. Das ist nachvollziehbar, denn das Warten ist Folter.
Wenn wir wissen, wann eine schlechte, schmerzhafte, einsame oder dunkle Phase endet, ist es erträglich. Denn wir haben die Gewissheit, dass sie vorbei sein wird und wissen genau wie lange wir noch aushalten müssen.
Bei größeren Zielen ist das nicht der Fall. Keiner wird dir sagen, wie lange du noch arbeiten musst, bis das Ergebnis kommt, das du dir erhofft hast. An dieser Ungewissheit zerbrechen die stärksten und fleißigsten Menschen. Wenn du diese Steine trägst und du stehst unter Schmerzen und hast keine Aussicht darauf, dass es sich lohnen wird, dann weißt Du, dass das der Moment ist, wo die meisten Menschen scheitern.

Warum ist nicht jeder erfolgreich?

Weil die meisten danach leben, möglichst wenig Steine auf dem Tablett zu haben. Das ist deren Definition von „Glücklichsein". **Doch das ist nicht das Ziel. Das Ziel ist es, mit jedem Stein stehen zu können. Das Universum gibt dir keine Steine, mit denen du nicht stehen könntest.** Sendest du einen Wunsch an das Universum, hört es dich. Denkbar ist es, dass du deine Aufgaben nicht bestehen würdest, wenn du frühzeitig wüsstest, wann die Belastung endet. Leichtsinn, Müßiggang, Faulheit, Achtlosigkeit – alles das könnte auftauchen, wenn du ohne Steine sofort wüsstest, bis wo der Weg geht. Wir schulden unseren Träumen einen gewissen Einsatz, und der ist nicht gegeben, wenn wir die Grenzen sofort erkennen.

Wenn du dir einen bestimmten Erfolg wünschst, dann sei dir bewusst, dass alles zwei Seiten hat. Jeder Erfolg hat eine Schattenseite, die Kraft kostet. Das heißt, wenn du dir Erfolg wünschst, egal in welcher Form, ist dem Universum völlig klar, dass du dafür Kraft brauchst.
Wenn Erfolg ohne Anforderungen verteilt würde, hätte ihn jeder. Also sorgt das Universum dafür, dass du Kraft entwickeln kannst und deshalb schmeißt es dir Steine auf dein Tablett.

Bei jedem Stein fällst du ein Stück in die Knie, bis du stark genug bist, wieder aufrecht zu gehen. Und du wirst von Mal zu Mal stärker. Du lernst, mit vielen Steinen auf deinem Tablett zurecht zu kommen, das Gleichgewicht zu halten und nimmst von Zeit zu Zeit sogar Steine von den Tabletts deiner Mitmenschen mit, weil sie nicht so viel Kraft wie du haben.

Irgendwann kommt der Moment, in dem dir das Universum keinen weiteren Stein auflädt, sondern einen riesigen Felsbrocken, und du liegst von einem auf den anderen Moment am Boden. Das ist der Punkt, wo wir denken, dass wir nie wieder aufrecht stehen werden. Dieser Moment wird kommen. Und umso mehr du erreichen möchtest, desto häufiger wirst du ihn erleben.

Es wird viele Menschen geben, die wollen, dass du liegen bleibst. Nicht selten werden diese Felsbrocken von Menschen erschaffen, von denen wir dachten, dass sie sich für unsere Erfolge freuen würden. Aber nicht jeder ist ein Freund, und dein Erfolg ist immer ein Spiegel für das Scheitern eines anderen, besonders Menschen in unserem engeren Kreis. Denn es zeigt ihnen, dass du unter ähnlichen Voraussetzungen wie sie, etwas geschafft hast, was sie nicht zu schaffen im Stande waren. Anhand deines Tatendrangs und des Durchhaltevermögens entziehst du ihnen die Argumentationsgrundlage für ihre Erfolgslosigkeit.

Im Gegenzug wird es ebenso Menschen geben, von denen du nicht gedacht hast, dass sie dir helfen, wieder aufzustehen. Manchmal müssen wir allein aufstehen. Und manchmal dauert es eine Weile. Jedoch spielt das keine Rolle, denn unser Zeitplan ist nebensächlich. Der Weg, den wir uns ausgemalt haben, wie wir an unsere Ziele kommen, ist nebensächlich. Unser Plan funktioniert nie. Der Plan, den wir uns überlegen, um an unsere Ziele zu kommen, ist lediglich dazu gedacht, dass wir weiter mit unserem Tablett nach vorne laufen und nicht aufgeben. Jeder mit einem ernsthaften Ziel hat auch einen guten Plan, der nie funktioniert. Und innerhalb dieses Plans stoßen wir auf Möglichkeiten und Chancen, die uns zu unserem Ziel bringen, an die wir vorher in keinem Moment gedacht haben.

Deshalb ist es wichtig, dass wenn wir, unsere Ziele visualisieren, nicht an die Momente denken, wenn wir unseren Plan umsetzen, sondern an die Momente nach dem Plan.

Wenn ich zu sehr darauf fokussiert bin, mein Ziel mit nur genau diesem einen Teil meines Plans zu erreichen, übersehe ich die Möglichkeiten, die tatsächlich zu diesem Ziel führen. Genauso wie mit Menschen. Wenn ich zu sehr darauf fokussiert bin, mein Endziel mit genau diesem einen Menschen zu erreichen, übersehe ich, dass es vielleicht gar nicht dieser Mensch ist, der dafür vorgesehen ist.

Und wenn wir weiter daran festhalten, kann es sein, dass das Universum Situationen schafft, in denen wir von einem Menschen so stark verletzt werden, dass wir sie gehen lassen müssen. Je größer dein Herz ist, desto größer ist die Gefahr, dass du in diese Situation kommst, denn du wirst jeden mitziehen wollen. Es gibt Menschen, die ein Teil von unserem Plan sind, weil das der Teil ist, den wir sehen können und es gibt Menschen, die Teil vom Ziel sind, das wir noch nicht sehen können. Und manchmal ist das Einzige, was uns davon abhält, ein Ziel zu erreichen, ein Mensch, an dem wir festhalten, der nicht dort hingehört.

Von allen Lehren auf dem Weg zu unserem Ziel ist das wohl die schwierigste, denn es hinterlässt einen Schmerz und Wut, die in unserem Kopf und unserem Herz ihr Unwesen treibt. Das ist der große Feldbrocken, der uns in die Knie zwingt, und wenn wir diesen Schmerz nicht loslassen, zerquetscht er uns auf lange Sicht und wir stehen nicht wieder auf. Das Einzige, was wir dann tun können, ist im Stillen zu verzeihen. Wenn wir nicht verzeihen, tragen wir diesen Feldbrocken immer weiter mit uns herum.

Wenn wir für alles in unserem Leben Kontrolle übernehmen, können wir bei der Vergebung nicht darauf warten, dass jemand anderes bemerkt, dass das, was uns passiert ist, unfair war. Vertrauen und Liebe sind sehr fragile Glaskugeln, wenn wir diese Glaskugeln in die Hände eines anderen geben und er sie fallen lässt, können wir nicht darauf warten, bis diese Person sie von sich aus wieder aufsammelt und zusammensetzt. Es wäre schön, wenn sie das tun würden, oftmals wünschen wir uns, sie würden es tun, aber wir pausieren unser Leben in einem Zustand des Schmerzes, wenn wir darauf warten, dass sie es tun. Zu häufig unterschätzen wir die Kraft in diesen Glaskugeln, denn manche Menschen erscheinen nur wertvoll, weil wir ihnen Verantwortung für einen wertvollen Teil in uns gegeben haben. Wir sehen den Scherbenhaufen auf dem Boden und denken, dass diese Person die einzige ist, die ihn wieder zusammensetzen kann und trauern um den Teil in uns selbst, der gerade zu Bruch gegangen ist.

Das Universum weiß, dass es Menschen gibt, die nicht die Kraft haben, unsere Glaskugeln festhalten zu können. Das ist nicht die Schuld der Glaskugeln, nicht die Schuld der Menschen und nicht die des Universums. Es ist unsere Aufgabe, sie aufzuheben, zusammenzukleben und sie zu einem Zeitpunkt, wo alles verheilt ist, einem Menschen zu geben, der stark genug ist.

Genau deshalb vergeben wir. Wenn nicht, kann es passieren, dass ein unfassbar großartiger Mensch vorbeikommt, der alle Stärke in der Welt hätte, unsere Glaskugel halten zu können. Wir aber übergeben ihm einen Haufen Scherben. Dieser Mensch steht vor uns und fragt sich, was er damit soll und geht.

Und wir haben einen Menschen verpasst, weil wir darauf gewartet haben, dass jemand anderes unsere Scherben zusammensetzt.

Vergebung ist nichts, was den anderen entlastet, sie entlastet uns selbst. Wenn du weißt, dass das Universum nur in deinem besten Interesse arbeitet, weißt du auch, dass es dafür sorgt, dass Menschen gehen, die nicht in deinem besten Interesse sind, und dann kannst du ihnen verzeihen, denn es ist nicht ihre Schuld.

Vergebung ist nichts, was den anderen entlastet, sie entlastet uns selbst.

Irgendwann wird der Punkt kommen, wo sie sich ärgern, nicht genug an sich selbst gearbeitet zu haben, um mehr Kraft für deine Glaskugeln zu haben. Dieser Punkt kommt jedoch erst, wenn du vollständig damit abgeschlossen hast, denn dann spielt es keine Rolle mehr.

„Erfolg ist die einzige Rache. Gewinne so groß, dass sie nicht anders können, als sich konstant mit dir zu vergleichen. Werfe einen Schatten so groß, dass keiner sie mehr sieht und sie in der Irrelevanz ihres Daseins versinken.“
Alexander Hormozi

Verzeihen ist Frieden und Macht.
Verzeihen heißt nicht, das Geschehene nachvollziehen zu können.
Es heißt nicht es zu rechtfertigen.
Es heißt nicht, es im Leben zu behalten.
Es heißt lediglich, es zu akzeptieren und weiterzumachen.

•

31. INVESTMENT

MUT IST IN DEN MEISTEN FÄLLEN GANZ LEISE UND ER ZEIGT SICH AN DINGEN, DIE WIR AUF DEN ERSTEN BLICK NICHT MIT MUT ASSOZIIEREN. MANCHMAL IST ES AUSDRUCK VON MUT, DASS WIR ETWAS NOCH EINMAL PROBIEREN, STATT VOREILIG ETWAS ZU BEENDEN.

Erfahren wir eine Situation, in der uns jemand verletzt, müssen wir diesen Menschen nicht direkt aus unserem Leben streichen. Denn nicht hinter jedem Moment, in dem wir verletzt werden, steckt eine böse Absicht.

Bob Marley sagte einmal:

„Die Wahrheit ist, jeder wird uns verletzten. Wir müssen nur die finden, für die sich das Leiden lohnt."

Jeder trägt sein Päckchen. Wir wissen nicht, in welcher Situation oder in welchem Zustand sich jemand befindet, wenn wir ihm begegnen. Es gibt eine kurze Anekdote über die Art und Weise wie wir Menschen betrachten:

Ein Mann sitzt mit seinen Kindern in der Bahn. Die Kinder benehmen sich absolut daneben. Sie sind laut, springen herum, rempeln andere Passanten an, und der Mann sitzt nur gleichgültig da und sagt nichts. Langsam fangen die anderen Passanten an genervt zu sein, und machen ihren Unmut mit Kopfschütteln und lauten Seufzern bemerkbar. Den Mann schien auch dies nicht zu interessieren.

Nach einer Weile beginnen die Menschen, sich lauthals darüber zu beschweren, dass es unmöglich ist, und dass man seine Kinder doch erziehen muss.
Irgendwann spricht einer der Passanten den Mann an, tippte ihm auf die Schulter und sagte: >> Entschuldigen Sie, Ihre Kinder machen hier einen riesen Radau. Können Sie nicht mal etwas sagen? <<
Woraufhin der Mann antwortet: >> Entschuldigen Sie, ihre Mutter ist gerade gestorben, wir sind auf dem Rückweg aus dem Krankenhaus und ich weiß nicht, wie wir jetzt alle damit umgehen sollen. <<

Wir urteilen so schnell über andere, ohne auch nur einen Hauch Ahnung zu besitzen, was im Leben des anderen vor sich geht. Einzig und allein unser eigenes Verhalten können wir immer nachvollziehen oder rechtfertigen, denn unser Verhalten ist das Einzige, das wir unter der Berücksichtigung aller Faktoren beurteilen können. Bei keinem anderen haben wir alle Informationen, die wir bräuchten, um uns ein Urteil über das Verhalten bilden zu dürfen. Deshalb haben wir auch niemals das Recht, irgendjemanden zu verurteilen. Das einzige Recht, das wir haben, ist klar zu kommunizieren, wenn das Verhalten eines anderen uns selbst negativ beeinflusst. Unsere Emotionen beeinflussen sehr oft unser Verhalten, jedoch sind sie nicht echt.

Unsere Emotionen sind eine Reaktion auf äußere Umstände, die unter anderem durch noch offene Wunden in uns selbst verursacht werden. Wir machen oft den Fehler, anderen Böswilligkeit zu unterstellen, wenn sie versehentlich unsere Wunden treffen. Das kann nur dann passieren, wenn wir selbst unsere offenen Verletzungen nicht kennen. Dein Leben in Pixeln betrachtet bedeutet, dass du dich aktiv mit jedem einzelnen Schmerzpunkt in dir auseinandersetzt. Ein wesentlicher Aspekt des Lebens.

Unsere Emotionen sind eine Reaktion auf äußere Umstände, die unter anderem durch noch offene Wunden in uns selbst verursacht werden.

Wenn ich mich am Arm verbrenne, habe ich dort für einige Zeit eine sehr empfindliche Stelle. Am nächsten Tag gehe ich zur Arbeit und trage ein langärmliges Hemd. Ein Kollege umarmt mich zur Begrüßung und drückt dabei auf die Stelle, und ich schreie vor Schmerz auf. Jetzt habe ich die Möglichkeit, meinen Kollegen darauf hinzuweisen, dass ich mich verbrannt habe, und er wird verstehen, warum ich derartig schmerzerfüllt auf seine Berührung reagiert habe. Die andere Möglichkeit, ist ihm zu unterstellen, dass er das hätte wissen müssen und dass er das mit Absicht gemacht hat, weil er mich verletzen wollte.

Zweiteres hört sich in Bezug auf das Beispiel absurd an, ist aber genau das, was wir täglich mit unseren Mitmenschen tun, wenn es um emotionale Wunden geht. Wir gehen häufig davon aus, die andere Person „hätte es wissen müssen".

Noch schlimmer wird es dann, wenn wir selbst nicht wissen, dass dort eine Wunde ist. In diesem Fall kann die andere Person nur bösartig sein, andernfalls würde es nicht derartig schmerzen. Wenn wir uns jetzt in die Lage der anderen Person versetzen, die nicht erklärt bekommt, dass dort eine offene Stelle ist, würde sie dann rational reagieren, wenn wir sie anschreien, nachdem sie uns umarmt hat? Vermutlich nicht.

Je näher wir einer anderen Person kommen, desto häufiger kommen wir in die Situation, eine verbrannte Stelle zu erwischen. Das macht es umso wichtiger, dass wir uns nicht nur selbst darüber bewusst sind, sondern es auch kommunizieren.

Erst wenn es kommuniziert wurde, zeigt sich die Intention des anderen Menschen. Wenn ich jemanden über die Existenz einer Wunde informiere und wo sie ist – wenn ich jemandem wirklich vertraue, ihm sogar mitteile, wie sie entstanden ist – gebe ich dem anderen die Möglichkeit, genau zu wissen, wo er meinen Schmerzpunkt treffen kann.

Danach habe ich die Möglichkeit zu entscheiden, ob ich dieser Person nochmal eine Wunde anvertrauen möchte oder nicht. Wobei man sich sehr gut überlegen sollte, ob man einen Menschen im Leben behalten möchte, der die Intention hat, einen zu verletzen.

Ein Mensch, dem klar kommuniziert wurde, wo es weh tut und der diese Informationen gegen einen verwendet, ist eine heikle Angelegenheit. Im besten Fall ist es das Ergebnis unseres eigenen Verhaltens.
Wir haben diesen Menschen so stark verletzt, dass er einfach nur den Wunsch hat, uns zurück verletzen zu wollen. In diesem Fall ist die Beziehung ziemlich kaputt, aber wir können an unserem eigenen Verhalten arbeiten, um sie zu reparieren. Im schlechtesten Fall liegt die Ursache im Schmerz, den diese Person durch andere erfahren hat. Hierbei liegt es nicht in unserer Verantwortung oder Macht, es reparieren zu können/sollen.
Böse Absichten sind durch nichts zu entschuldigen. Es spielt keine Rolle, welchen Schmerz jemand mit sich trägt, wir treffen alle jeden Tag dieselbe Entscheidung, ob wir unseren Schmerz nutzen, um andere vor diesem zu bewahren, oder ob wir diesen auf andere projizieren.
Menschen mit bösen Absichten sind Menschen ohne moralischen Kompass oder Empathie. Sie waren nicht in der Lage, mit ihrem eigenen Schmerz umzugehen, was dazu geführt hat, dass dieser Kompass nicht mehr funktioniert. Es gleicht einem Selbstmordkommando diesen reparieren zu wollen.

Stell dir, du wirst von einer Schlange gebissen, und anstatt deinen Arm von der Schlange wegzureißen und die Wunde von dem Gift zu heilen, versuchst du, die Schlange zu fangen, zu analysieren, warum sie dich gebissen hat, und zu beweisen, dass du es nicht verdient hast.
Wir können nicht immer beeinflussen, ob ein anderer Mensch uns gut behandelt, wir können nur beeinflussen, wie oft wir uns schlecht behandeln lassen.
Aber wenn wir jemandem die Möglichkeit geben möchten, uns gut zu behandeln oder zumindest so, dass wir keinen oder wenig Schmerz davontragen, ist es notwendig, dass wir in der Lage sind, unsere Grenzen zu kommunizieren. Unsere eigenen wunden Punkte liegen innerhalb unserer Grenzen.
Vor allem anderen ist diese Selbsterkenntnis des eigenen Schmerzes, der eigenen Ängste und Sorgen der erste Schritt dahingehend, tiefere

und bessere Beziehungen zu führen. Hierbei geht es nicht darum, sich zu heilen oder alles aus seiner Kindheit perfekt zu reflektieren oder endlich zu erkennen, dass die Tatsache, dass ich nach 30 Jahren nur One-Night-Stands habe, daran liegt, dass meinem Vater mein Bild aus der 3. Klasse nicht gefallen hat.

Das meine ich nicht. Es ist nicht notwendig, dass wir sofort geheilt sind, was im Wesentlichen auch eine vollkommen utopische Annahme ist. Vielmehr geht es darum, auch in Bezug auf die Male, in denen wir verletzt wurden, die Verantwortung zu übernehmen und jeden Schmerz in sich einmal zu reflektieren. Ein Mensch ist selten einfach nur böswillig. Das Maximale an Böswilligkeit, wie sie im Alltag vorkommt, ist, wenn ein Mensch egoistisch handelt und anderen ein Kollateralschaden entsteht, und ironischer Weise sind wir dann sauer, weil dieser Mensch nicht an uns gedacht hat, während seiner Handlung, obwohl wir während dieses Gedankens dabei nur an uns denken.

Ein Mensch ist selten einfach nur böswillig.

Wir neigen dazu, alles persönlich zu nehmen, weil es in unserer Welt nur um uns geht, und nicht selten übersehen wir dabei, dass etwas, was uns verletzt hat, nichts mit uns zu tun hatte, weil es in der Welt von anderen nur um andere geht. Durch den Umstand, alles auf uns zu beziehen, schaden wir uns selbst viel mehr, als jemand anderes es tun könnte.

Es ist irrelevant, ob wir wissen, woher unser Schmerz kommt, die Praxis sieht so aus, dass Schmerz subjektiv ist. Jeder empfindet Schmerz unterschiedlich. Es ist nichts, was bewertet werden kann, weder bei mir noch bei anderen.

Und nur weil ich weiß, welcher Aspekt meiner Kindheit nach 20 Jahren dazu geführt hat, dass ich in bestimmten Situationen verletzt bin, heißt es nicht, dass es sich besser anfühlt, nur weil ich es weiß. Das zu lösen ist, weder mein Bestreben noch meine Angelegenheit. **Was ich damit zum Ausdruck bringen möchte, ist, dass Schmerz als solcher so willkürlich und subjektiv daherkommt, dass wir selbst nicht immer wissen, warum uns etwas verletzt. Wie also können wir erwarten, dass es jemand anderes weiß?**

Diese naive Annahme zerstört Beziehungen. Beziehungen aber sind das Fundament unserer Lebensqualität. Bevor du also das nächste Mal erwartest, dass dein bester Freund oder Partner von sich aus weiß, wie sehr dich etwas verletzt hat, reflektiere es dieser Person, und du wirst feststellen, wie überrascht Menschen darüber sind, auf welche Weise ihre eigenen Taten andere verletzen können, wo es doch nie ihre Absicht war. Umgekehrt selbstverständlich auch. Du wärst genauso überrascht, wenn dir jemand sagen würde, wie häufig du bereits der „Böse“ in der Erzählung eines anderen warst, ohne es überhaupt bemerkt zu haben. **Schmerz kommt und geht als einer der wenigen stetigen Begleiter, die wir im Leben haben.**

Der Schmerz holt uns immer ein, er ist in uns. Wir können nicht vor etwas davonlaufen, was in uns steckt oder uns einreden, dass es nicht da ist. Das Beste, was man machen kann, ist zu akzeptieren, dass er da ist und zu verstehen, dass es okay ist. Auch wenn es anderen Menschen wesentlich schlechter geht als dir, brauchst du kein schlechtes Gewissen haben, weil du Schmerz empfindest. Du kannst dann ein schlechtes Gewissen haben, wenn du ihn als Ausrede nutzt oder andere Menschen darunter leiden lässt, aber nicht dafür, dass der Schmerz da ist.

Erfährst du eine unbeabsichtigte Verletzung durch eine andere Person übernimm die Verantwortung, sie darüber aufzuklären, anstatt vorauszusetzen, dass sie es von sich aus hätte wissen müssen. Und dann verzeihe ihr. Wenn du diese Verantwortung, jemandem verzeihen zu können, abgibst, wirst du nach und nach aufhören, dich in die Situationen zu begeben, in denen du verwundbar bist. Das mag dich vielleicht im ersten Moment schützen, aber es verwehrt dir auch die schönsten Momente, Gefühle und Menschen in deinem Leben.

Wir sind soziale Wesen, wir brauchen emotionale Intimität mit anderen Personen, das Gefühl, dass es Menschen gibt, die alles von uns kennen und die uns trotzdem oder genau dafür lieben.

Sich nicht mehr verwundbar zu machen, bedeutet gleichzeitig auch, sich selbst die Chance auf eines der schönsten Gefühle zu verwehren, daher müssen wir in der Lage sein, uns selbst heilen zu können.

„Wenn ein Vogel auf einem Baum landet, vertraut er nicht darauf, dass der Ast jedes Mal hält, er vertraut auf seine Fähigkeit zu fliegen, wenn er bricht." Unbekannt

Triffst du aber auf Menschen, die sich nicht eingestehen wollen, dass sie dich verletzt haben, dass ihr Verhalten einen negativen Einfluss auf deine Gefühle hat, und nicht in der Lage sind, sich für ihr Verhalten zu entschuldigen, dann lass sie gehen. Ein Mensch, der so wenig Eigenverantwortung für sein eigenes Verhalten übernimmt, dass er nicht in der Lage ist, sich zu entschuldigen, wenn er dich verletzt hat, wird es immer wieder tun. Diese Menschen erkennst du leicht an unaufrichtigen Entschuldigungen.

>> Tut mir leid, dass du das so siehst. <<
>> Tut mir leid, dass du dich so fühlst. <<

Menschen, die sich für alles an dir entschuldigen, aber nicht für ihr eigenes Verhalten, sind nicht in der Lage zu erkennen, wann sie andere verletzen, und werden immer wieder verletzen. Das Traurige dabei ist, dass diese Menschen eher selten die Intention haben, andere verletzten zu wollen. Sie haben zu wenig Einfühlungsvermögen, um sich selbst vor Augen zu führen, wie ihr eigenes Verhalten andere verletzen könnte. Und weil sie selbst aber eigentlich niemanden verletzen wollen, ist es ihnen nicht möglich, sich das einzugestehen.

Nur deshalb fällt es uns so schwer, diese Menschen loszulassen, weil sie eigentlich ein gutes Herz haben. Sie würden vielleicht sogar alles stehen und liegen lassen, um uns bei einer Bedrohung von außen zu helfen, damit uns kein anderer verletzt, übersehen aber, dass es oft sie sind, die den größten Schaden verursachen.

Aber wir können diesen Menschen nicht helfen. Wir können nur aufhören, unser eigenes Wohlbefinden zu opfern, nur um ihres zu schützen. **Der ganze Umgang mit Schmerz erweckt zunächst den Eindruck, als wäre es ein schmaler Grat.** Zu wissen, wann wir an einer Beziehung arbeiten und wann wir loslassen. Aber eigentlich ist es das nicht. Die Frage, die sich hierbei stellt ist, ob jemand bereit ist, für dich an sich zu arbeiten, und umgekehrt. An Beziehungen zu arbeiten, ist einfach, wenn beide es wollen. In den Momenten, wo wir uns von jemandem distanzieren oder streiten oder uns genau diese Frage stellen, warum wir das eigentlich tun, sind wir zu häufig darauf fokussiert, was wir am anderen alles gerne ändern würden, damit diese Geschäftsbeziehung, Freundschaft, Partnerschaft oder dergleichen weiter bestehen kann, lassen dabei aber völlig außer Acht, dass wir andere nicht für sich selbst ändern können. Wir können uns nur selbst ändern und damit das Verhalten des anderen beeinflussen. Und das muss man selbst auch wollen. Man braucht die Bereitschaft, sich selbst ändern zu wollen, um eine Beziehung am Leben zu erhalten, beziehungsweise alle Parteien müssen es wollen. Wenn alle beteiligten Parteien bereit wären sich selbst für andere zu ändern, dann ist es einfach. Wenn nur einer dazu bereit ist, wird es schwierig. Das Einzige, was einem dann noch fehlt, ist das Wissen darüber, was geändert werden muss, etwas, was sich durch Gespräche durchaus herausfinden lässt.

Zwischenmenschliche Beziehungen laufen selten ohne eine „schlechte Phase“, und das ist auch völlig in Ordnung. Es geht nicht darum, sich immer zu 100 Prozent zu verstehen oder immer verliebt zu bleiben. Vielmehr geht es darum, sich für einen Menschen zu entscheiden, in den man konstant bereit ist zu investieren.

Denn das dauerhafte Investment ist notwendig, um einem Menschen wichtig zu bleiben. Ich kann die tollste Frau der Welt sein, wenn ich anfange, meinen Mann zur Gänze gleichgültig zu behandeln oder zu ignorieren, wird irgendwann der Punkt kommen, an dem ich ihm auch nicht mehr wichtig bin und das ist der Moment, an dem wir die Bereitschaft verlieren an uns selbst für jemand anderen zu arbeiten. Wir sind bereit, an uns selbst zu arbeiten, wenn die andere Person uns wichtig genug ist, und die Beziehung kann dann bestehen, wenn es auf beide zutrifft. Ein Mensch, der allerdings nicht bereit ist in mich zu investieren, wird auch nicht bereit sein, wenn ich mehr in ihn investiere. Und das ist der Moment, wo wir loslassen sollten.

Manchmal überkommt uns Angst, weil wir denken, wir haben das Beste, was wir selbst in einem anderen Menschen hätten finden können, mit dieser Person erreicht, und dass wir nichts Besseres finden. Manchmal geben wir uns selbst die Schuld, dass wir es hätten verhindern können, wenn wir dieses oder jenes nicht gemacht hätten. Manchmal heben wir die andere Person auf ein Podest und sagen uns, dass wir ein Investment dieser Person einfach noch nicht verdient haben und investieren weiter, um ihrer würdig zu werden.

Die Wahrheit ist, dass ein Mensch, der in unserem Leben sein sollte, immer ein Mensch ist, der bereit ist in uns zu investieren. Jemanden, der nicht will, können wir nicht zwingen, und jemanden, der will, können wir nicht abhalten.

•

32. GRENZEN · DIE NOTWENDIGE VERTEIDIGUNG

EINE FRAGESTELLUNG, DIE ICH BIS HEUTE SEHR SCHWIERIG FINDE, IST DER UMGANG DAMIT, WENN JEMAND ANDERES MEINE GRENZEN VERLETZT.

Grenzen erscheinen selten in großen Leuchtbuchstaben. Tatsächlich erscheinen sie erst, wenn sie überschritten wurden.
Bis zu dem Zeitpunkt, wo jemand über eine Grenze geht, bleibt sie an sich unsichtbar. **Denn keiner hat eine genaue Anzahl an Grenzen.** Für jede Handlung gibt es eine Grenze, und diese ist abhängig von der Person, welche diese Handlung ausübt.
Gegenüber einem Fremden habe ich andere Grenzen als meinem besten Freund gegenüber. Dennoch ist es auch unserem besten Freund möglich eine Grenze zu überschreiten. Das Problem mit dem Überschreiten dieser Grenzen ist, dass nur selten eine böse Absicht dahintersteckt, dennoch löst jede Überschreitung einen Schmerz aus, den wir dann als „Grenzüberschreitung" identifizieren. Und dann haben wir die Möglichkeit, dieses Überschreiten zu kommunizieren. Die Frage, die sich dann nur noch stellt, ist: Auf welche Weise kommunizieren wir?

Ein Bekannter von mir pflegt häufig zu sagen:

>> Wie oft kann dich jemand schlagen, bevor du zurückschlägst? <<

Jedes Mal, wenn ich das höre, stellt sich mir die Frage wieso ich zurückschlagen sollte, wenn ich einfach gehen kann? Wenn mich jemand schlägt und ich weise ihn darauf hin und er tut es nochmal, kann ich einfach gehen. Wieso sollte ich mich selbst verletzen, indem ich mich auf das Niveau des anderen begebe nur damit er auch Schmerz fühlt?

Mein Schmerz sinkt durch den zugefügten Schmerz nicht im Geringsten. Eher fühle ich mich noch mieser, weil ich zum einen, um mein Ego zu befriedigen, etwas getan habe, was sich grundlegend falsch anfühlt. **Zum anderen ist meine Schwingung derart niedrig, dass ich weder Schönes zu erwarten habe, noch die Steine meines Tabletts in diesem Moment in der Tiefe beseitigen kann.**

Für mich war die Tatsache, jemand anderen „zurückzuschlagen" einfach eine Projektion von Schmerz, und die Option zu gehen, eine würdevolle Möglichkeit, die andere Person mit ihrer Wut allein zurechtkommen zu lassen, um mich nicht von ihrer negativen Energie beeinflussen zu lassen. Leider gibt es auch Situationen, in dem wir nicht die Möglichkeit haben einfach zu gehen. Menschen, die wir nicht verlassen können, ohne die Situation zu verlassen, die wir durchqueren müssen, um unser Ziel zu erreichen. Wir haben mit Menschen zu tun, die uns bewusst schaden wollen, mit denen wir uns auseinandersetzen müssen, die unsere Grenzen angreifen, immer und immer wieder. Und jedes Mal, wenn wir es zulassen, stoßen sie beim darauffolgenden Mal ein Stück weiter nach vorne. Es ist ein schmaler Grat.

Ich habe mich häufig schon in eine unangenehme Lage gebracht, weil ich zu emotional auf etwas reagiert habe, ohne mich damit zu beschäftigen, woher meine emotionale Reaktion kam. Als Folge habe ich lange daran gearbeitet. Auch wenn ich niemals jemanden mittels Kraftausdrücken beleidigt oder körperlich angegriffen habe (abgesehen von meiner Schwester), wollte ich diesen Teil in mir verbessern. Ich habe mich mit verschiedenen Methoden auseinandergesetzt. Einige dieser Methoden machten es tatsächlich besser. Was gut funktioniert hat, war 72 Stunden zu warten. Dann sind die gröbsten Emotionen verflogen und man kann sich rationaler mit der Ursache auseinandersetzen. Sehr häufig habe ich in dieser Zeit die Ursache bei mir gefunden und musste es gar nicht mehr ansprechen. Aber trotz all dieser Mühe, die ich investiert habe, um weniger emotional zu sein, um keinem mehr die Macht zu geben, über mein Verhalten entscheiden zu können, ging es mir besser, bevor ich an jener Emotionalität gearbeitet habe. Denn obwohl ich ruhiger, souveräner oder sogar erwachsener hätte reagieren können, habe ich keine der Situationen bereut, in denen ich zu emotional reagiert habe. Es gab viele, in denen ich falsch lag und mich im Nachhinein entschuldigt habe. Aber ich konnte zumindest nach der Entschuldigung mit dem Thema abschließen.

Erst als ich daran zu arbeiten anfing, habe ich angefangen zu bereuen. Durch meine Obsession, keine Reaktionen zu zeigen, hatte ich leider auch aufgehört, für mich selbst einzustehen. **Und es hat sich Wut in mir angesammelt, die aus Situationen entstanden ist, in denen ich meine Grenzen hätte verteidigen müssen und es nicht getan habe, um meinem Gegenüber keine Kontrolle über mein Verhalten zu geben.** Das waren die Situationen, die mich nachts wach gehalten haben. Nicht meine Überreaktionen, sondern die Momente, in denen ich eine Respektlosigkeit hingenommen habe, ohne etwas zu tun. Und ich habe festgestellt, dass weder eine Überreaktion noch keine Reaktion die Lösung sind. Das Verteidigen der eigenen Grenzen muss sicherlich kein emotionaler Ausbruch sein, aber sie müssen trotzdem verteidigt werden. Unter gar keinen Umständen sollte man jemanden zuerst schlagen. Aber wenn dich jemand schlägt, dann schlag besser so hart zurück, dass er sich nie wieder trauen wird, die Hand zu erheben. Metaphorisch gesprochen.

Das Verteidigen der eigenen Grenzen muss sicherlich kein emotionaler Ausbruch sein, aber sie müssen trotzdem verteidigt werden.

Natürlich ist es wichtig unser eigenes Verhalten zu überprüfen, um sicherzustellen, dass wir selbst nicht der Auslöser für den Schlag waren, und Verantwortung dafür tragen, jeden, dem wir begegnen, immer mit Respekt zu behandeln. Es gibt viel, was wir uns verdienen müssen (Vertrauen, Erfolg, Neid), aber Respekt sollte immer ein Geschenk sein. Keiner von uns ist so wichtig, als dass er bestimmen könnte, was jemand anderes erfüllen muss, um von uns respektvoll behandelt zu werden. Trotzdem gibt es Menschen, die der Annahme sind, dass man sich Respekt verdienen muss, und wenn diese Menschen unsere Grenzen überschreiten, sollten wir zumindest dafür sorgen, dass sie es nur einmal tun.

Der Ausdruck *Zivilcourage* beschreibt den Mut, sich in schwierigen Situationen für seine Mitmenschen einzusetzen. Für andere können wir das. Das Paradoxe dabei ist, dass es uns für andere oft sogar leichter fällt als für uns selbst. Was wir für unser Selbstbewusstsein mehr bräuchten, wäre *Selbstcourage.* Wenn jemand unsere Liebsten angreift, verteidigen wir sie nur zu gern, denn sie sind uns wichtig und ihr Wohlergehen liegt uns am Herzen. Diese Beziehung sollten wir aber auch zu uns selbst haben. Zuzulassen, dass uns jemand respektlos behandelt, ohne etwas zu sagen, ist, als würde man sich selbst eingestehen, es nicht wert zu sein, verteidigt zu werden. Meist resultiert dieser Gedanke genau aus jener fälschlichen Annahme, dass man sich Respekt „verdienen" muss, und Respektlosigkeit einem selbst gegenüber wird hingenommen, weil man sich einredet, dass man es noch nicht „verdient hat", respektiert zu werden.
Das bedeutet nicht, dass man davon ausgehen sollte, dass ein anderer von sich aus wissen muss, wo meine Grenzen liegen. Denn das ist das Heikle an Respekt: Er wird von jedem für sich persönlich unterschiedlich definiert und ist so subjektiv wie Schmerz und alle anderen Empfindungen auch.

Und genau das ist es, was die emotionalen Überreaktionen auslöst: Die Annahme, dass die andere Person Respekt genauso definiert wie ich und sich deshalb vollkommen im Klaren über ihre Respektlosigkeit ist. Das ist viel seltener der Fall, als wir es annehmen. Sogar der deutlichste Ausdruck von mangelndem Respekt, wie beispielsweise verbale Schimpfwörter, wird in nicht wenigen Freundesgruppen als normale, wenn nicht sogar liebevolle Kommunikation aufgefasst. Ein großer Teil der Wut geht bereits dadurch verloren, dass wir diese Annahme einmal umkehren und davon ausgehen, dass der mangelnde Respekt, mit dem ich konfrontiert wurde, keine Absicht war, sondern ein Versehen. Dann kann man die Person darauf ansprechen und ihr mitteilen, dass man es als respektlos empfunden hat. Oftmals resultiert diese Annahme bei Menschen, die uns nahe stehen auch aus dem Wunsch heraus, dass die andere Person es von sich aus weiß, was ein schöner Gedanke ist, aber leider nicht mehr.

Das bedeutet jeder muss für sich kommunizieren können, wo die eigenen Grenzen liegen und wenn sie jemand überschreitet. Es geht nicht darum, für andere zu sprechen und vorauszusetzen, dass jeder die gleichen Grenzen hat. Dann wären wir wieder im politisch linken Bereich, wo schneeweiße Menschen festlegen, von welchen Witzen sich ein Ausländer angegriffen fühlen muss und von welchen nicht. **Oder verwirrte Teenager für die gesamte Gesellschaft festlegen, wer mit welchen Pronomen angesprochen werden kann, weil alle dieselben Ansichten haben wie sie.** Oder Feministen, die sich dafür aussprechen, dass es ein Angriff auf die Kompetenz aller Frauen ist, wenn einem der Mann die Tür aufhält.

Es heißt auch nicht, dass unsere eigenen Grenzen die Richtigen sind, denn Grenzen resultieren sehr häufig aus Traumata und Unsicherheiten, offenen Wunden und blauen Flecken. Grenzen sind individuell, aber diese nicht zu kommunizieren oder es ständig allen Menschen recht machen zu wollen, heißt nicht, dass man nett ist, es ist ein Indikator dafür, eine tiefsitzende Angst zu haben. Angst vor Konflikten, vor Ablehnung, vor Einsamkeit usw.

Zu wissen, woher sie kommen, heißt aber nicht, dass die eigenen Gefühle keine Daseinsberechtigung haben. Wenn ich kommuniziert habe, dass etwas respektlos ist, und die Person dieses Verhalten nicht ablegt, bleibt mir nichts anderes übrig, als mich von dieser Person zu entfernen. Grenzen zu setzen, heißt, Konsequenzen zu ziehen. Und Grenzen aufrechtzuhalten, bedeutet, diese Konsequenzen auch durchzuziehen.

Viele verwechseln das Setzen einer Grenze mit einer Drohung.

>> Wenn du mich nicht besser behandelst, gehe ich. <<

Eine Formulierung, die mein Gegenüber erstens unter Druck setzt und zweitens kaum durchgezogen wird. Es ist wie der Moment, in dem ein Elternteil seinem Kind droht, es ins Heim zu geben, sollte es sein Zimmer nicht aufräumen. Es drückt sicherlich eine Form von Wut und Empörung aus, tief im Innern weiß das Kind allerdings, dass es nur eine leere Drohung ist. Eine Grenze zu setzen heißt, dem anderen klar und deutlich zu formulieren, was einen am Umgang stört, mit der Person darüber zu sprechen, wie man es ändern kann und deutlich zu machen, dass diese Person im eigenen Leben keinen Platz hat, wenn sie es weiter fortführt, und dann aber auch zu gehen.

Deshalb ist ein gesundes Selbstwert essenziell für das Setzen von Grenzen. Wenn ich mir selbst nicht genug wert bin, als dass ich lieber allein wäre, als mit einer Person, die mich schlecht behandelt, dann werde ich nicht in der Lage sein, gehen zu können und verliere obendrein noch meine Glaubwürdigkeit, sollte ich es vorher kommuniziert haben. **Ein Teufelskreis, denn der Selbstwert leidet mit jedem Tag, in dem ich Menschen um mich habe, die mich nicht mit Respekt behandeln.** Es spielt keine Rolle, ob es ein Arbeitsumfeld ist oder die Beziehung zu Hause. Wenn sich nichts ändert, muss ich alles daran setzen mein Leben so zu strukturieren, dass ich mich diesem Zustand entziehe. Wir akzeptieren das, was wir glauben zu verdienen. **Umso länger du ein negatives Verhalten akzeptierst, desto geringer wird dein Selbstwert, denn es ist nichts anderes als der tägliche Nachweis für dein Unterbewusstsein, dass du genau das verdient hast.**

Es ist eine Mischung zwischen Reflexion und Courage. Reflexion, um herauszufinden, ob man selbst Verursacher vom Verhalten des anderen ist und gegebenfalls zuerst an sich zu arbeiten und Courage, um zu gehen, wenn es nicht so ist.

Keiner dieser Momente bedarf eines emotionalen Ausbruchs, aber es sollte in keinem Fall ignoriert werden. Und mache dir bitte keine Gedanken darüber, dass du vielleicht nicht „nett“ erscheinst, wenn du dich selbst schützt.

Was bedeutet „Nettsein“?

Im biblischen Sinne bedeutet es, seinen Nächsten zu lieben. In der heutigen Zeit bedeutet es, Konflikten aus dem Weg zu gehen. Was häufig dazu führt, dass wir Respektlosigkeit und die Missachtung unserer eigenen Grenzen in Kauf nehmen, um einen Konflikt zu vermeiden. Wenn jemand einen Witz über mich macht und es trifft mich, aber ich behalte es für mich und lache trotzdem mit, bin ich nicht nett. Jemand hat ganz eindeutig eine Grenze überschritten, was mich gekränkt hat. Es liegt in meiner Verantwortung, mir selbst gegenüber etwas sagen zu müssen, um für mich und mein Wohl einzustehen.

Das Einzige, was man damit zeigt, ist, dass man so wenig Respekt für sich selbst hat, dass man toleriert, dass andere einen respektlos behandeln dürfen. Andere Menschen merken das und beim nächsten Mal gehen sie ein Stück weiter und weiter und weiter. Und du lässt es zu und redest dir ein, dass du nett bist und über der Sache stehst. **Aber du bist nicht nett. Du hast nur keinen Respekt vor dir selbst.**

Verletzt jemand unsere Grenzen, dann müssen wir das kommunizieren und wenn derjenige sie danach nochmal verletzen sollte, gehen wir als Konsequenz seiner Respektlosigkeit, denn die Liebe zu uns selbst hat das verdient. Das sind die Situationen, in denen wir genug Selbstliebe und Selbstrespekt brauchen, um tatsächlich zu gehen. Du hast nicht an einem Tisch zu sitzen, wo du nicht respektiert wirst! Egal wie toll, groß und schön der Tisch ist, baue lieber deinen eigenen, als mit Menschen zu essen, die dich nicht respektieren. Jemand, der

Egal wie toll, groß und schön der Tisch ist, baue lieber deinen eigenen, als mit Menschen zu essen, die dich nicht respektieren.

unsere Grenzen verletzt, nachdem wir ihn darüber aufgeklärt haben, wird es immer wieder tun. Es ist ihm egal. Die Frage ist, ob du dir auch egal bist.

Und wenn dir jemand etwas verspricht, was nicht zu seinen Taten passt, respektiere dich genug, um zu gehen. Und wenn es aus irgendwelchen Gründen, sei es familiär oder beruflich oder Ähnliches nicht möglich ist, sich zur Gänze von diesem Menschen zu entfernen, versuche zumindest, die Distanz so groß wie möglich zu machen. Es ist nicht an uns, andere Menschen zu ändern. Nett sein heißt nicht, Respektlosigkeit zu tolerieren. Wirklich nett zu sein, heißt zu gehen, um jemand anderen die Konsequenz seines Verhaltens vor Augen zu führen, in dem Wissen, dass wenn derjenige daraus lernt, die Person, die nach uns kommt, davon profitieren wird.

Denn die Lektion ist erst dann wirklich wirksam, wenn die Person gemerkt hat, dass man nicht mehr zurückkommen wird. Wirklich nett zu sein, ist sehr hart. Es ist die härteste Entscheidung, die man für sich treffen kann, denn nette Menschen haben es am schwersten im Leben. Nett ist man dann, wenn man Gutes tut, auch wenn es keiner sieht, ohne die Erwartung, dass man dafür belohnt wird. Nett zu sich selbst zu sein, ist, sich von Menschen zu entfernen, die einem nicht guttun, obwohl man sie sehr liebt.

•

33. NETTSEIN BRAUCHT COURAGE

NETT ZU SEIN IST NICHT ZUZULASSEN, DASS JEMAND MEINE GRENZEN VERLETZT, NUR WEIL ER MIR GELD, EINE BEFÖRDERUNG, EIN HAUS ODER ÄHNLICHES IN AUSSICHT STELLT.

Jemand anderem ein ehrliches Feedback zu geben, wenn man danach gefragt wird, weil man weiß, dass es ihn weiterbringt, auch wenn es zu einem Konflikt führt, das ist nett. Seine Ziele niemals auf Kosten anderer zu erreichen.
Es dauert zwar wesentlich länger, und ist anstrengender, aber jemand, der aufrichtig nett ist, ist jemand, der am Ende immer mit sich selbst leben kann. **Nett zu sein, ist, sich zu wünschen, dass man jemanden wie sich selbst in seinem Leben hätte.** Nettsein impliziert auch, die Wahrheit zu sagen. Nicht sein Urteil laut durch die Gegend zu rufen und jedem, den man sieht, sofort zu sagen, was einen stört – das ist keine Wahrheit.

Etwas anzusprechen bedeutet nicht jemanden zu kritisieren oder eintausend Vorschläge zu machen, was ein anderer hätte besser machen können, ohne dass man nach seiner Meinung gefragt wurde. Damit ist gemeint, nachzufragen, wenn man sieht, dass jemand anderem Unrecht getan wurde. Den Mut zu haben, den Finger in die Wunde zu legen – nicht um zu kritisieren, sondern mit dem Wunsch, die Situation besser zu machen, und einem entsprechenden Vorschlag dazu. Kritisieren kann jeder. Der Wunsch, dass etwas besser wird, impliziert jedoch Gedanken darüber, wie man es besser machen kann.

Es erfordert Courage. Keiner möchte der Erste sein, der ein unangenehmes Thema anspricht. **Wahrheit braucht Courage und Selbstlosigkeit.**

Viele denken, dass wir die Wahrheit gerne für uns behalten, weil wir nett sind und die Gefühle unserer Mitmenschen nicht verletzen wollen. Aber oftmals sprechen wir die Wahrheit nur deshalb nicht aus, weil sie die andere Person zu Handlungen bringen könnte, die gegen unser eigenes Interesse sind, und wir uns nicht mit den Konsequenzen herumschlagen wollen.

Courage, Aufrichtigkeit, Selbstlosigkeit, Wahrheit – das alles sind keine einfachen Angelegenheiten. Ein wirklich netter Mensch hat immer den steinigeren Weg. Er versucht immer, alle mitzuziehen. Er eckt immer an, weil er Sachen anspricht, die sonst totgeschwiegen werden. Er ist schwierig und anstrengend und muss sich öfter mal entschuldigen. Und es braucht eine Ewigkeit, bis die guten Taten irgendwann mal ihren Weg zu einem zurückfinden. Aber am Ende des Tages ist es das schönste Gefühl, das es gibt. Nicht nur, dass man immer gerne in den Spiegel sieht oder dass man immer mit sich selbst leben kann. Das Schönste ist, dass es nichts zu bereuen gibt.

Es gibt Fehler, man lernt draus, man entschuldigt sich, man ist danach schlauer, weil man vorher dümmer war und Informationen gefehlt haben, und man ärgert sich des Öfteren über seine eigene Blödheit.

Aber man ist nie wirklich böse mit sich selbst. Wenn ich immer nach bestem Gewissen handle, dann passieren mir Fehler, weil ich es nicht besser wusste. Und auch, wenn ich es jetzt besser weiß, die Version von mir, die das Wissen nicht hatte, würde genauso wieder handeln, nach besten Gewissen, und dann ist jeder Fehler okay.
Du kannst dich selbst nicht dafür bestrafen, dass dein „vergangenes Ich" etwas nicht wusste, aber du wirst dein „zukünftiges Ich" bestrafen, wenn du jetzt etwas tust, womit du anderen schaden könntest, obwohl du das weißt.
Und wenn du trotz dessen am Ende des Tages erfolgreich bist, wird es einen Teil in dir geben, der weiß, dass du nur da bist, weil du bewusst den Schaden anderer Menschen dafür in Kauf genommen hast.

Ich habe so viele erfolgreiche Menschen gesehen, die unfassbar unglücklich sind, weil sie nicht mehr mit sich selbst leben können. Selbsthass kannst du nicht mit Geld aufwiegen. Egal wie viel Erfolg, Geld, Ruhm, Auszeichnungen was auch immer du haben wirst – solange es dich gibt, wirst du auch immer mit dir leben müssen. Dein altes Ich verschwindet nicht, weil du ein „besseres Leben“ hast. Du wirst in deinem Erfolg sitzen mit allen Entscheidungen, die du getroffen hast, um dort hinzukommen. Und sie werden immer da sein, jeden Tag.

Ich habe so viele erfolgreiche Menschen gesehen, die unfassbar unglücklich sind, weil sie nicht mehr mit sich selbst leben können.

Keiner von uns hat die Wahl, immer die „richtige Entscheidung“ zu treffen – das ist unmöglich. Wir machen Fehler, wir verletzen Menschen, wir verlieren, wir gewinnen, und wenn etwas für uns bestimmt ist, gibt es keine falsche Entscheidung, genauso wie es keine richtige Entscheidung gibt. Aber es gibt immer eine aufrichtige Entscheidung. Mit Lügen und bösen Absichten machst du es dir auf den ersten Blick vielleicht einfacher, aber alles hat einen Preis. Und genauso wie die guten Taten ihren Weg zurückfinden, tun es auch die Schlechten. Und auch das wird eine Weile dauern. Böse Absichten sind ein Betrug an dir selbst. Nicht loyal zu sein, wird dich vielleicht schneller an dein Ziel bringen, aber du wirst Menschen anziehen, die auch nicht loyal sind, und das wird sich später rächen. Menschen zu hintergehen, wird dir vielleicht kurzfristig mehr Geld bringen, aber alles hat ein Gleichgewicht. Und alles findet seinen Weg zu uns zurück.
Jede Situation, in der wir uns befinden, ist das Ergebnis von allen Entscheidungen, die wir bis dahin getroffen haben. Und alles lässt sich zurückverfolgen. Wenn es dir nicht reicht, nett zu sein, weil du dich daran erfreuen kannst, dass es anderen gut geht, dann sei wenigstens nett, damit es dir selbst gut geht.

Und vor allem denke nicht, dass du nett bist, weil du nett sein musst, weil du sonst keine anderen Qualitäten hast.

Kennst du den Irrglauben, dass Frauen keine netten Männer mögen? Frauen mögen sehr wohl nette Männer, aber nur, wenn „nett sein“ nicht die einzige Qualität ist, die sie haben. Wenn du nichts an Qualitäten vorweisen kannst, keine berufliche Perspektive, keine Selbstdisziplin, keine Hobbys, kein gutes Aussehen – natürlich bist du dann nett. Du hast gar keine andere Wahl, als nett zu sein.

Und dann lehnt dich eine Frau nicht ab, weil Frauen nicht auf nette Männer stehen, sie lehnt dich ab, weil du nichts anderes zu bieten hast, als nett zu sein. Genauso umgekehrt.

Das, was bei Männern Geld und Erfolg ist, ist bei Frauen gutes Aussehen. Da kann jeder debattieren, ob es nun fair ist oder nicht – die Bilder der reichen Männer gehobenen Alters mit ihren Model-Freundinnen Anfang 20 sprechen nun mal für sich.

Keine Gruppen in unserer Gesellschaft haben es so schwer wie Männer ohne Geld und Frauen ohne gutes Aussehen. Wenn ein Mann, der sehr erfolgreich ist, obendrein dann auch noch nett ist, dann gibt es niemanden, den die Menschen lieber um sich haben. Wenn eine Frau wunderschön ist und dann auch noch liebenswert, dann gibt es niemanden, den die Menschen lieber um sich haben.

Geld verändert die Menschen nicht, es zeigt, wer sie sind, denn es bringt sie in eine Position, wo es nicht mehr notwendig ist, nett zu sein. Umso überraschter sind wir, wenn sie es trotzdem sind.

Bei einer schönen Frau gehen wir schnell davon aus, dass sie arrogant ist – nicht, weil wir sie persönlich kennen, sondern weil schöne Frauen nicht nett sein müssen, sie bekommen trotzdem, was sie möchten. Deshalb bewerten wir Nettigkeit unterschiedlich. Denn Nettigkeit kann nur aufrichtig sein, wenn sie nicht notwendig ist. Und so verhält es sich mit vielen Eigenschaften. Wenn eine Eigenschaft notwendig ist, dann ist sie niemals aufrichtig, solange ich keine anderen Möglichkeiten habe. Wenn ich von jemandem abhängig bin, dann kann ich nicht loyal sein. Ich kann nur dann loyal sein, wenn ich die Wahl habe, zu gehen oder zu bleiben. Wenn mich kein

Denn Nettigkeit kann nur aufrichtig sein, wenn sie nicht notwendig ist.

anderer will, heißt das nicht, dass ich treu bin. Ich kann nur dann treu sein, wenn ich eine Wahl habe. Es gibt „Loyalitäts-Checks“ als neuesten Trend auf Social Media, bei denen eine Person, dessen Partner gerade nicht anwesend ist zur Loyalität des Partners befragt wird. Jedes Mal ist die Person felsenfest davon überzeugt, dass ihr Partner treu ist. Dieser Partner wird daraufhin von einer dritten Person auf diese Treue getestet, und es kommt nicht selten vor, dass die Treue in dem Moment nicht mehr standhält, in dem tatsächlich jemand Interesse zeigt.

Diese Partner waren in der Beziehung bisher nicht deshalb treu, weil sie loyal sind, sondern weil sie nie eine Möglichkeit hatten, nicht loyal zu sein. Es hat nie jemand anderes Interesse an ihnen gezeigt. Gibt es auch Partner, die dem Stand gehalten haben? Selbstverständlich. Genauso wie es erfolgreiche und schöne Menschen gibt, die nett geblieben sind.

Damit möchte ich nicht ausdrücken, dass jeder anfangen sollte, seinen Partner einer Feuerprobe zu unterziehen oder jeden netten Menschen anzuzweifeln, der keinen Erfolg hat. Vielmehr dient diese Veranschaulichung der Selbstreflexion über die eigenen Intentionen, die sich hinter unseren Eigenschaften verbergen. Nicht unbedingt in Bezug auf die Treue, die lediglich zur Veranschaulichung diente, sondern vielmehr auf unser eigenes Verhalten, was wir an den Tag legen. **Warum wir tun, was wir tun, und wer wir sind, wenn wir es nicht mehr tun müssen.**

•

34. ERFOLG · EINE BEWUSSTE ENTSCHEIDUNG

JOHN MAXWELL SAGTE MAL: >> DER UNTERSCHIED ZWISCHEN MENSCHEN, DIE GEWINNEN UND MENSCHEN, DIE MECKERN, IST DER, DASS MENSCHEN, DIE MECKERN, SICH GUT FÜHLEN MÖCHTEN, DAMIT SIE ETWAS TUN KÖNNEN, UND MENSCHEN, DIE GEWINNEN, TUN ETWAS, DAMIT SIE SICH GUT FÜHLEN. <<

Warum machen wir das? Warum meckern wir oder beschweren uns? Warum erzählen wir anderen Menschen, wie schlecht es uns geht und was alles schief läuft in unserem Leben?
Nimm dir mal eine Stunde Zeit, setze dich in ein Café und höre dir Gespräche von anderen Menschen an. Der größte Teil besteht darin, dass abwechselnd erzählt wird, wer alles unfair ist, wer sich nicht gut anzieht, wer sich schlecht verhalten hat und so weiter. Es entstehen teilweise Wettkämpfe darin, zu beweisen, wer die schlimmere Woche hatte. Warum ist das so? **Ich persönlich denke, dass wir alle eigentlich wissen, was wir erreichen könnten, wenn wir anfangen an unseren Zielen zu arbeiten. Indem wir anderen erzählen, wie schlecht es uns geht, rechtfertigen wir uns insgeheim dafür, nicht das Potenzial erreicht zu haben, das wir erreichen könnten.**

Das ist einer der Gründe, warum Erfolg so ein einsames Spiel ist. Erfolgreich zu werden bedeutet auch, Verantwortung für die Aspekte im eigenen Leben zu übernehmen, die man ändern kann, was automatisch dazu führt, dass wir jeden Tag ein Stück näher an das Potenzial kommen, was schon unser Leben lang über uns schwebt. Dem zur Folge erlebt man auch viel Schmerz, aber anstatt diesen Schmerz als Rechtfertigung zu nutzen, etwas nicht zu schaffen, hält man ihn aus, lernt aus ihm und nutzt ihn als Antrieb, um weiterzumachen. Das sorgt automatisch dafür, dass man Verständnis für die Menschen verliert, die ihren Schmerz immer noch als Ausrede nutzen. Anfänglich möchte man diesen Menschen noch helfen, man schlägt ihnen Lösungen vor, aber für jede Lösung haben sie schon einen Grund – meistens ein neues Problem – warum diese Lösung nicht funktionieren wird. Und irgendwann hörst du auf, Lösungen vorzuschlagen, weil du weißt, dass es verlorene Zeit ist, und weil es einfach zu anstrengend wird, weiterhin diese Mitleids-Gespräche darüber zu führen, warum nichts funktioniert. Du distanzierst dich von diesen Menschen und dann kann es passieren, dass am Ende keiner mehr übrig ist und du feststellst, dass du trotzdem lieber allein bist, als deinen Kopf mit diesen Gedanken zu belasten.

Auf einmal bist Du arrogant und hältst dich für etwas Besseres. Und dann zweifelst du an dir und fragst dich, wie dich jemand für arrogant halten kann, wo du doch alles versucht hast, um zu helfen. Das Problem ist, dass Selbstliebe, für jemanden, der es nicht praktiziert, aussieht wie Arroganz. Selbstliebe heißt auch, sich von Dingen, Menschen oder Situationen zu distanzieren, wenn man sich bewusst wird, dass sie einem schaden. Jemand, der sich selbst liebt und sich entsprechend verhält, würde das verstehen. Jemand, der sich nicht selbst liebt, sondern danach lebt, was kurzfristig „Freude" oder „Unterhaltung" bringt, wird das nicht verstehen können. Wie auch? Dann müsste er sich eingestehen, dass er das ist, wovor du dich schützen musst, und dann müsste er sich mit sich selbst auseinandersetzen.

Das Problem ist, dass Selbstliebe, für jemanden, der es nicht praktiziert, aussieht wie Arroganz.

Mitleid ist der Stoff, mit dem die Erfolglosen aneinander festkleben, um dafür zu sorgen, dass keiner aus der Herde ausbricht. Wir wollen sie bestätigt haben, die Lüge, dass kein anderer es so schwer hat wie wir. Wir haben mehr Stress als andere, deshalb geht es nicht. Wie oft hast du jemanden schon sagen hören, dass er einen stressigen Tag hatte? Stress ist keine Ausrede, etwas nicht tun zu können, Stress entsteht dadurch, dass wir Dinge ignorieren, die wir tun müssten.

Jeff Bezos beschreibt Stress wie folgt:

>> Stress kommt nicht von harter Arbeit. Stress kommt in erster Linie davon, nichts an den Umständen zu ändern, über die du Kontrolle haben könntest. Stress kommt davon, dass du das ignorierst, was du nicht ignorieren dürftest. <<

Und wir reden uns jeden Tag ein, dass es das ist, warum wir nicht das erreichen oder umsetzen, was wir uns vorgenommen haben. Die große Ausrede, warum etwas nicht funktioniert, setzt sich aus jedem kleinen Moment zusammen, in dem wir uns bei anderen über unser Leben beklagt haben, wie stressig alles ist, um Mitleid zu erhalten. Kein erfolgreicher Mensch dieser Erde würde Mitleid haben wollen. Alles im Leben muss man sich erarbeiten, aber Mitleid wird dir immer geschenkt.

„Wer will, findet einen Weg, wer nicht will, findet Ausreden."
Autor unbekannt

Es ist unfassbar, wie Mitleidsmenschen in jeder Lösung, die man ihnen gibt, einen Grund finden, warum es genau bei ihnen nicht funktioniert oder noch schlimmer, dir sagen, warum etwas bei dir nicht funktioniert. Es ist keine Fähigkeit, immer das Haar in der Suppe zu finden. Vor allem nicht, wenn die Suppe immer von jemand anderem gekocht wurde. In jedem Fall ist eine Suppe mit Haar besser als keine Suppe. Es ist das Bequemste dieser Welt, rumzusitzen und anderen Menschen zu erzählen, warum man ein Problem nicht lösen kann, anstatt sich einfach mal mit einer Lösung für dieses Problem auseinanderzusetzen.

Es geht nicht darum, ob man erfolgreich ist, ob man reich ist oder ob man sich selbst als Vorbild betrachtet. **Du bist schon ein Gewinner, wenn du aufhörst, deinen Mangel an Initiative zur Erfüllung deiner Wünsche mit Ausreden zu rechtfertigen.** Zu keinem Zeitpunkt hatten wir so viele erfolgreiche Menschen auf der Welt wie heute und gleichzeitig war es noch nie so einfach, sich von der Masse abzuheben. Denn die Masse hält sich mit Ausreden, Mitleid, Bequemlichkeit und Lästereien aneinander fest. In der heutigen Zeit reicht es aus, sich diszipliniert und fokussiert mit einer Lösung zu beschäftigen, um als Gewinner aus der Masse hervorzustechen. Je größer die Probleme sind, die du löst, desto mehr stichst du aus der Masse hervor. Geld, Erfolg, Anerkennung – das alles sind Nebenprodukte der Fähigkeit Lösungen zu finden. Und das Ausmaß dessen ist davon abhängig, wessen Probleme man löst. Aber niemand kann an seiner Fähigkeit arbeiten, Lösungen zu finden, wenn man den ganzen Tag damit beschäftigt ist, darüber zu sprechen, was einen stört, was nicht funktioniert und warum etwas nicht funktioniert. Wie soll man herausfinden, was man will und wo man hin möchte, wenn man sich nur darauf konzentriert, was einen stört.

„Hör auf, dich über die Ergebnisse aufzuregen, die du nicht erhalten hast, auf Grund der Arbeit, die du nicht investiert hast."
Chris Williamson

Wenn du dich selbst dabei erwischt, wie du dich über irgendetwas beschweren möchtest, führe dir vor Augen, für was du alles dankbar sein kannst. Alles ist ein Geschenk, und wir verschenken an die Menschen, die dankbar sind.

Stelle dir vor, ein Abgesandter des Universums wird mit Geschenken auf die Erde geschickt. Die erste Person, die er trifft, sagt zu ihm:
>> Was habt ihr euch hier nur gedacht? Alles in dieser Stadt ist komplett überfüllt! Für alles muss man ewig anstehen und jedes Mal, wenn ich mich in mein Auto setze, stehe ich im Stau. <<

Dann geht er weiter zur nächsten Person, und die sagt Folgendes:
>> Vielen Dank für diese tolle Stadt, ich darf jeden Tag neue Menschen kennenlernen, es gibt eine riesige Auswahl an Möglichkeiten und seit einiger Zeit kann ich sogar mit dem Auto zur Arbeit und muss nicht mehr Bahn fahren. <<

Wenn du Abgesandter des Universums wärst, mit wem der beiden würdest du lieber Zeit verbringen wollen? Auf wen würdest du eher aufpassen wollen und wem lieber Geschenke geben?

Die Emotionen, die du zu deinem eigenen Leben hast, sind abhängig von der Perspektive, mit der du dein Leben betrachtest. Schaust du nur auf das, was dir fehlt und was dich stört, ist der Anstieg der Frustration vorprogrammiert. Und je häufiger du das tust, desto besser wirst du darin.

Fängst du allerdings an, dich auf die Dinge zu konzentrieren, die du ändern kannst und über Möglichkeiten zu sprechen statt über Probleme, wirst du auch darin besser werden. Das Nachdenken über Lösungen ist wie alles andere auch eine Fähigkeit. Je häufiger du sie trainierst, desto ausgeprägter wird sie.

Das Nachdenken über Lösungen ist wie alles andere auch eine Fähigkeit.

Mitleid zu erzeugen ist auch eine Fähigkeit, und wir haben Millionen Olympia-Sieger auf der Welt, die diese Fähigkeit bis zur Perfektion ausgearbeitet haben, denn sie tun es bereits ihr gesamtes Leben. Frust ist eine lähmende Emotion. Sie bietet uns keinen Vorteil. **Frust ist ein Resultat von Aussichtslosigkeit, die entsteht, wenn ich durch das jahrelange Trainieren von Mitleid verlernt habe, das zu sehen, was in meiner Verantwortung liegt: Alles.**

•

35. ENTSCHEIDUNGEN • „WEIL" UND „OBWOHL"

IN GEWISSER HINSICHT GLEICHT DAS UNIVERSUM EINEM AUFRICHTIGEN SCHURKEN AUS DEN ALTEN SCHWARZ-WEISS-FILMEN: ES BEGLEICHT IMMER SEINE SCHULD.

Ich habe mich oft gefragt, warum derart viele Menschen unzufrieden sind, ohne etwas dafür zu tun, dass es besser wird. Der offensichtliche Grund ist, dass sie der Verantwortung aus dem Weg gehen. Kaum einer versteht wirklich, dass er selbst die volle Verantwortung für den Verlauf seines Lebens trägt. Zu häufig werden andere Menschen oder äußere Umstände dafür beschuldigt, was im eigenen Leben schlecht läuft.

Es ist wesentlicher einfacher zu sagen, dass ich keine Karriere mache, weil meine Eltern mich schlecht behandelt haben, als mir selbst einzugestehen, dass ich sehr wohl etwas ändern könnte. Es macht Sinn, dass viele den bequemen Ausweg wählen. Täten sie das nicht, hätten sie keine Entschuldigung mehr für ihre Antriebslosigkeit. Dieses Problem jedoch ist laut. Man hört Menschen überall meckern. Egal, wo man hingeht. Ob im Supermarkt an der Kasse, beim Bäcker, auf Partys oder im Café. Überall sind Beschwerden das Gesprächsthema Nummer eins. Aber da ist noch etwas anderes, was die Menschen in ihren bequemen Käfigen hält, etwas, worüber nicht so laut gesprochen wird: **Das ist das Gefühl der Schuld, was der Mensch der Welt gegenüber verspürt.** Nicht, dass er sich irgendeiner Schuld bewusst wäre. Es ist vielmehr so, dass wir als Mensch die negativen und schmerzhaften Dinge, die uns widerfahren, als unnatürlichen Bestandteil des Lebens ansehen. Wir betrachten Schmerz als etwas, das nicht zum Leben dazu gehören sollte.

Kaum einer versteht wirklich, dass er selbst die volle Verantwortung für den Verlauf seines Lebens trägt.

Wir sehen es als Strafe. Und weil jeder von uns schon zu häufig gelitten hat, denken wir, dass uns das Universum als Ausgleich zu diesem Schmerz etwas schuldig ist. Das jedoch ist nicht der Fall, denn diese Schlussfolgerung liegt der Annahme zu Grunde, dass das Leben fair ist. Aber das ist es nicht, und zwar für keinen. Jeder Mensch erlebt Schmerz. Schmerz ist etwas, das zum Leben dazugehört. Sicher, manche erleiden mehr Schmerz als andere. Diese Tatsache ist das, was seit Jahrhunderten Menschen davon abhält, an eine höhere, gutmütige Macht zu glauben, weil sich die Aufteilung von Leid auf der Welt nur schwer mit dem Gedanken an einen gutherzigen Schöpfer vereinbaren lässt.

Wenn man aber selbst glaubt, dass das Leben fair ist, würde man jedes negative Erlebnis, was einem widerfährt, als unfair bezeichnen und dann in voller Erwartung stehen, dass einem ein Ausgleich für die unfaire Behandlung zusteht, die einem widerfahren ist.

Die Wahrheit ist, dass das Leben zu keinem fair ist. Und das, was die erfolgreichen Menschen von einem Menschen ohne Erfolg unterscheidet, ist die Akzeptanz dessen. Die Leute denken, wenn sie Schmerz erleiden und ein guter Mensch bleiben, dass ihnen Erfolg zusteht, aber Schmerz auszuhalten, ohne Vergeltung zu üben, ist das absolute Minimum. Über den Erfolg entscheidet lediglich die Arbeit, die ich oben drauf packe. Auch wenn wir alle unterschiedliche Startpositionen haben, kann jeder trotzdem die notwendige Arbeit erbringen. Leider macht es kaum einer, weil sie zu sehr damit beschäftigt sind, darüber zu meckern, wie unfair ihre Startposition ist. Schade nur, dass sie damit falsch liegen, denn ein „unfairer" Start ist die beste Vorbereitung auf Erfolg.

Erfolg besteht nicht nur aus Siegen. Denn vor jedem Sieg, kamen 100 Fehlschläge und Niederlagen. Erfolg besteht daher zum Großteil aus Scheitern. Für Erfolg ist deshalb nicht nur Durchhaltevermögen notwendig, sondern auch eine hohe Schmerztoleranz.

Eine schmerzerfüllte Vergangenheit könnte demnach die beste Vorbereitung gewesen sein, aber nur, wenn ich auch ein Ziel habe, welches Vorbereitung bedarf. Wir – als zu entertainende Gesellschaft – sind besessen von Erfolgsgeschichten. Je schwerer der Werdegang der jeweiligen Person, desto besser die Erfolgsgeschichte. **Jeder hat selbst die Wahl, ob er den unfairen Start zu einer lebenslangen Ausrede werden lässt, warum er nie angefangen hat, oder zu einer großartigen Erfolgsgeschichte.** Erfolgreich zu sein, nicht *weil* alles gut lief, sondern *obwohl* es das nicht tat. **Der Unterscheid zwischen *weil* und *obwohl* ist das, was am Ende alles entscheidet.**

Ich gehe nicht zum Sport, weil ich müde bin, oder *ich gehe zum Sport, obwohl ich müde bin.*

Ich habe nie meine Ziele verfolgt, weil mein Leben stressig war oder *ich habe meine Ziele verfolgt, obwohl mein Leben stressig war.*

Am Ende des Tages ist Erfolg nichts weiter als eine Entscheidung, die nur oft genug getroffen werden musste. **Es ist nicht diese eine leuchtende Stunde, die man nur einmal haben muss, und endlich wird alles gut. Es sind sehr viele Entscheidungen auf kleiner Ebene, die am Ende über das große Resultat entscheiden.** In der Theorie hört sich das sehr leicht an, leider weiß man nie, wann das große Resultat kommt, weshalb es so vielen schwerfällt sich immer wieder richtig zu entscheiden.

Wenn ich dir einen Trainingsplan gebe und dir sage:

>> Diesen musst du hundert Mal ausführen, damit du deine Traumfigur erreichst und für immer behältst. <<, würden es sehr viele tun.

Aber so ist es nicht. Je nachdem, wo meine Ausgangsposition ist, kann es Jahre dauern, bis ich meine Traumfigur erreiche, und ich muss hart weiter arbeiten, um sie zu halten.

Hinzukommt, dass nicht jeder Trainingsplan, der für einen anderen funktioniert, auch bei mir Früchte trägt, und ich muss sehr viele verschiedene Übungen über längere Zeiträume ausprobieren, um zu wissen, was am besten funktioniert. Und so ist das mit Erfolg auch. Das Paradoxe ist, dass Menschen, die von Erfolg sehr weit weg sind, denken, es wäre genauso, wie in der zuvor getroffenen Aussage. Sie denken, dass erfolgreiche Menschen Glück hatten mit ihrer Startposition und den perfekten Plan in die Hände bekommen haben, wie alles funktioniert und diesen einfach nur abarbeiten mussten. Wo die Wahrheit doch so aussieht, dass man teilweise Jahre kämpfen muss, ohne jemals einen Erfolg zu sehen.

Aber Menschen werden trotzdem erfolgreich, nicht weil sie einen einfachen Start hatten, sondern weil sie angefangen und durchgezogen haben, obwohl es nicht einfach war. Am Ende des Tages ist alles nur eine Entscheidung. **Die Zukunft wird nur durch unsere Vergangenheit bestimmt, wenn wir keine Kontrolle übernehmen.**

Für viele läuft das Leben auf Autopilot und ehe man sich versieht sind 50 Jahre ins Land gegangen. Währenddessen fällt uns das kaum auf, denn wir durchleben zahlreiche Emotionen jeden Tag aufs Neue, sie sind nur selten einem wirklich bedeutenden Ereignis beigemessen. Wir sind Schauspieler unserer eigenen Serie und vollkommen überzeugt davon, dass sie wahnsinnig verrückt ist und man sie tatsächlich verfilmen könnte, denn unser eigener Maßstab für „Verrücktes" ist das, was wir oder uns nahestehende Person bisher erlebt haben. Das Problem, dass ein Schauspieler hat, ist, dass er keinen Einfluss auf das hat, was passieren wird. Es ist wesentlich entspannter, denn er spielt nur seinen Part, ohne sich Gedanken darüber zu machen, wie die nächste Staffel der Serie weitergeht. Ihm ist nur wichtig, dass es ihm dabei gut geht.

> Wir sind Schauspieler unserer eigenen Serie und vollkommen überzeugt davon, dass sie wahnsinnig verrückt ist.

Wir bleiben gerne in der Rolle des Schauspielers, denn wir mögen die Sicherheit zu wissen, dass jemand anderes das Drehbuch für uns vorgeschrieben hat. Das wahrhaft Verrückte hierbei ist, dass es nicht so sein muss. Es ist eine Entscheidung, die wir treffen, ob wir nur Schauspieler sind oder auch der Autor.

Angenommen, unser Leben wäre tatsächlich eine Serie, dann haben wir die Möglichkeit, mitzuschreiben, wie die nächste Staffel aussehen soll. Wir können auf die Situation unseres Charakters hinab sehen und genau analysieren, welche Aspekte seines Lebens sich in der nächsten Staffel verändern sollen. Wir können unseren Charakter nochmal auf die Uni schicken, oder ins Ausland ziehen oder ein Startup gründen lassen. Wir können themenbezogenen Bonusepisoden machen: Unser Charakter soll in der nächsten Staffel einen Partner haben, deshalb schicken wir ihn auf 100 Dates und inszenieren es als kuriose Dating-Show. Es ist alles möglich, denn es ist deine Entscheidung.

Nietzsche sagte eins:

„*Jeder Mann ist Schauspieler seines eigenen Ideals.*"

Was er damit gemeint hat, ist dass wir uns dafür entscheiden können, wer wir sein wollen und dann so leben, als wären wir es bereits. Du hast die Wahl zu entscheiden, zu wem dein Charakter werden soll. Und wenn die Umstände es nicht hergeben, dass dein Charakter sich zu deinem vorgesehen Ideal entwickeln kann, dann ändere die Umstände.

Walter James sagte dazu:

„*Der effektivste Weg, sportlich zu sein, ist Fitnesstrainer zu werden.*"

Wenn deine Lebenssituation nicht zu deinen Zielen oder deinem Ideal passt, ändere die Umstände. Wir können uns nur zu einem bestimmten Punkt entwickeln, bis wir in unserem Leben etwas ändern müssen.

Aber um die Umstände in deinem Leben anpassen zu können, musst du wissen, wer du sein willst. Der Schauspieler entscheidet nicht über seine Figur, sondern der Drehbuchautor. Wenn du nicht weißt, wer du sein willst und Verantwortung dafür übernimmst, es zu werden, wird dir das Leben erzählen, wer du bist, und dann wirst du das Ergebnis deiner Umstände bleiben. Das Kuriose an den Umständen in unserem Leben ist, dass wir sie alle selbst verursacht haben, ohne es zu merken.

Betrachte einmal jeden Aspekt in deinem Leben und überlege genau, wie dieser entstanden ist und du wirst feststellen, dass die Umstände in deinem Leben aus Entscheidungen resultieren, die du getroffen hast, ohne dir darüber im Klaren gewesen zu sein.

Wir können uns nicht selbst formen. Wir formen die Umstände in unserem Leben und die Umstände formen dann uns.

Wir alle haben die Lebenssituation, in der wir uns derzeit befinden, selbst herbeigeführt. Aber der Großteil macht es unterbewusst, weshalb er auch dazu tendiert, andere dafür verantwortlich zu machen. Den Autopilot-Modus verlassen wir dann, wenn wir anfangen, die Umstände bewusst zu ändern. Bewusste Entscheidungen zu treffen. Die Umstände an unser Ideal anzupassen und nicht unser Ideal an die Umstände. Wir können uns nicht selbst formen. Wir formen die Umstände in unserem Leben und die Umstände formen dann uns.

Jeder neue Umstand wird Herausforderungen mit sich bringen, und die Art, wie wir damit umgehen, wird darüber entscheiden, in welche Richtung wir uns entwickeln. **Großartige Menschen wurden nicht durch einfache Umstände geformt.** Und jeder neue Umstand ist nur eine Entscheidung von uns entfernt.

36. SELBSTLIEBE SOLLTE DAS FUNDAMENT SEIN

WAS IST SELBSTLIEBE? SELBSTLIEBE WIRD OFT VERWECHSELT MIT DEM AKT, SICH „ZU BELOHNEN“ ODER SICH ETWAS „ZU GÖNNEN“.

Selbstliebe ist der wohl größte Plan, den wir jemals mit und für uns selbst haben können. Nach nichts sehnen wir uns selbst so sehr, und an kaum etwas rauschen wir so mit Bravour vorbei. „Wird schon schiefgehen“ ist mit Blick auf Selbstliebe so wirksam wie ein Wirbel ohne Kraft. Wir haben bei so vielen Themen zu unterscheiden gelernt, nur bei der Liebe zu uns selbst begrenzen wir uns.

Aktuell verweichlicht dieser fundamentale Begriff der Selbstliebe massiv. Eine Tatsache, die alle aufschrecken lassen sollte, die klar denken können. Das nächste Schaumbad und eine ganze Industrie hinter dem Begriff kreieren eine oberflächliche Subkultur, die uns regelrecht aufgrund unseres eigenen Grundbedürfnisses hinters Licht führt. Ins Spa zu gehen oder ein langes Bad oder einen Filmabend mit den Freunden. Andere sagen, dass Selbstliebe die volle Akzeptanz dessen ist, was ich heute bin. Das sind in der Theorie alles sehr bequeme Antworten, aber im Wesentlichen formen sie eine Gesellschaft, in der jeder versucht den anderen danach zu formen, keinerlei negatives Feedback mehr abgeben zu dürfen.

>> Ich bin perfekt, so wie ich bin. Ich liebe mich, so wie ich bin und du musst mich so akzeptieren, wie ich bin. <<

Eine sehr schwierige Vorstellung, pauschal davon auszugehen, keine Fehler oder kein Potenzial zu haben.

Vorausgesetzt, ich bin perfekt, so wie ich bin, wäre ich heute bereits die beste Version von mir selbst. Im ersten Moment erscheint das wie der „optimale Zustand“. Denn das ist das höchste Ziel, die beste Version von uns selbst zu werden.

Aber die, die schon einmal ein Ziel hatten, wissen, dass das Schönste am Erreichen des Ziels der Teil ist, wo man sieht, dass die Arbeit sich gelohnt hat.

Aber die, die schon einmal ein Ziel hatten, wissen, dass das Schönste am Erreichen des Ziels der Teil ist, wo man sieht, dass die Arbeit sich gelohnt hat. Man ist stolz auf sich, weil man andere Sachen, die man lieber gemacht hätte, beiseite geschoben hat, für ein größeres Ziel. Und diesen Erfolg kann einem keiner nehmen. Wie schön kann ein Erfolg also sein, wenn ich keine Arbeit investiert habe.

Mit Selbstliebe verhält es sich ähnlich. Sich so zu lieben und zu akzeptieren, wie man ist, ohne das Potenzial zu berücksichtigen, das man hat, ist, als würde ich sagen: >> Mein Ziel sind 235,60 Euro auf dem Konto zu haben. << Und dann gucke ich auf mein Konto und siehe da, es sind genau 235,60 Euro drauf, jetzt bin ich stolz, mein Ziel ist erreicht. Niemand würde das akzeptieren wollen. Nicht nur, dass es nicht zufriedenstellend wäre, man nimmt sich mit der bedingungslosen Akzeptanz dessen auch den Gedanken an Wachstum. **Wieso sollte ich wachsen, wenn ich zufrieden bin?** Worauf kann ich morgen hinarbeiten, wenn ich jetzt schon die beste Version von mir selbst bin? Ein Leben zu führen ohne eine Richtung macht dauerhaft depressiv.

Also nein, Selbstliebe ist nicht, sich so zu lieben, wie man ist, weil wir alle perfekt sind. **Selbstliebe ist aber auch nicht, auf die beste Version von uns selbst zu warten, denn die beste Version von uns selbst ist immer morgen.** Wenn ich auf die beste Version von mir warte, um mich lieben zu können, werde ich mich niemals lieben. Hinzu kommt, dass ich nicht alles an mir ändern kann, einen Teil meiner besten Version trage ich daher schon jetzt in mir.

Was ist also Selbstliebe?

Selbstliebe ist zu wissen, dass ich heute näher an meiner besten Version dran bin als gestern.

Es gibt Faktoren, die wir nicht ändern können, und die müssen wir so akzeptieren, wie sie sind. Es gibt aber auch genug Faktoren, an denen wir arbeiten können, und das müssen wir auch akzeptieren und vor allem umsetzen. Selbstliebe ist das Gefühl, stolz auf sich zu sein. Ich muss nicht an meinem Ziel angekommen sein, um stolz auf das zu sein. Ich war meinem Ziel noch nie so nah wie heute.

Ich bin noch nicht bei meinem Wunschgewicht, aber ich bin ein weiteres Mal zum Sport gegangen.

Ich habe noch keine Millionen auf dem Konto, aber ich habe trotzdem die Arbeit erledigt, die getan werden muss, auch wenn ich sie nicht mag.

Ich habe noch nicht die Frau fürs Leben gefunden, aber ich habe trotzdem das schöne Mädchen nach ihrer Nummer gefragt, auch wenn ich Angst hatte.

Wir können nicht von anderen erwarten, dass sie uns mögen oder respektieren, wenn wir das selbst nicht tun. Wenn wir Dinge tun, die wir nicht respektieren, weil wir wissen, dass sie nicht gut für uns sind, dann senden wir uns alle Signale dafür, uns nicht zu mögen. Etwas zu mögen, heißt gut damit umzugehen. Wie gehst du mit deinem Körper um? Mit deinem Herzen? Mit deinem Verstand? Behandelst du dich selbst so, wie du jemanden behandeln würdest, den du liebst? Stelle dir vor, du bist dein eigener Schutzengel und wärst täglich an deiner Seite und guckst dir bei deinem Leben zu. Dein seligster Wunsch als Schutzengel, deine Mission und dein Dasein bestehen nur darin, dich zu lieben. Und jetzt sieh aus der Perspektive dieses Engels einmal auf dein Leben, auf das, was du isst, mit wem du Zeit verbringst, wie du deine Zeit verbringst, wie dein Alltag aussieht. Wenn du deinem Engel die Möglichkeit geben würdest einzugreifen, würde er etwas ändern wollen? **Man kann es als Metapher betrachten oder auch nicht, denn Selbstliebe bedeutet, dieser Engel für sich selbst zu sein.** Nicht danach zu leben, dass alles möglichst angenehm und bequem bleibt, sondern so zu leben, als würde man sich lieben.

Und wenn du noch nicht an einem Punkt bist, dass du dich selbst liebst, dann tue so, als ob. Was würde jemand, der dich liebt, in deinem Leben ändern wollen? Ändere es, und du fängst an, dich zu lieben. Du formst die Umstände und dann formen sie dich. Das Leben ist ein Geschenk. Das Bewusstsein darüber ist kein Schalter.

Wenn du dein Leben, das du gerade führst, nicht als Geschenk empfindest – und das ist normal, denn das Leben ist kein Wandtattoo – dann tue einfach mal so als ob. Stelle dir einmal vor, dass nicht nur dein Leben, sondern du selbst ein Geschenk bist.

Wenn du anfängst, dich selbst zu lieben, dann fängst du an, dich als Geschenk zu sehen. Und dann sortierst du automatisch die Menschen aus, die dich nicht zu schätzen wissen. Wenn ich weiß, jemand geht mit meinem Geschenk nicht gut um, dann schenke ich der Person nichts mehr.

Umgekehrt bedeutet Selbstliebe in Bezug auf meine Mitmenschen auch, mich bewusst mit den Menschen zu umgeben, die mich pushen, um mein Potenzial zu erreichen. Jemanden zu lieben, so wie er ist, obwohl ich sein Potenzial sehe und weiß, dass er nichts tut, um es voll auszuschöpfen und es nicht anzusprechen, ist eine sehr bequeme Form der Liebe. Liebe ist nicht nur das absolut Beste für jemanden zu wollen, sondern auch mehr für jemanden zu wollen, als die Person für sich will. Das heißt, jemanden zu lieben, wie er ist, aber

Umgekehrt bedeutet Selbstliebe in Bezug auf meine Mitmenschen auch, mich bewusst mit den Menschen zu umgeben, die mich pushen, um mein Potenzial zu erreichen.

gleichzeitig auch das anzusprechen, was derjenige nicht sieht, um weiter über sich hinauswachsen zu können. Sich für aufrichtige und ehrliche Menschen zu entscheiden, ist wesentlich unangenehmer als eine Gruppe von Ja-Sagern, die alles zu 100 Prozent unterstützen, was ich mache. Aber das sind die Menschen, die einem helfen, zu einer besseren Version zu werden.

Selbstliebe ist wie Mindset auch kein Schalter. Sie ist eine Fähigkeit. Die Fähigkeit, an den Stellen zu arbeiten, die Potenzial haben und stolz darauf zu sein, über sich hinauszuwachsen, auch wenn das Ziel noch nicht erreicht ist. Selbstliebe ist die Fähigkeit sich für sich selbst zu entscheiden und lieber mit sich selbst allein zu sein, als sich mit Menschen zu beschäftigen, die einem nicht guttun, obwohl man eigentlich lieber nicht allein sein will. Selbstliebe ist *„Nein"* sagen zu Situationen, die schlecht für einen sind, obwohl man möchte. Selbstliebe ist, seine Mitmenschen noch besser lieben zu können, weil man nicht mehr auf die Bestätigung von außen angewiesen ist und sich voll und ganz auf das Gegenüber konzentrieren kann. Sich für andere erst um sich selbst zu kümmern. Selbstliebe ist, seinen Körper und Geist liebevoll zu behandeln, mit gesunden Lebensmitteln und ausreichend Bewegung, obwohl man lieber mit Chips vor dem Fernseher sitzt. Selbstliebe ist sich selbst zu verzeihen, weil wir nicht perfekt sind und Fehler machen.

UND VOR ALLEM IST SELBSTLIEBE, SICH JEDEN TAG FÜR SICH SELBST ZU ENTSCHEIDEN, UM MENSCHEN ANZUZIEHEN, DIE SICH AUCH FÜR UNS ENTSCHEIDEN.

Also bitte, lasse dir niemals einreden, dass du gut bist, so wie du bist. Akzeptiere, dass du es nicht bist, und liebe dich dafür, dass du jeden Tag daran arbeitest, besser zu werden.

•